中国区域经济
高质量发展研究报告
（2018）

Research Report on the High-Quality
Development of China's
Regional Economy 2018

王　彤◎主编

黄顺春　管寰宇　等◎副主编

经济管理出版社
ECONOMY & MANAGEMENT PUBLISHING HOUSE

图书在版编目（CIP）数据

中国区域经济高质量发展研究报告（2018）/王彤主编 . —北京：经济管理出版社，2019.1

ISBN 978 - 7 - 5096 - 6333 - 2

Ⅰ.①中…　Ⅱ.①王…　Ⅲ.①区域经济发展—研究报告—中国—2018　Ⅳ.①F127

中国版本图书馆 CIP 数据核字（2019）第 007735 号

组稿编辑：申桂萍
责任编辑：申桂萍等
责任印制：黄章平
责任校对：张晓燕

出版发行：经济管理出版社
　　　　　（北京市海淀区北蜂窝 8 号中雅大厦 A 座 11 层 100038）
网　　址：www. E - mp. com. cn
电　　话：（010）51915602
印　　刷：三河市延风印装有限公司
经　　销：新华书店
开　　本：720mm×1000mm/16
印　　张：17.25
字　　数：270 千字
版　　次：2019 年 1 月第 1 版　　2019 年 1 月第 1 次印刷
书　　号：ISBN 978 - 7 - 5096 - 6333 - 2
定　　价：86.00 元

中国区域经济高质量发展研究报告
（2018）

顾　　问

陈昌智　第十二届全国人大常委会副委员长

张　塞　国家统计局原局长

学术指导

李君如　中共中央党校原副校长

刘顺达　国务院国资委原监事会主席

丁茂战　中共中央党校报刊社总编辑

潘家华　中国社会科学院城市发展与环境研究所党委书记、所长

胡跃龙　国家发改委中国经济导报社党委书记兼社长

中国区域经济高质量发展研究报告
（2018）

主　　编	王　彤			
副 主 编	黄顺春	管寰宇	王博永	牟善荣
	宋建晓	卢必成	马少福	陈立光
	赵仲海	黄建海	贺春海	李忠红
编　　委	王华巍	申平华	魏　东	谢　辉
	陈宏义	刘湘生	刘怡君	刘继云
	宁敏静	邓文德	何永保	熊　玪
	周宇亮	祝宇巍	肖　娟	王　欢
工作团队	张海生	陆友星	曹　杰	于　航
	李长杰	刘景康	尚　菲	赵漫漫
	曹宝月	彭若琳	潘催林	李　婵
	金　梦	尚　婧	李宝慧	赵传红

中国区域经济高质量发展研究报告
（2018）

研究机构

中国社会经济调查研究中心

国家发改委中国发展网

中国发展研究院

国家创新与发展战略研究会创新驱动研究院

北京电影学院未来影像高精尖创新中心

江西理工大学 MBA 教育中心

深圳资管金融学院

东莞质量与品牌发展研究院

序一 2018 新时代——"大国崛起" 迈入高质量发展元年

党的十九大报告指出，"我国经济已由高速增长阶段转向高质量发展阶段，正处在转变发展方式、优化经济结构、转换增长动力的攻关期"。必须坚持质量第一、效益优先，推动经济发展质量变革、效率变革、动力变革。2018 年 12 月，中央政治局经济工作会议强调 2019 年的经济工作要按照党的十九大做出的战略部署，坚持稳中求进的工作总基调，落实高质量发展的要求。党中央高屋建瓴的科学论断体现了以习近平为核心的党中央深刻洞悉历史发展规律，及时把握历史赋予的机会，敢于担当时代赋予的历史使命，在推进伟大"中国梦"实现、夯实大国崛起的经济基础方面写下了浓墨重彩的一笔。

2018 年是中国高质量发展元年。

围绕国家"高质量发展"的战略部署，中央到地方、政府到学术界及企业，都有大量的举措和行动，取得了可喜的成绩。

然而，推进中国经济高质量发展是一个庞大的系统工程，我们在坚定信心一定要并且能实现这个战略目标的同时，也要看到实现高质量发展战略目标面临的挑战。

就国内而言，长期发展中形成的某些不符合"高质量发展"要求的思想观念、机制制度、实践做法仍然有相当的市场，影响着经济发展转向"高质量发展"的进程。

国际环境方面，我们也将经受种种考验和挑战。国际竞争，你强大了超过了别人，原先强大的、被超过的也许就不高兴了，不高兴了就会想方设法地压制你，给你使绊。改革开放40年的发展史给我们这方面的感受是很深刻的。

面对挑战，要实现高质量发展，就需要政府、学界、企业甚至每个个人都参与进来、行动起来。谋划方略，做好自己的本职工作，为高质量发展增砖添瓦，共同营造浓郁的高质量发展氛围。

经济高质量发展的内涵和外延都非常丰富广泛，既包括各个省域、市域、县域等区域经济的高质量发展，也包括制造业、服务业等不同产业的高质量发展，还包括每个企业的高质量发展。经济高质量发展还需要科技、教育、医疗卫生、人（力）才资源等各领域的高质量支撑，因此，着眼于不同视角的高质量发展应该有不同的内涵、要求及衡量标准。

区域经济高质量发展是构成我国经济高质量发展的重要支撑，科学评价、度量、判断不同区域高质量发展的程度，对于不同区域识别自身高质量发展对标的长处和短项，针对施策，推进国家高质量发展具有重要的意义。

《中国区域经济高质量发展研究报告（2018）》对国家高质量发展战略提出以来的相关情况进行了较全面的系统梳理，有高质量发展文献资讯，包括中央的精神、部委地方的文件、重大的事件和学术界的研究成果。尤为可贵的是，报告运用变异系数——主成分分析评价模型，构建了由绿色生态高质量、社会人文高质量、企业发展高质量、经济效率高质量、开放创新高质量、民生共享高质量六个一级指标构成，每个一级指标下又由若干二级指标构成的评价区域经济高质量发展的指标体系，通过采集近10万个数据，实证分析了我国286个地级城市的区域经济高质量发展水平。

研究报告对于各个城市践行国家高质量发展战略，洞察自身高质量发展的优势及不足，有针对性地加以改善、提升，夯实高质量发展的地方基础，提升高质量发展的能力和层次有相当的指导意义。

研究报告是落实中央经济工作会议"必须加快形成推动高质量发展的指标体系、政策体系、标准体系、统计体系、绩效评价、政绩考核，创建和完善制度环境，推动我国经济在实现高质量发展上不断取得新进展"部署的实际行动，是首次系统地对我国区域经济高质量发展进行评价的有益实践。

作为国家核心智库的中国发展研究院，近些年在院长王彤博士的带领下，积极响应国家的战略需求，胸怀初心之志，精耕深入研究，善谋思想激荡，经常在国内外重要场合以及各大主流媒体发出"中国声音"，阐述"中国故事"，传播"中国文化"，得到了中央的高度关注和大家的充分肯定。

希望未来能够看到王彤博士带领中国发展研究院为大国崛起伟大征程的推进、为高质量发展战略目标的实现贡献更多的成果。

是为序。

陈昌智

第十二届全国人大常委会副委员长

2018 年 12 月 28 日

2018 New Era—"The Rise of the Great Powers" Enters the First Year of High Quality Development

The report of the 19th National Congress of the Communist Party of China pointed out that "China's economy has shifted from a high – speed growth stage to a high – quality development stage, and it is in the process of development transformation, optimizing the economic structure, and transforming the growth momentum". We have to persist on promoting quality change in economic development, efficiency change, as well as power change. In December 2018, the Political Work Conference of the Political Bureau of the Central Committee emphasized that the economic task in 2019 should be based on the strategic plan made by the party's 19th National Congress that is, to adhere to the general tone of steady progress and implement high – quality development requirements. This infers that the Party's Central Committee, with Xi Jinping as its core, has a profound insight into the law of historical development, grasps the opportunities given by history in time, and dares to shoulder the historical mission entrusted by the times. It has written a brilliant stroke in promoting the realization of the great "China Dream" and consolidating the economic foundation of the rise of great powers.

2018 was the first year of high quality development in China.

According to the country's "high – quality development" strategy deployment, there are a large number of initiatives and actions that achieved gratifying results from the central to the local, as well as from the government to the academic community and enterprises.

However, advancing the high – quality development of China's economy is a huge systematic project. While we are confident that we must achieve this strategic goal, we should also realize the challenges of achieving high – quality development strategy goals.

As far as China is concerned, some ideas, mechanisms, systems and practices that do not meet the requirements of "high – quality development" formed in the long – term development still have a considerable market, affecting the process of economic development turning to "high – quality development".

With reference to the international environment, we will also undergo various tests and challenges. In the International competition, if you are stronger than others, those who are overpowered by you may be unhappy. If they are unhappy, they will find ways to suppress you and make you stumble. In this regard, the reform and opening up history of the past 40 years has given us a deep feeling.

Faced with the challenges, in order to achieve high – quality development, it is necessary for the government, academia, enterprises and every individual to participate in and take action. Plan strategies, do their own work well, and jointly create a strong atmosphere for high – quality development.

The connotation and extension of high – quality economic development are very rich and extensive. It includes not only the high – quality development of regional economy such as provinces, cities and counties, but also the high – quality development of different industries such as manufacturing and service industries, as well as the high – quality development of each enterprise. High – quality economic development also needs high – quality support in science and technology, education, health care, human resources and other fields. Therefore, high – quality development from different perspectives should have different connotations, requirements and measurement standards.

The high – quality development of regional economy is an important support for the high – quality development of China's economy. Scientific evaluation, measurement and judgment of the degree of high – quality development in different regions are of great significance for identifying the strengths and weaknesses of their own high – quality development in different regions, and for implementing policies to promote the high – quality development of the country.

The "China Regional Economic Quality Research 2018" reported very meaningful results, which is a comprehensive and systematic review of the relevant situation as the country's high – quality development strategy was put forward. There is high – quality bibliographical information including the essence of the central government, ministries, local commissions, major events and the achievements of academic research. What is particularly valuable is that the report uses the coefficient of variation – principal component analysis and evaluation model to construct a high – quality report of natural ecology, social and humanities, enterprise development, economic efficiency and open innovation in people's livelihood. There are six first – level indicators such as people enjoying high quality as well as several second – level indicators under each first – level indicator to form an index system for evaluating the high – quality development of regional economy. By collecting more than 100,000 data, this study empirically analyses the high – quality development level of regional economy in 286 prefecture – level cities in China.

The research report has a guiding significance on the implementation of the national high – quality development strategy for each city and has an insight into the advantages and disadvantages of its own high – quality development. It has always been targeted to improve, upgrade and consolidate the local foundation for high – quality development as well as improve the ability and level of high – quality development.

The research report is to implement the Central Economic Work Conference which indicated "to accelerate the formation of indicator systems, policy systems, standard systems, statistical systems, performance evaluation and performance appraisal to promote high – quality development, create and improve the institutional environment, and promote the continuous progress of China's economy in achieving high – quality development". The practical action deployed is the first beneficial practice to systematically evaluate the high – quality development of regional economy in China.

As the national core think tank, the China Development Research Institute, under the leadership of Dr. Wang Tong, has responded positively to the country's strategic needs in recent years, with the original intention, intensive research and agitation of ideas. The Institute often sends out "Chinese voice" on various important occasions both national and international as well as in major mainstream media expounds the "Chinese story" and disseminates "Chinese culture" which has received high attention of the Central Committee and the full affirmation of all.

Hopefully, in the future, Dr. Wang Tong will lead the China Development Research Institute to promote the great journey of the great powers and contribute more to the strategic goals and high – quality development.

The above is for preface.

Chen Changzhi

December 28th, 2018

序二　科学评价引领高质量发展

2017 年中央经济工作会议指出：推动高质量发展是当前和今后一个时期确定发展思路、制定经济政策、实施宏观调控的根本要求，必须加快形成推动高质量发展的指标体系、政策体系、标准体系、统计体系、绩效评价、政绩考核，创建和完善制度环境，推动我国经济在实现高质量发展上不断取得新进展。2018 年中央经济工作会议再次强调 2019 年要以习近平新时代中国特色社会主义思想为指导，统筹推进"五位一体"总体布局，协调推进"四个全面"战略布局，坚持稳中求进工作总基调，坚持新发展理念，坚持推进高质量发展，坚持以供给侧结构性改革为主线……

自党的十九大报告指出"我国经济已由高速增长阶段转向高质量发展阶段"以来，各级统计系统的同志做了大量工作，积极参与当地党委、政府关于高质量发展相关数据的收集，创新高质量发展评价考核体系的方式、做法，设计实施当地的高质量发展评价考核等，担当了统计人在高质量发展中应有的责任。

区域经济高质量发展是我国整体高质量发展的重要、有机组成部分，如何科学评价区域经济高质量发展的水平程度，既需要实践的探索，也需要理论的研究。由国家统计局下属中国社会经济调查研究中心组织编撰的《中国区域经济高质量发展研究报告（2018）》做了有益的尝试，是值得高度肯定的智库创新成果。

研究报告有三个特色：

一是在系统梳理专家阐述、研究文献的基础上，构建了包括区域绿色生态高质量、社会人文高质量、企业发展高质量、经济效率高质量、开放创新高质量、民生共享高质量六个一级指标及相应的 42 个二级指标的评价指标体系。这个指标体系较好地把握了高质量发展的深刻内涵，特别是注重了区域内微观企业经营质量的支撑，做到了宏观质量和微观质量的兼顾统筹。

二是在对现在评价模型充分研究的基础上，糅合采用了变异系数——主成分评价模型对全国 286 个地级城市高质量发展的程度进行了测度。这是一项需要耗费相当时间和精力的庞杂工作，体现了研究人员高度的责任心，报告对区域高质量发展程度测度结果的分析彰显了报告研究团队的专业化水平。

三是研究报告对一年来高质量发展政策文件的收集整理是一件很有价值的工作。在高质量发展大事记部分，我们看到有立足点不同的各类高质量发展文件，有关于省域高质量发展的、有关于开发区高质量发展的、有关于制造业高质量发展的、有关于工业高质量发展的、有关于卫生健康产业高质量发展的、有关于服务业高质量发展的、有关于深化国土资源改革服务高质量发展的，等等，内容非常丰富。这些文件的收集整理，相当于构建了一个高质量发展智慧思想做法交流的平台，对相关部门、相关区域在我国高质量发展的第二年更好地推进本部门、本区域的高质量发展工作具有很好的启迪作用。

高质量发展战略如何践行才能更有效率，需要各界有识之士共同来献智献力。通过树立标杆，发挥标杆的榜样示范作用，从而带动更多地方在高质量发展征程中你追我赶，相互促进，类似地，在我国改革开放 40 年的历史中，多有成功的实践。研究报告列出的区域高质量发展第一、第二、第三方阵城市，或者在当地经济高质量发展总体方面，或者在不同的高质量发展细分维度，多有可圈可点的长处、特色，值得其他地方汲取。

我希望中国社会经济调查研究中心在王彤博士的带领下能够利用自身在数据采集、挖掘、整合、处理和使用方面的优势和特长，在助力国家高质量发展战略部署推进方面有更大的成就，持续地贡献更多关于高质量发展的研究报告，不负国家和人民对国家新型智库的厚望。

国家统计局原局长

2018 年 12 月 30 日

Scientific Assessment, an Appraisal of High Quality Development

The 2017 Central Economic Work Conference pointed out that promoting high – quality development is the fundamental requirement for defining development ideas, formulating economic policies and implementing macro – control in the current and future period. It is necessary to accelerate the formation of systems such as index, policy, standard, statistical, performance evaluation and performance appraisal to promote high – quality development, create and improve the institutional environment and promote China's economy as well. New progress has been made in achieving high – quality development. The 2018 Central Economic Work Conference again emphasized that in 2019, under the guidance of Xi Jinping's socialist ideology with Chinese characteristics in the new era, we should comprehensively promote the overall layout of the "five in one" game plan, coordinate and promote the "four comprehensive" strategic layout, adhere to the general tone of steady progress, to the new development concept, the promotion of high – quality development, and to the supply – side structural reform as the main stream...

Since the report of the Nineteenth National Congress of the Communist Party of China pointed out that "China's economy has shifted from a high – speed growth phase to a high – quality development phase", comrades of statistical systems at all levels have done a lot of work, actively participated in the collection of data related to high – quality development by local Party committees and governments, innovated the ways and practices of high – quality development evaluation system, and designed and implemented the local high – quality development evaluation system. It has assumed the responsibility of statisticians in high quality development.

High – quality development of regional economy is an important and integral component of China's overall high – quality development. The methods of scientific evaluation of the level of high – quality development of regional economy require both practical exploration and theoretical research. The Research Report 2018 on the High Quality Development of Regional Economy in China, compiled by the Center for Social and Economic Investigation and Research of China, has made a useful attempt and is a highly recognized innovation achievement of think tanks.

The Research Report has three characteristics:

Firstly, on the basis of systematically combing the expert's elaboration and research literature, an evaluation index system including six first – level indicators and 42 second – level indicators, along with high quality regional green ecology, social humanities, enterprise development, economic efficiency, open innovation and people's livelihood, is constructed. This index system has better grasped the profound connotation of high quality development, especially focusing on the support of the management quality of micro – enterprises in the region, achieving the overall consideration of both macro and micro – quality.

Secondly, based on the full study of the current evaluation model, the coefficient of variation – principal component evaluation model is used to measure the degree of high – quality development of 286 prefecture – level cities in China. This is a complex work that requires considerable time and effort, and reflects the high responsibility of the researchers. The analysis of the results of the high – quality regional development measurement highlights the professionalism of the reporting research team.

Third, the research report is a valuable work for collecting and collating high – quality development policy documents in the past year. In the high – quality development memoir, we see various kinds of high – quality development documents with different standpoints. They are related to high – quality in provincial development, high – quality advancement in the development zones, manufacturing, industrial, health, and service industry as well as the reform of land and resources that serves the development of high quality, and so on, which is very rich in content. The collection and collation of these documents is equivalent to the construction of a platform for exchanging ideas and practices of high – quality development, which has a good enlightenment for relevant departments and regions to better promote the high – quality development of their own departments and regions in the second year of high – quality development in China.

The approach to carrying out the high quality development strategy can be more efficient, which requires people of insight from all walks of life to contribute their aptitude. By setting up benchmarks and giving full play to their exemplary role, more places can catch up with each other and promote each other in the course of high – quality development. Similarly, in the 40 – year history of China's reform and opening up, there have been many successful practices. The first, second and third – party cities listed in the research report, or in the overall aspect of high – quality development of local economy, or in different sub – divisional dimensions of high – quality development, have some remarkable advantages and characteristics, which are worth learning from other places.

I hope that under the leadership of Dr. Wang Tong, the China Social and Economic Research Center of China can make use of its advantages and expertise in data collection, mining, integration, processing and use, and make greater achievements in promoting the strategic deployment of high – quality development of the country. And as well continue to contribute more research reports on high – quality development, which will not undermine the new think tanks of the country and the people.

Zhang Sai

December 30th, 2018

中国区域经济高质量发展排行榜

排行榜1　中国区域经济高质量发展第一方阵城市

深圳	杭州	苏州
广州	长沙	宁波
无锡	南京	武汉

排行榜2　中国区域经济高质量发展第二方阵城市

珠海	成都	青岛	东莞	中山
济南	温州	绍兴	常州	合肥
厦门	泉州	西安	大连	佛山
烟台	福州	郑州	南通	嘉兴
金华	湖州	株洲	长春	威海

排行榜3　中国区域经济高质量发展第三方阵城市

昆明	台州	南昌	潍坊	镇江	沈阳	哈尔滨
丽水	芜湖	海口	惠州	贵阳	呼和浩特	舟山
乌鲁木齐	济宁	漳州	太原	扬州	石家庄	湘潭
泰州	淄博	徐州	三明	鄂尔多斯	三亚	南宁
兰州	龙岩	秦皇岛	江门	黄山	克拉玛依	盐城
桂林	淮安	东营	临沂	莆田	拉萨	遵义
衢州	包头	蚌埠	铜陵	南平	韶关	宿迁

排行榜4　中国区域经济高质量发展第四方阵城市

九江	吉安	保定	岳阳	宣城	北海	宁德	新余	泰安
唐山	常德	日照	柳州	廊坊	洛阳	银川	汕头	赣州
景德镇	宜昌	德阳	抚州	湛江	张家界	连云港	清远	牡丹江
呼伦贝尔	鹰潭	儋州	大庆	安庆	肇庆	梅州	马鞍山	绵阳
茂名	防城港	郴州	西宁	衡阳	咸宁	新乡	河源	张掖
黄冈	许昌	荆州	邯郸	滁州	永州	菏泽	聊城	南阳
莱芜	萍乡	攀枝花	上饶	安顺	十堰	潮州	丽江	广安
鹤壁	玉溪	漯河	钦州	荆门	六安	乐山	鞍山	襄阳
德州	焦作	信阳	宜春	阜阳	乌海	池州	滨州	铜仁

目 录

第一章　导言

一、研究报告的缘起

2018 年是中国改革开放四十周年。四十年的岁月，放在个人身上，古人云：四十不惑，意指经过前四十年的努力和积淀，对未来有更清晰的认知，从而为未来规划出科学的道路。

党的十九大报告指出："我国经济已由高速增长阶段转向高质量发展阶段"，这是党中央基于对改革开放四十年来我国经济发展所取得的成绩及存在的不足的深刻剖析而作出的科学论断，掀开了新时代我国经济发展的新篇章，即中国高质量发展元年。

在理解这一科学论断时，必须强调：

第一，是指我国经济发展已由高速增长阶段转向高质量发展阶段，而不是指其他领域。党的十九大报告共有十三个部分：过去五年的工作和历史性变革；新时代中国共产党的历史使命；新时代中国特色社会主义思想和基本方略；决胜全面建成小康社会，开启全面建设社会主义现代化国家新征程；贯彻新发展理念，建设现代化经济体系；健全人民当家做主制度体系，发展社会主义民主政治；坚定文化自信，推动社会主义文化繁荣兴盛；提高保障和改善民生水平，加强和创新社会治理；加快生态文明体制改革，建设美丽中国；坚持走中国特色强军之路，全面推进国防和军队现代化；坚持"一国两制"，推进祖国统一；坚持和平发展道路，推动构建人类命运共同体；坚定不移全面从严治党，不断提高党的执政能力和领导水平。在其中的第五部分"贯彻新发展理念，建设现代化经济体系"中，阐述了"我国经济已由高速增长阶段转向高质量发展阶段，正处在转变发展方式、优化经济结构、转换增长动力的攻关期，建设现代化经济体系是跨越关口的迫切要求和我国发展的战略目标。必须坚持质量第一、效益优先，以供给侧结构性改革为主线，推动经济发展质量变革、效率变革、动力变革，提高全要素生产率，着力加快建设实体经济、科技创新、现代金融、人力资源协同发展的产业体系，着力构建市场机制有效、微观主体有活力、宏观调控有度的经济体制，不断增强我国经济创新力和竞争力"。

第二，突出了由强调"高速"转向强调"高质量"。单一讲究速度的思维和做法，往往会以牺牲质量等其他方面为代价，最终的结果是可能赢得了"速度"一点，而丢失更多的点和面。具体的选择要看处于何种历史发展阶段：如果说改革开放初期，我们在经济建设领域有些方面要或者会"摸着石头过河"，那么，经过40年的改革开放，如果仍然抱守"摸着石头过河"，那就说明我们没有变化、没有进步。而高质量则意味着经济建设在强调速度的同时，关注到了更多的维度和方面。

"质量"一词，有微观质量和宏观质量的不同视角。微观视角下，质量的内涵有多种表述，具有代表性的有：菲利浦·克劳斯比（Philp B. Crosby）认为，质量就是符合要求，而不是好，其可以等同于全部可测量的满足标准的特定参数。若产品或服务符合标准，则可以认为产品或服务质量优秀；凡是不符合标准的地方，就表明产品或服务缺乏质量。阿曼德·费根堡姆（Armand V. Feigenbaum）把产品或服务质量定义为产品或服务在市场营销、工程、制造、维护各个方面的综合特性，要通过这些方面的使用来满足顾客的期望。被各国广泛认可的国际标准化组织 ISO 9000：2000 标准中将质量界定为一组固有特性满足要求的程度。

把微观质量的内涵放到宏观层面非常重要，美国知名统计应用实践专家道格拉斯·费尔先生认为："如果没有质量作基础的话，快速发展很可能意味着你正在制造不好的产品。"就经济发展而言，正如金碚所言：在基本的经济学意义上，高质量发展是能够更好地满足人民不断增长的真实需要的经济发展方式、结构和动力状态。换言之，没有微观生产经营的高质量，宏观层面经济的高速度可能会是一件麻烦的事。

第三，强调了经济建设由关注"增长"转向关注"发展"。发展相对增长来说，包含了更多维度的认知和评价。如果仅仅着眼于速度的增长，放眼国际，有过不少的教训，正如"中等收入陷阱"理论指出的那样：鲜有中等收入的经济体成功地跻身为高收入国家，这些国家往往陷入了经济增长的停滞期，既无法在工资方面与低收入国家竞争，又无法在尖端技术研制方面与富裕国家竞争。

中国改革开放四十年来，经济增长取得了举世瞩目的成就，但也确实存在不少挑战。例如如何把中国制造业打造得更强的问题。中国工业和信息化部副部长、国家制造强国建设领导小组办主任辛国斌曾经表示：中国制造业创新力不强（薄弱）、核心技术短缺的局面尚未根本改变。尖端技术对外依存度仍然较高，整体上仍处于全球产业价值链中低端。据工信部对全国 30 多家大型企业 130 多种关键基础材料的调研结果显示：32% 的关键材料在中国仍为空白，52% 的关键材料依赖进口；95% 的高端专用芯片、70% 以上的智能终端处理器、绝大多数计算器处理器、绝大多数存储芯片依赖进口；在装备制造领域，高档数控机床、高档装备仪器、运载火箭、大飞机、航空发动机、汽车等关键件精加工生产线上超过 95% 的制造及检测设备依赖进口。如经济快速增长过程中对环境保护的弱视或对环境的破坏问题。据中国科学院南京土壤所赵其国博士的调查，目前我国生态环境状况在不少方面令人堪忧。其主要表现为：①水土流失加剧。我国是世界上水土流失最严重的国家之一，水土流失直接关系到国家生态安全、防洪安全、粮食安全和饮水安全。②沙漠化面积不断扩大。我国也是世界上沙漠化受害最深的国家之一，近 25 年共丧失土地 3.9 万平方千米。③我国的森林资源缺乏且呈现逐渐减少的趋势。目前，我国仍然是一个缺林少绿、生态脆弱的国家，森林覆盖率远低于全球 31% 的平均水平，人均森林面积仅为世界人均水平的 1/4，人均森林蓄积只有世界人均水平的 1/7。④我国的生物物种呈现加速灭绝的趋势。近

50 年来，中国约有 200 种植物灭绝，目前中国滥捕乱杀野生动物和大量捕食野生动物的现象仍然十分严重，屡禁不止。⑤我国的地下水位下降、湖泊面积缩小、水体污染明显加重。全国七大水系污染程度的大致情况是 42% 的水质超过 Ⅲ 类标准（不能做饮用水源），36% 的城市河段为劣 Ⅴ 类水质（丧失使用功能）。⑥我国的大气污染严重，全国 47 个重点城市中，约 70% 以上的城市大气环境质量达不到国家规定的二级标准；环境统计的 338 个城市中，137 个城市空气环境质量超过国家三级标准，占统计城市的 40%，属严重污染型城市。⑦我国的草原退化也很严重。

这些我们继续前进路上面对的挑战，要求我们改变原来只关注"增长"的理念，把经济建设的思路转到"发展"的理念上。

第四，是"转向"而还不是"转为"，也就是说高质量发展的号角已经吹响，征程仍然在前，要完成的工作也仍然艰巨，我们必须充满信心。

推动我国经济高质量发展的征程已经开始，那具体何为高质量发展？其概念的内涵和外延如何？在经济发展的各个层面、视角又如何转向高质量发展？还有大量的课题值得我们思考和研究。

在践行国家高质量发展战略部署的过程中，有许多的工作要做，其中尤为重要和迫切的是如中央经济工作会议所指出的：必须加快形成推动高质量发展的指标体系、政策体系、标准体系、统计体系、绩效评价、政绩考核，创建和完善制度环境，推动我国经济在实现高质量发展上不断取得新进展。

在高质量发展的多个层次、视角中，区域经济高质量发展是构成整个国家高质量发展的重要支撑，因此，研究形成推动区域经济高质量发展的评价指标体系也是学术界和智库等机构义不容辞的责任。

中国社会经济发展研究中心作为国家统计局的下属科研机构，作为国家核心智库之一，自 2018 年夏季就开始筹划编制《中国区域经济高质量发展研究报告（2018）》，几个月来，这项工作得到了多个机构的共同参与，相关的工作人员为此付出了大量的劳动。

二、研究报告的主要工作

放眼世界，作为国家战略，中国是首个提出高质量发展的国家，因此，很多工作都需要创新地开展，编撰《中国区域经济高质量发展研究报告（2018）》也不例外，经过研究讨论，此报告完成的主要工作包括以下四个方面：

一是收集、研读了近90篇有关高质量发展的文献，并将其归纳为高质量发展的提出背景、高质量发展的内涵、推动高质量发展的宏观路径分析、推动高质量发展的微观做法和探索高质量发展评价五个方面做了比较系统、全面的综述，能够帮助社会各界人士了解我国高质量发展研究方面的动态及情形。

二是探索构建了区域经济高质量发展的评价指标体系和测度模型。与现有少数基于省域视角研究区域经济高质量发展的成果不同的是，我们立足地级市的区域研究区域经济高质量发展评价和测度。在评价指标体系构建上，我们把区域经济微观质量的支撑、人文环境质量的支撑纳入了考量。经过对相关评价数理模型的梳理，确定采用变异系数——主成分评价复合模型，这样有利于熨平在数理处理过程中的杂异，保障区域经济高质量发展测度的信度和效度，从而使测度结论具有更高的科学性和指导性。

三是采集了评价指标体系覆盖的近10万个数据，按照科学研究的要求对采集的数据进行了处理。这些数据有的可以直接使用，有的则经过了较复杂的步骤。例如，在企业发展高质量的一级指标下，有企业产品质量监督检查合格率指标，这个指标是指国家质量监督检验检疫总局当年抽查的一地区企业产品检查后合格批数占抽查该地区的企业产品总批数（企业产品质量监督检查合格率＝抽查产品合格批数/抽查产品总批数×100%）。计算这个指标，需要把一定时期内国家质量监督检验检疫总局在全国进行的产品抽查的数据找出来，从中整理出所有不合格产品的批次，再把所有不合格产品的批次涉及的企业落实到相应的地级市，进而计算这个市的该指标。再如，城市认可度的测算，甄选了反映官方或非官方对某个城市授予荣誉或其他肯定的13个指标，转换折算后得出一个城市的政府认可度和社会认可度。为确保数据采集、数据运算的准确，这项工作动用了较多的人员，耗费的时间和精力也相当多，也体现了课题组对研究报告质量的负责任。

四是研究报告编撰了高质量发展大事记部分。在中国经济高质量发展元年，全面系统地梳理高质量发展的重大、典型、有代表性的会议、文件、讲话、事件及研究成果是一件很有意义的事情。大事记有立足点不同的各类高质量发展文件，有省级、市级甚至县（市、区）级的，有总体高质量发展的，有围绕制造业高质量发展的，有围绕创新创业高质量发展的，有围绕卫生健康产业高质量发展的，有围绕服务业高质量发展的，还有国家社科基金立项的，等等，内容非常丰富。大事记对于关注、关心、热心我国高质量发展的各界人士把握宏观动态、了解微观情况有重要的价值，对于各个地方、不同部门及各类主体在践行高质量发展实践中开阔视野，进而结合自身情况走出有特色的高质量发展路径也有重要的助益。

三、研究报告的特色

编撰《中国区域经济高质量发展研究报告（2018）》是中国社会经济调查研究中心响应国家高质量发展战略的实际行动，也是我们长期关注、研究中国发展的新成果，这项工作将会是一项持续且不断拓展的工作，比如我们将于2019年推出《中国产业集群高质量发展研究报告（2019）》。研究报告主要有两个特色：

一是作为首部高质量发展研究报告，它是一项开拓性的工作，创新性的成果。自党的十九大报告作出"我国经济已由高速增长阶段转向高质量发展阶段"的战略部署以来，党和国家领导人、各级政府及官员、学术界、企业界等都有大量关于高质量发展的讲话、发言、会议、文件、文章等，这些对于我们国家高质量发展战略的落实、推进有积极的意义和促进作用。然而，针对中国当代发展史上的重大战略，此研究报告全面系统地关注、梳理了高质量发展的相关情况，以作为有关方面总结经验、开阔眼界、交流思想的有形载体，因而具有重要的价值。

虽然国家早在20世纪90年代就提出经济发展不能唯GDP论英雄，当时国家统计局也停止了全国 GDP 百强的排名，但我们认为，在高质量发展国家战略的推进中，对区域经济高质量发展的水平程度还是可以进行统一的测度和比较。通过统一测度和比较，相关的地方城市不仅能够深入地看到自身在高质量发展各维度的强项与弱项，也能够看到自身同其他城市特别是彼此共同点较多的城市在高质量发展方面的优势和不足。特别是那些经济高质量发展排名相对 GDP 排名更后的城市，可以好好研究自身在 GDP 之外，哪些方面存在短项，从而明确自己的高质量发展建设目标，对标追赶。

二是研究报告同时为实务人士和学术界人士提供价值。高质量发展战略提出以来，全国各地有许多积极的、有益的探索，取得了许多成就，学术界也开展了不少科学的研究，成果形式多种多样。然而，毕竟我们还处在高质量发展元年，要完成高质量发展的伟大事业，还有更多的实践需要我们去实行，还有更多的制度需要我们去完善，还有更多的挑战需要我们去面对，还有更多的问题需要我们去研究，等等。所以，我们在设计这个项目时，就希望报告既能满足实务人士为做好自身高质量发展增长见识、增多资讯的需要，又能满足学术界人士了解动态、启迪思维的需要。

研究报告的文献综述及大事记中有关国家社科基金立项项目的收集整理对学术界来说是目前研究高质量发展的最全面、权威的宝贵资料，相信不少同志能从中得到有益的启发。

研究报告构建的区域高质量指标体系所包含的指标都与实务人士日常工作中经常接触的内容相关，通过了解这个指标体系并与自己的日常工作相联系，对于改善实务人士的工作，把自己工作的努力转到高质量发展的要求上来有积极的助益。

第二章 高质量发展研究综述

一、高质量发展提出的背景

1978 年，党的十一届三中全会胜利召开，把全党工作重点转移到社会主义现代化建设上来，中国进入了改革开放的历史新时期。中国经济经过 40 年的持续高速增长，经济社会发展发生了翻天覆地的历史性、全局性变革，经济总量、人民生活水平、国家治理体系和治理能力取得了举世瞩目的伟大成就，目前已经成为世界第二大经济体，中国特色社会主义也进入了新时代。虽然体量上已成为名副其实的经济大国，但我国经济发展的质量却亟待提高。工业化初期的粗放型经济增长方式以规模增大和数量增长为目的，对生态环境造成了巨大压力，给人民群众的健康和财产带来巨大损失。不仅如此，工业化初期企业产品的科技含量低、经济效益低，导致我国长期处于全球价值链的末端，严重阻碍我国综合国力的提升。

在一定程度上，中国经济增长已经到了"从量变到质变"的发展阶段。新一代中央领导集体对我国经济新常态下经济增长方式转变具有新思考和新判断。习近平总书记2014 年5 月9 日在河南考察时，提出我国经济要实现从"中国速度向中国质量的转变"。李克强总理2014 年9 月15 日在中国质量大会上，提出要"把经济社会发展推向质量时代"。2016 年1 月27 日，习近平总书记主持召开中央财经领导小组第十二次会议，研究供给侧结构性改革方案，并于2017 年

10月18日在党的十九大报告中指出，"我国经济已由高速增长阶段转向高质量发展阶段，正处在转变发展方式、优化经济结构、转换增长动力的攻关期"，必须坚持质量第一、效益优先，推动经济发展质量变革、效率变革、动力变革[1]，这是首次明确提出"高质量发展"。在2018年国务院政府工作报告中，关于高质量发展的表述如下：按照高质量发展要求，统筹推进"五位一体"总体布局和协调推进"四个全面"战略布局，坚持以供给侧结构性改革为主线，统筹推进稳增长、促改革、调结构、惠民生、防风险各项工作，上述主要预期目标考虑了决胜全面建成小康社会的需要，符合我国经济已由调整增长阶段转向高质量发展阶段的战略要求；国有企业要通过改革创新，走在高质量发展前列；进一步拓展开放范围和层次，完善开放结构布局和体制机制，以高水平开放推动高质量发展[2]。

中国特色社会主义进入了新时代，我国经济发展也进入了新时代。推动高质量发展，既是保持经济持续健康发展的必然要求，也是适应我国社会主要矛盾变化和全面建成小康社会、全面建设社会主义现代化国家的必然要求，更是遵循经济规律发展的必然要求。第一，高质量发展是适应经济发展新常态的主动选择。我国经济发展进入新常态，要求我们不简单以GDP论英雄，不被短期经济指标波动左右，坚定不移实施创新驱动战略，推动我国经济高质量发展。第二，高质量发展是贯彻新发展理念的根本体现。党的十八大以来，以习近平同志为核心的党中央直面我国经济发展的深层次矛盾和问题，提出创新、协调、绿色、开放、共享的新发展理念，高质量发展是新发展理念的体现。第三，高质量发展是适应我国社会主要矛盾变化的必然要求。中国特色社会主义进入新时代，我国社会主要矛盾已经转化为人民日益增长的美好生活需要和不平衡不充分的发展之间的矛盾，而不平衡不充分是发展质量不高的直接表现。要更好地满足人民日益增长的美好生活需要，必须推动高质量发展，给人民群众带来更多的获得感、幸福感、安全感。第四，高质量发展是建设现代化经济体系的必由之路。建设现代化经济体系是我国发展的战略目标，要实现这一战略目标，必须坚持质量第一，推动经济发展质量变革、效率变革、动力变革，提高全要素生产率，不断增强我国经济的创新力和竞争力。

二、高质量发展的内涵

搞清楚高质量发展的内涵至关重要，因为它关系到推动高质量发展的路径和方法，否则就有可能引起发展路径的偏差。中央财经领导小组办公室主任刘鹤出席第48届达沃斯世界经济论坛发表主旨演讲时指出，高质量发展的主要内涵，就是从总量扩张向结构优化转变，就是从"有没有"向"好不好"转变。这是在开放状态下探索新的发展模式，将为诸多新产业的发展创造巨大的空间，如与消费升级相关的制造业和服务业，与新型城市化相关的节能建筑、智能交通、新能源等诸多绿色低碳产业，这些不仅为中国，而且为全球企业创造着新机会[3]。习近平总书记强调，推动经济高质量发展，要把重点放在推动产业结构转型升级上，把实体经济做实、做强、做优；要立足优势、挖掘潜力、扬长补短，努力改变传统产业多新兴产业少、低端产业多高端产业少、资源型产业多高附加值产业少、劳动密集型产业多资本科技密集型产业少的状况，构建多元发展、多极支撑的现代产业新体系，形成优势突出、结构合理、创新驱动、区域协调、城乡一体的发展新格局；把增进人民福祉作为高质量发展的出发点和落脚点[4]。国务院发展研究中心副主任王一鸣指出，高质量发展根本在于经济的活力、创新力和竞争力，供给侧结构性改革是根本途径。全国政协委员、中国人民大学校长刘伟表示，在微观上，高质量发展要建立在生产要素、生产力、全要素效率的提高之上，而非靠要素投入量的扩大；在中观上，要重视国民经济结构包括产业结构、市场结构、区域结构等的升级，把资源配置到最需要的地方；在宏观上，则要求经济均衡发展[5]。魏杰和汪浩[6]认为，高质量发展是高效率增长，是有效供给性增长，是中高端结构增长，是绿色增长，是可持续增长，是和谐增长，是经济增长速度与质量的协调，是短期利益与长期利益的平衡。

郎丽华和周明生[7]对第十二届中国经济增长与周期高峰论坛上"迈向高质量发展与国家治理现代化"主题的研究进行了综述，对经济高质量发展、新旧动能的转换、改革的路径和风险等问题进行了深入讨论。其中，张晓晶对高质量发展的内涵进行了阐述。关于如何激发新动能，与会专家都认为需要通过改革与创新驱动。例如，杨瑞龙认为，需要重塑改革动力机制，通过改革为动力机制转换创造条件；张连城认为，供给侧改革必须深入到体制层面，其核心是使企业在市场经济的框架下充满活力；沈坤荣认为，合力打造世界级城市群来推动区域经济发展的质量变革、效率变革、动力变革是高质量发展、提升我国区域竞争力的必然选择；张曙光认为，高质量发展、经济转型，最关键的因素是人才。张连城认为，我国经济在市场经济条件下实现了快速增长，经济体制改革的核心是构建社会主义市场经济制度，包括构建与市场经济相联系的民主、自由和法治的环境。郭占恒[8]对习近平在浙江工作期间以及十八大以来关于全面质量的重要论述进行了总结，并详细介绍了浙江践行习近平总书记关于全面质量重要论述的生动实践，其中包括持续推进质量强省建设，率先构建大质量监管体系；抓好国家标准化综合改革试点，全面实施"标准化＋"行动，以高标准推动高质量发展；率先设立政府质量奖，以质量提升行动推动浙江产业和服务质量的整体跃升；坚持品牌培育和严格认证，打造"浙江制造"品牌，建立"浙江制造"国际认证联盟，大力推进品牌强省建设；坚持高品质服务，全面加强质量基础工作，提高全省质量监督体系的质量和效率，推动浙江"最多跑一次"的改革经验在全国复制和推广。

人民银行研究局局长徐忠[9]认为，经济要实现高质量发展并在国际竞争中处于有利地位，最关键的是资本和人才，但这要靠制度保障。资本方面，要建立一个有效的风险分摊机制，引入能够承担风险的资本，促进项目建设，进而推动经济发展，而不是一味地加杠杆导致金融市场盲目扩张；人才方面，要改革教育体系，更好地适应从高速增长转向高质量发展的需要，保护民营资本，鼓励企业家精神。在开放条件下，资本和人才都是流动的，只有真正地完善体制机制，才能够更好地吸引资本和人才。宋国恺[10]认为，高质量发展不仅具有经济学属性，而且具有社会学属性，推动高质量社会建设，有利于促进经济社会协调发展，更好地解决人民日益增长的美好生活需要和不平衡不充分的发展之间的矛盾，更好地实现人民对美好生活的向往，进而应用社会学从微观、中观、宏观三个层面研究高质量社会建设，并指出了推进高质量社会建设的四个实践取向。徐现祥等[11]尝试考察经济增长速度目标与发展质量目标的权衡，在理论上证明当政府的政策工具是要素投入时，经济增长目标与经济发展质量负相关，经济增长目标侵蚀经济发展质量；当政策工具是技术进步时，二者正相关，可以同时提高。相关发现支持当政策工具是要素投入时增长目标"侵蚀"发展质量的理论预测，也揭示了中央政府降低经济增长目标、地方政府将政策工具转向创新驱动发展，能够实现经济高质量和可持续发展，终结中国经济崩溃论。潘建成[12]认为，经济高质量发展可以着重从创新及经济增长新动能、效率、产品质量、社会资源的充分利用这四个维度来评判。许岩[13]指出，对经济高质量发展的评价，仅分析经济指标是不够的，还需要综合分析民生、社会、环境等指标情况。与此观点相类似，任保平、李禹墨[14]也认为，除了经济指标外，还应当将生态环境、城市基建、医疗保健、教育养老等纳入经济高质量发展评价中。师博[15]提出，可以从发展的基本面、发展的社会成果、发展的生态成果三个维度来描述经济高质量发展。林兆木[16]认为，经济高质量发展应从商品和服务质量、投入和产出效率、经济效益、创新发展、绿色发展等多维度进行衡量。程虹[17]认为，经济高质量发展可以由四个标准来进行衡量，这四个标准分别为：需要提高劳动生产率；看一个地区的经济发展在动能上是靠要素和投资驱动，还是靠创新驱动；需要实现经济与社会的均衡发展；建立在人与自然和谐的基础上，即追求更好的生态。

以上对不同主体关于高质量发展内涵的解释进行了介绍，其中有政府高层以及政府智囊对高质量发展的官方或非官方阐释，也有一般学者依据政府政策报告对于高质量发展的解读。总体来看，大多数主体认为高质量发展是关于经济发展方面的，但也有学者认为高质量发展不只是指经济发展，还包含了社会发展。

三、推动高质量发展的宏观路径分析

党的十八大以来，以习近平同志为核心的党中央直面我国经济发展的深层次矛盾和问题，提出创新、协调、绿色、开放、共享的新发展理念。可以说，新发展理念是国家政府高层提出的推动高质量发展的宏观路径，是当下几年经济发展的主要方向，只有贯彻新发展理念才能增强发展动力、推动高质量发展。

1. 创新驱动方面

王靖华和李鑫[18]认为，推动高质量发展，必须把创新摆在发展全局的核心位置，推动路径包括加快培育新产业新动能、打造"创新创业升级版"、加快科技体制机制创新以及进一步提高人的能动性，其中，进一步提高人的能动性是驱动创新发展的根基。以航空航天、光电芯片、新能源、新材料、智能制造、信息技术、生命科学、人工智能等为代表的"硬科技"创新热潮在西部地区蓬勃兴起，强调把事关国家发展的关键领域核心技术、知识产权牢牢地掌握在自己手里，将科技创新成果与实体经济紧密联系起来，加快形成先进生产力，构建现代化经济体系，打造国家竞争新优势。陕西省西咸新区管委会副主任王飞[19]提出了推进硬科技创新创业的建议：第一，推进创新驱动战略，制订国家级硬科技发展和突围计划；第二，推进"中国制造2025"，打通"硬科技"到"新制造"的创新路径；第三，推进人才强国战略，打造多层次的硬科技创新人才体系；第四，推进新一轮创新创业，打造硬科技特色的创新体系。易昌良和李林[20]从新型金融模式构建的视角出发，借鉴资源型城市经济转型中金融支持的相关理论，研究探索金融支持我国资源型城市经济转型升级的创新途径与创新方法。他们认为实行新型金融模式的若干创新路径，包括突破因产业锁定而形成的金融锁定模式；建设金融生态基础工程；实行非均衡、线性信贷投放模式。徐乐江[21]在中国钢铁工业协会四届八次常务理事（扩大）会议上指出了新常态下我国钢铁工业面临的压力和机遇。压力来自六个方面，即产能严重过剩、自有资金不足、铁矿石供应受制于人、环保投入欠账多与环保成本日益增加、企业实际上缴增值税率逐年提高以及钢材出口贸易摩擦多与出口难度大；同时，新常态对钢铁企业来说也是机遇：钢铁行业结构调整、转型升级的新机遇，改革创新的新机遇，需求结构变化的新机遇，发展绿色钢铁的新机遇。新型显示产业是战略性新兴产业的重要组成部分，近年来，我国显示产业抓住国家经济发展和国际产业转移的重大机遇，在产业规模、技术水平、创新能力、产业链配套建设等方面得到稳步提升，逐渐成为全球显示产业发展的主要力量。工业和信息化部针对我国新型显示产业存在的问题给出以下几点发展规划：一是加强规划布局，引导集聚发展；二是重视技术创新，建立共享机制；三是完善产业链，提升配套水平；四是坚持市场导向，完善产业环境[22]。宗庆后[23]建议从以下三方面的管理创新来引导我国乳制品行业的健康发展：一是改革审批制度，赋予企业更大的经营自主权；二是改变管理方式，建立科学、合理、有效，符合我国国情的乳制品监管体系；三是有关主管部门和行业协会应加强引导和服务。

石耀东[24]从我国能源政策的现状以及中长期面临的突出矛盾出发，为适应安全、清洁和高效发展的需要，建议我国能源政策应该加快实现以下几个方面的战略转型：从单一化供给政策体系向多元化供需结合政策体系转型；从以二次产业为主的政策体系向三次产业并重的政策体系转型；从以国有资本占主导地位的投资激励政策向各类社会投资并存的投资激励政策转型；从以经济性管制和事前审批为主的政策体系，向以社会性管制和全过程监管为主的监管政策体系转型；从以国有部门为主的单一化、分散化创新政策体系，向以多元化、协同化为特征的新型创新政策体系转型。冯升波等[25]提出，以创新驱动我国能源经济发展方式变革、质量变革、效率变革、治理变革，依靠数字支撑能源供给侧结构性深化改革，从能源维度助力全国数字经济发展，推动我国新时代能源经济高质量发展。张永恒和郝寿义[26]认为，高质量发展的关键在供给层面，因此需要从产业优化升级的约束和目标对其路径进行分析，约束条件包括生态和空间层面，目标导向包括要素、产业结构以及产业链三个层面；要素禀赋是产业优化升级并实现新旧动力转换的落脚点，推动产业优化升级应从提高要素流动形式多样化、提升各类要素禀赋等级、细化要素禀赋分类、创造更多具有创新性的新要素四方面着手。马梅若[27]针对中国经济如何实现新旧增长动力转换给出两点建议：首先，培育积极因素和新兴力量不可或缺，实施"大众创业、万众创新"战略激发大众创业；其次，力促传统引擎转型升级，打造"中国制造2025"和"互联网＋"行动计划，意图推动移动互联网、云计算、大数据、物联网等与现代制造业结合，通过信息技术对传统制造业、服务业、金融业等生产要素进行重组，实现信息化和工业化的深度融合。此外，推动高质量发展要进行制度创新，建立适应高质量发展要求的政绩考核体系，贯彻五大发展理念、落实"五位一体"总体布局，要有利于化解新时代我国社会的主要矛盾，引导政府将工作目标集中到高质量发展上来。政绩考核要避免政府自说自话，为了增强专业性、权威性和独立性，可以引入第三方作为政绩考核的主体[28]。

2. 协调驱动方面

韦伟[29]认为，区域竞争在推动中国经济高速增长的同时也暴露出弊端；区域协调发展是高质量发展的重要组成部分，区域合作是实现区域协调发展的必由之路；区域协调发展是一个庞大复杂的系统工程，需要处理好公平与效率、合作与竞争、开放与保护、政府与市场等方面的关系。国家发改委新闻发言人、经济运行调节局局长赵辰昕表示，经过深入推进供给侧结构性改革，破除无效供给成效显著，稳步推进国企去杠杆，大力降低企业税负，供需结构更趋协调平衡；并通过推动制造业高质量发展、推动石化产业优化布局、推动智能汽车产业发展、推动品牌发展以及推动服务业大发展，促进产业高质量发展[30]。袁红英[31]在对经济高质量发展的内涵进行诠释的基础上，对财政金融政策独立调控的优劣势、财政金融政策协调调控基本思路和以财政金融政策协调推进高质量发展的路径选择等问题进行了探讨，认为财政金融协调推进经济高质量发展的路径有如下选择：一是以财政政策撬动金融资源，维持经济增长速度的稳定性；二是为创新活动提供全周期保障，加快实现经济发展方式的可持续；三是增强经济结构的内部协调性，提升经济结构的质量；四是健全外部效应补偿机制，以经济发展促进社会发展。晏仲超[32]指出，中高职是培养高素质技术技能人才的主要途径，按照高质量发展的要求，亟须中职与高职教育在培养目标、专业设置、课程体系与教材、转段升学、评价机制五个方面的衔接上继续发力。

供给侧结构性改革的根本目的也在于培育高质量的经济发展模式。在此过程中，区域协调发展程度与水平会对整体经济体系的高质量发展产生重要影响。蔡之兵[33]认为，形成高质量的区域协调发展新格局可以从"基、点、线、面、体"五个方面着手：基——坚持以五大新发展理念为区域发展的基础原则；点——努力提高单个城市和区域的发展效率和水平；线——充分利用交通线路促进相关区域间的分工与发展水平；面——加快城市群、都市圈等不同类型的区域合作速度；体——理顺央地关系，赋予地方更多的发展自主权。人口城镇化和土地城镇化是新时期我国经济转入高质量发展阶段的重要内容。在深入研究河北省人口与土地城镇化协调状况的基础上探索新形势下两者协调发展的新思路，以期为新时期促进河北省城镇化的高质量发展提供理论参考。张辉和路丽[34]运用离差系数，通过构建人口与土地城镇化协调性指标体系，对河北省人口与土地城镇化的协调性进行测度。结果表明，河北省所辖的11个地市多数存在人口增长率滞后于土地增长率、人口与土地城镇化失调的问题。针对河北省人口与土地城镇化失调的问题，从加快户籍制度改革、深化土地制度改革、完善财政和税收制度以及打破土地垄断价格等方面提出了促进两者协调发展的对策建议。

3. 绿色驱动方面

袁晓玲等[35]认为，40年的改革发展经验表明，经济增长与环境发展不协调已成为制约中国经济转向高质量发展的重要因素，驱动经济高质量发展应该引导全民形成经济与环境协调发展的思维观念，打破损害环境的经济发展方式，培育经济增长新动能，提高全民参与度，全面提升环境治理能力。金乐琴[36]关注经济增长和生态环境之间的协调，进而提出高质量发展与绿色发展交汇形成的高质量发展新理念，并且认为实现高质量绿色发展需要在发展规划、科技创新、结构转型、治理体系完善等方面探索具体路径。李华晶[37]从创新和绿色发展的高质量协同出发，在微观层面上梳理了企业绿色创新架构，提炼出企业绿色创新的后果主义、契约主义、行动主义、德性主义和认知主义五种进路，通过比较分析提出优化制度设计、规范治理架构、激发企业家精神、营造伦理氛围和注重心理机制建设五种对策建议，以期实现企业绿色创新进路融合，发挥企业在污染防治攻坚战中的积极作用，进一步提升企业对经济高质量发展的贡献水平。钟茂初[38]认为，以绿色发展推动经济向高质量发展转型。第一，推动生态文明建设，不仅需要构建生态文明制度和宏观政策，更需要形成生态环境友好型的消费群体；第二，高质量发展的重要内涵是减少低质量、低效率的无效供给，增加高质量、高效率的有效供给；第三，推进产业绿色化的基础制度是环境容量使用权配额制度，生态环境保护政策、产业政策必须完善并推行这一制度；第四，提高环境标准、强化环境规制是促进产业绿色化的制度基础。习近平总书记在党的十九大报告中提出"以共抓大保护、不搞大开发为导向推动长江经济带发展"，为长江经济带高质量发展确定了绿色发展的主基调。邓宏兵构建了以绿色发展理念推进长江经济带高质量发展的框架体系：营造科学合理的绿色空间；构建先进发达的绿色经济；构建清洁优美的绿色环境；构建繁荣多样的绿色人文；建立健全绿色管理体系[39]。

绿色发展强调人类经济社会活动和生态环境之间的平衡协调，是高质量发展的核心要义之一。石宝雅[40]从依据绿色发展的广东的优势及短板出发，提出以绿色发展为引领推动广东经济高质量发展的路径：强化绿色发展理念；突出制度管控；促进绿色产业发展；积极发展绿色金融。在党的十九大和2018年"两会"的重要报告和文件中，都反复强调要坚持绿色发展，要把提供更多优质、安全、绿色的农产品放到特殊位置的重要意义。张素艳[41]认为，坚持绿色发展，加快推进农业从高产量增长向高质量发展转变，要把提供更多优质、安全、绿色的农产品放到特殊的位置，做好产地环境清洁化、生产过程绿色化，推进农药、化肥、抗生素等化学品减量的举措；这不仅是技术变革，更是一项生产思想理念的变革，是一项长期的系统工程，要求生产组织者和生产者从观念上有一个真正的转变。候华丽等[42]通过比较矿业绿色发展的国际经验，结合我国经济社会发展的不平衡、不充分发展实际和绿色发展、高质量发展的现状特征，剖析我国矿业绿色发展与高质量发展在绿色矿山建设和示范基地建设方面取得的成效，直面存在的欠账较多、政策有待细化等不足，在强调新时代矿业发展与国家战略的辩证关系的基础上，提出了新时代矿业绿色发展和高质量发展的总体方向与基本思路。

4. 开放驱动方面

国务院发展研究中心副主任王一鸣[43]认为，转向高质量发展是一个十分紧迫同时也是十分艰难的过程，在此过程中要坚持问题导向，针对影响高质量发展的体制机制问题，进一步推进重要领域和关键环节的改革，建议进一步扩大对外开放，继续有序扩大服务业对外开放，逐步放开银行、证券、保险、医疗、养老、幼育、设计等领域的外资准入限制；全面实施准入前国民待遇加负面清单管理制度，简化外资企业设立程序，稳步推进人民币国际化。杨丹辉[44]认为，面对建设现代经济体系、构建人类命运共同体的时代重任，只有发展更高层次的开放型经济，才能主动把握世界经济格局嬗变所蕴含的有利机遇。任教对中国对外开放四十年的经验进行总结，指明新一轮扩大开放面临的机遇和挑战，并给出加快形成全面开放新格局的建议措施，其中包括坚持创新驱动，培育国际竞争新优势；对内对外同步并举，大幅度放宽市场准入；深化供给侧结构性改革，着力优化营商环境；加强陆海统筹，加大中西部开放力度；扩大进口，引领消费升级；加快自贸区经验推广，建设高质量自由港；稳步推进、深化"一带一路"合作；全面提升全球治理能力，构建人类命运共同体；等等。将开放的推进重点由政策提供转为制度创新和能力建设，以更高水平的对外开放推动高质量发展。

中国经济周刊记者徐豪[3]对中央财经领导小组办公室主任刘鹤出席第48届达沃斯经济论坛的主旨演讲进行了总结，刘鹤表示，中国未来几年经济政策的顶层设计，关键就是要实施好"一个总要求""一条主线"和"三大攻坚战"。"一个总要求"就是中国经济已由调整增长阶段转向高质量发展阶段，今后几年中国的宏观经济政策、结构政策、改革政策、社会政策都将围绕这个总要求展开；"一条主线"就是要以推进供给侧结构性改革为主线，中国经济发展的主要矛盾在于供给体系难以适应需求体系的变化，供求之间存在偏差，需要及时调整，通过改革提高供给体系的质量是实现高质量发展的基本路径；"三大攻坚战"就是中国决定打好防范化解重大风险、精准脱贫、污染防治攻坚战。刘鹤强调，过去40年中国经济高速增长靠的是改革开放，未来推动经济高质量发展仍然要靠改革开放，中国将坚持发挥市场在资源配置中的决定性作用，保护产权特别是知识产权，继续推动全面对外开放，加强与国际经贸规则对接，大幅度放宽市场准入，扩大服务业特别是金融业对外开放，创造有吸引力的国内投资环境。坚持"引进来"和"走出去"并重，与各国扩大双向投资和贸易往来，共建开放型世界经济。

四川省是支撑"一带一路"倡议和长江经济带发展的战略纽带与核心腹地，在大变局中如何服务国家开放战略？省委十一届三次全会历史性地回答了这一命题：形成"四向拓展、全域开放"的立体、全面开放新态势。"四向拓展"不是平均用力，省委全会确立了突出南向、提升东向、深化西向、扩大北向的战略方针。拓展南亚、东南亚拥新兴国际市场，以四川产业的互补性特征"突出南向"；对接我国东部沿海地区和环太平洋国家的先进生产力，确立"提升东向"；充分发挥西部国际航空门户枢纽优势，进一步优化释放中欧班列（蓉欧快铁）通达能力，提升运营交通和服务水平，扩大对欧高端合作和参与中俄蒙经济走廊建设，确立"深化西向、扩大北向"[45]。江苏省委省政府将中央要求的高质量发展细化落实为"六个高质量"，其中改革开放高质量是推动高质量发展的体制机制动力。江苏省商务厅厅长马明龙[46]提出扎实推进高水平开放五项工程：实施外贸优进优出工程；实施外资提质增效工程；实施体制机制创新工程；实施开发区"一特三提升"工程；实施"一带一路"引领工程。

何建中指出，改革开放40年来，我国航运业取得了历史性成就，实现了跨越式发展，已经成为航运大国。进入新时代，我国致力于建设交通强国、海运强国。围绕这一目标，交通运输行业将坚定不移地推动海运业更高水平地对外开放，切实加强务实合作，深化互联互通，优化监管流程，提高运输效率，为全球贸易和投资便利化提供有力支撑，着力打造高质量发展的海运强国[47]。2018年4月10日，国家发展改革委、财政部、商务部、人民银行、中国银行保险监督管理委员会、证监会六部门联合印发《关于引导对外投融资基金健康发展的意见》。国家发改委对其进行了解读，该意见旨在促进对外投融资基金合理有序地开展业务，引导各类对外投融资基金为推进"一带一路"倡议和促进国际产能合作提供长期、稳定、可持续、风险可控的资金来源；进一步创新投融资方式，服务开放大局[48]。

5. 共享驱动方面

当前，我国共享经济发展正呈现一系列新的特征与趋势，展示了巨大的活力和潜力。同时，各种新的情况与问题也不断涌现，亟待理清认识、区别对待。李强治[49]认为，为推动我国共享经济迈向高质量发展，我国政府应从转变思路、深化改革、加强规范三方面入手，进一步推动共享经济创新发展。任保平和王思琛[50]肯定了中国特色社会主义新时代背景下，树立并践行共享的发展理念，对于丰富中国特色社会主义政治经济学内涵的理论及实践意义。他们首先从马克思主义政治经济学的角度回顾了共享发展理念的形成发展过程；其次阐释了共享发展理念的内涵及其理论贡献，深入剖析了生产要素参与收入分配对共享发展的制约机制，并找到了其破解途径，即通过提高劳动报酬在收入分配中的比重，让劳动与其他要素共享发展成果；最后在保障和改善民生、实施脱贫攻坚以及推进基本公共服务均等化三个方面，为推动共享发展理念的践行提供了政策路径。闫柳君[51]对经济高质量发展战略中的共享理念进行探析，认为共享理念指明了我国社会主义发展的目的性和指向性，体现了社会主义对人主体性的关注，也体现了中国共产党全心全意为人民服务的根本宗旨。

人口老龄化是长三角各省市共同面临的重大课题。为此，江苏省民政厅厅长吕德明提出深化合作，促进共享，共同推进长三角养老服务高质量发展的战略：一是完善协作协商的工作机制；二是构建开放有序的市场体系；三是打造行业发展的联合平台；四是推进重点领域的深度合作[52]。李莉和卢雪梦[53]指出，实现高质量发展的关键是创新驱动，即着力推进以科技创新为核心的全面创新。要实现高质量发展，创新型人才是推动创新发展最活跃的因素。对于企业来说，想要有效地开展创新活动，推动创新人才素质的提升，以增强竞争优势，一个重要思路就是通过人力资源管理推动员工进行知识共享。他们探究了企业知识共享现状及其对创新人才素质提升的作用机理，完善相关制度措施以提升企业知识共享水平，促进人才素质提升。

总体上，学者们主要是从社会矛盾变化和新发展理念视角、宏中微观视角、供求和投入产出视角、问题视角等对推动高质量发展进行阐述[54]。其中关于共享驱动方面的研究，目前还比较少，这与我国共享经济发展的实际繁荣态势不符，是下一步学术研究致力的方向。此外，赵华林[55]阐释了高质量发展的内涵和外延，系统梳理了高质量发展的现实意义和重要基础，提出了高质量发展的关键环节和思路举措，突出强调了创新驱动、绿色发展、民生福祉对于高质量发展的重要性，最后给出推动高质量发展的思路：一是深入推动供给侧结构性改革；二是引导党员领导干部树立正确的政绩观；三是建立健全完善的制度体系；四是贯彻落实以人民为中心的思想；五是要正确处理质量与速度的关系。赵大全[56]认为，从宏观上看经济高质量发展的内涵应该包括充分发展、平衡发展、具有国际竞争力、有利于实现人的全面发展四个方面的内容。李云庆和蔡定创[57]认为，我国有着与欧美不同的政治与经济制度，运用创新的信用价值论的理论原理，采用三个层次的生产方式，即实体价值生产、信用价值生产和社会资本生产，对经济发展进行宏观调控，可以跳出欧美国家高速增长后进入低增长甚至危机的发展规律，促进经济高质量发展，实现未来经济持续增长。郭春丽等[58~59]认为，我国经济处于由高速增长阶段转向高质量发展阶段，资本报酬递减现象开始出现，靠大规模的政府主导型投资以保持经济增长速度的方式不再具有可持续性。他们给出了实现高质量发展的对策建议：投入产出同步，推动质量变革；宏观微观并重，推动效率变革；供给需求并举，推动动力变革；尽快建立衡量、测度高质量发展的指标体系。

四、推动高质量发展的微观做法探索

1. 国有企业的做法

政府工作报告提出，国有企业要通过改革创新走在高质量发展前列。经济从高速增长阶段转向高质量发展阶段是中国特色社会主义迈入新时代的鲜明特征，而经济高质量发展归根结底需要通过企业高质量发展予以实现。作为国民经济的命脉和中国特色社会主义经济的"顶梁柱"，国有企业高质量发展直接关系深化国有企业改革的成败和宏观层面的经济高质量发展能否成功实现。黄速建等从目标状态和发展范式两个角度对"企业高质量发展"进行了界定，识别出企业高质量发展的七个核心特质，并构建了实现国有企业高质量发展的逻辑框架，提出要以国有企业个体发展的动力转换、战略转型、效率变革、能力再造、管理创新和形象重塑为核心途径，形成三个必要条件、提供三类制度供给和构建三维社会生态为支撑环境，推动国有企业高质量发展在个体层面和整体层面得到真正实现[60]。

国务院国有资产监督管理委员会主任肖亚庆表示，对于高质量发展的要求，央企还有很多工作要做：做强实业、推动制造业加快转型升级；更多地投向战略性新兴产业，形成新增长点；持续"瘦身健体"，始终把质量第一、效益优先作为发展目标；企业的管理水平提升也是一个永恒的主题，我们要瞄准世界先进企业学习，按照高质量发展的要求不断提升管理，提高运行效率[61]。工业和信息化部总经济师王新哲[62]表示，中国企业特别是大企业需要从以下几方面着力，以积极应对环境和形势变化，努力实现高质量发展：增强自主创新能力；创新企业管理；打造高品质产品和服务；实现产业链协同发展；提升国际化经营水平；履行好社会责任。中国企业联合会、中国企业家协会会长王忠禹[63]在"2018中国500强企业高峰论坛"上就怎样践行高质量发展、争创世界一流企业提出建议：强化创新驱动发展，在核心技术自主可控上下工夫；以全球视野谋划发展，不断提升在全球价值链中的地位；持续推进结构优化升级，着力增加优质供给；深入推进企业改革，更大程度激发内在动力。

当前我国经济发展步入高质量发展时期，要求国有企业在经济发展过程中发挥主导作用的同时，实现经营管理模式的变革和发展战略的调整。庞富瑞[64]通过分析高质量发展时期国有企业发展的国内外环境说明，当前我国面临动能转换、市场结构的调整以及全球化对国有企业的影响，进一步指出国有企业在高质量发展时期应当更好地把握当前市场环境、提高产品质量、改革组织形式、创新管理模式、积极适应全球化带来的风险与挑战，企业为实现高质量发展应培育良好的企业文化和积极承担相应的社会责任。王斌[65]依据中国江苏国际经济技术合作集团的海外工程承包经验优势，面对当前经济由高速增长向高质量发展转型的形势，对照中央和江苏省对高质量发展的要求，对实现高质量发展的基础、优势、思路进行分析，提出了实现高质量发展的目标、路径和关键举措。张绍光[66]介绍了齐鲁石化公司贯彻落实习近平新时代中国特色社会主义思想和党的十九大精神的具体措施，其中包括深刻理解新时代国有企业高质量发展的重大意义、内涵要义、目标途径、坚强保障，坚持和把握问题导向、目标导向、实践导向、政治导向，着力推进企业深化改革、提质增效，提升发展质量、实现基业长青。

由于国有企业体制的问题，企业财务管理中存在很多如制度建设不规范、执行力不足、预算管理流于形式、资金管控不到位、财务核算缺乏前瞻性等问题，导致企业的财务管理效率低下，发展缓慢。张敬翠[67]针对这些问题，结合自身实际工作，对国有企业财务管理中存在的一些问题进行了认真分析，并提出了相应的改进措施，推动企业高质量发展。党的十九大报告强调，深化国有企业改革，发展混合所有制经济，培育具有全球竞争力的世界一流企业。深化国有企业改革，重中之重是深化国有企业工资制度改革。杜巧云[68]对高质量发展视角下改革国有企业工资决定机制的效应进行探折，认为这次改革对于促进高质量发展具有明显的"内生效应""催化作用"；适应高质量发展的时代要求，既聚焦国有企业工资分配问题，又兼顾社会面收入分配问题；既立足当前，又放眼长远，对于开启深化收入分配改革新征程有着极大的"溢出效应"。徐辉[69]认为，国有企业混合所有制改革要想混改出好的结果，必须围绕企业高质量发展做文章，迫切需要找出制约本企业高质量发展的症结，弄清楚混改改什么、怎么改。文章对国有企业高质量发展的"堵点""痛点"以及短板做出了分析，并分别给出解决以上问题的较好的国有企业混合所有制改革案例。

2. 地区的做法

浙江工业在应对金融危机中，发展动能向深修复，产业结构向高调整，质效水平向好提升，创新贡献向强发展，领军企业向新转型，浙江制造向前迈进，为经济高质量发展做出一定贡献，但仍存在产业结构、投资结构、出口结构等不平衡不充分的问题。为进一步推进经济高质量发展，提出如下建议：深化产业结构调整，提高工业经济整体素质；坚持创新驱动战略，提升工业经济效益水平；调整工业投资结构，提高项目投资效率；参与"一带一路"建设，推进浙江工业优质产能走出去[70]。

王玲杰等[71]认为，新时代背景下，国家自主创新示范区成为增强自主创新能力、落实创新驱动战略迈向高质量发展的重要载体和战略选择，并针对推动国家自主创新示范区高质量发展中存在的现实问题和重点、难点，提出以优化产业生态、人才生态、金融生态、开放生态、政策生态"五个优化"来培育创新主体、壮大创新人才、强化创新支撑、汇聚创新资源、营造创新环境，从而打造优良的创新生态，以加快推动国家自主创新示范区高质量发展。

2018 年 4 月，习近平总书记在武汉召开的深入推动长江经济带发展座谈会上强调，推动长江经济带发展是党中央作出的重大决策，是关系国家发展全局的重大战略，加强改革创新、战略统筹、规划引导，以长江经济带发展推动经济高质量发展[72]。作为我国经济重心所在、活力所在、综合实力最强的区域之一，长江经济带在推动、支撑和引领我国经济高质量发展的过程中扮演着重要的角色，具有举足轻重的地位以及全局性、战略性意义[73~74]。经济高质量发展涵盖了投入产出、资源配置、供给需求、收入分配、经济循环等多层面的内容，其内涵十分丰富，目前尚无统一的认识[75]。

锡林郭勒盟委书记罗虎在[76]对于开创全盟经济高质量发展新局面提出三点建议：深刻把握欠发达地区的基本盟情，在适应社会主要矛盾变化中认清形势、找准定位，探索符合地区实际的高质量发展之路；深刻把握资源型地区发展特点，在推动产业结构转型升级上聚集聚力、攻坚克难，努力构建多元发展、多极支撑的现代产业体系；深刻把握边疆民族地区实际，在学习先进地区发展经验中对标找差、解放思想，以良好的精神状态和工作作风保障高质量发展。

3. 行业的做法

农业是我国国民经济的基础，农业高质量发展是转变农业发展方式的根本要求，也是实施乡村振兴战略的内涵所在。要推动农业高质量发展，人、资金和土地等要素必不可少。必须集聚这些要素，着力做好打造三支队伍、强化人才支撑，加大财政支农力度、优化财政支农方式，修订土地规划、完善用地政策三个方面的工作，夯实农业高质量发展基础。同时，深化改革创新，释放发展活力；优化供给结构，提升发展质量[77]。

中共工业和信息化党组指出，改革开放 40 年以来，我国工业通信业取得了辉煌成就，探索走出一条适合中国国情的新型工业化道路，制造大国和网络大国地位进一步巩固，产业结构持续优化，开放合作层次水平显著提升；并提出应以新一轮改革开放推动工业通信业高质量发展，关键要按照社会主义市场经济改革的方向，在深化体制机制改革上下工夫，着力营造良好的发展环境，还要顺应我国经济深度融入世界经济的趋势，统筹利用好国际和国内两个市场、两种资源，在更加开放的条件下进行[78]。

李丽和梁鹏[79]对第四届贸易强国论坛暨中国流通产业高质量发展高层研讨会的会议内容及主要观点进行了综述：中国建设贸易强国，要有政府强有力的支持和政策引导；要努力构建自主贸易体系，掌握贸易的主导权、渠道的控制权、商品的定价权和市场的话语权；要跳出低附加值层面，让装备、技术、标准、服务"走出去"；要打造一流的贸易企业，尤其是内贸外贸融合发展的一流企业；要有理论支撑；等等。

教育是立国之本、民生之基。当前，对照人民群众对教育多样化愈加迫切的需求，教育资源配置不平衡不充分的问题较为突出。黄宝印和王顶明[80]认为，唯有解放思想、转变观念，才能实现资源优化配置，推动教育高质量发展。

五、高质量发展评价

构建科学的评价体系对经济高质量发展展开评价，有助于及时洞悉发展过程中的不足和潜在问题，对推动实现经济高质量发展具有很强的理论意义和现实价值，目前已有不少学者对此领域展开研究。马丁玲和颜颖颖[81]从经济增长、经济发展质量、经济发展动力、经济发展可持续性、经济发展成果共享五个方面构建经济高质量发展评价指数模型，采用专家打分和主成分分析法确定指标权重，对宁波2010~2016年经济高质量发展展开评价。师博和任保平[82]构建了包含经济增长基本面和社会成果两个维度的经济高质量发展评价模型，采用均等权重赋值法，对我国1992~2016年省际经济高质量发展进行了测度。李馨[83]选取经济发展的动力、效率、高度、平衡性、外向性、可持续性六个维度构建经济高质量发展评价体系，对我国2016年省际经济高质量发展进行测度和分析。2018年中央经济工作会议提出，必须加快形成推动高质量发展的指标体系、政策体系、标准体系、统计体系、绩效评价、政绩考核。吕薇[84]基于对高质量发展的认识，认为建立高质量发展评价指标要实行总量指标和人均指标相结合、效率指标和持续发展指标相结合、经济高质量发展与社会高质量发展相结合，并指出高质量发展的评价指标体系应该包括三类指标：第一类是反映经济结构和效率的指标，提高要素生产率；第二类是体现以人民为中心，提高生产质量和幸福感的指标；第三类是体现经济活力的指标。宋瑞礼[85]从评估体制、评估主体、评估方法以及结果反馈四个方面对高质量发展的绩效评价体系进行了深入探讨，力图为推动我国经济在实现高质量发展上不断取得新进展提供有效的制度保障。王文平和谭鹏[86]从高质量发展监测评价体系构建的难点出发，指出监测评价主体内容的重点在于体现工作基调与发展水平、创新能力与发展效率以及产业规模与发展模式，提出了与高水平全面建成小康社会监测相结合等监测评价思路拓展的建议。产品质量是高质量发展的逻辑起点和重要基础，我国应将对微观产品质量的考核纳入宏观经济增长质量的考核中，构建微观产品质量促进宏观经济增长质量的动力机制。李辉[87]提出，应从产品质量创新、品牌建设、产品质量治理、弘扬企业家精神和大国工匠精神等角度持续提升我国产品质量，为高质量发展奠定坚实的微观基础。

通过梳理相关文献可以发现，学者们普遍根据其对经济高质量发展内涵的理解，分别从宏观或微观的角度对高质量发展进行研究。这些研究为后续更深入、更全面地研究经济高质量发展做了开拓性的工作，具有较好的启迪作用。但总体来看，经济高质量发展的研究尚处在起步阶段，有关高质量发展的深度理论研究并不多，特别是有关具体行业或地区的高质量发展研究还比较少，导致这个现状的原因可能是微观具体层面的企业实践还没有开展。关于高质量发展评价的研究也比较少，但是随着高质量发展实践的不断加强，关于该问题的研究也应相应地增加，为政府制定发展目标的具体指标的确定提供参考。在供给侧结构性改革提出之后，有关转变发展方式、优化经济结构之类的研究不断涌现，这些与提高经济发展的质量水平也有密切关系，因此也对这部分研究成果进行了综述。实际上，高质量发展是中国经济社会发展到一定阶段的产物，关系到经济社会的转型和深刻变革，因而是一个非常庞大的命题，从理论到实践都在这个命题下缓慢前行。理论研究具有领先于并引领于实践的属性，基于这个特点，接下来的理论研究可以围绕高质量发展实践的思路展开，宏观上考虑国家层面的高质量发展制度创新，其中包括新时代背景下我国经济发展质量的评价研究，经济发展质量统计测评研究，质量治理体系与政策研究，人才评价体系与激励机制研究，以及环境保护与高质量发展融合的机制、路径和政策体系研究等；微观上，围绕提高企业全要素生产率进行研究，其中包括供给体系质量提升途径研究、推动高质量发展突破性问题研究、农产品质量安全问题研究等。

参考文献

［1］习近平．决胜全面建成小康社会夺取新时代中国特色社会主义伟大胜利——在中国共产党第十九次全国代表大会上的报告［J］．党建，2017（11）：15－34.

［2］http：//www. mod. gov. cn/topnews/2018－03/05/content_ 4805962. htm.

［3］徐豪．刘鹤达沃斯首秀未来推动经济高质量发展仍然要靠改革开放［J］．中国经济周刊，2018（5）：28－29，88.

［4］https：//news. qq. com/a/20180605/040883. htm.

［5］https：//baike. baidu. com/item/% E9% AB%98% E8% B4% A8% E9% 87% 8F% E5% 8F% 91% E5% B1% 95/22414206？ fr = aladdin.

［6］魏杰，汪浩．高质量发展的六大特质［N］．北京日报，2018－07－23（14）.

［7］郎丽华，周明生．迈向高质量发展与国家治理现代化——第十二届中国经济增长与周期高峰论坛综述［J］．经济研究，2018，53（9）：204－208.

［8］郭占恒．习近平总书记关于全面质量重要论述与浙江实践［J］．政策瞭望，2018（9）：24－31.

［9］徐忠．转向高质量发展靠的是制度竞争［N］．北京日报，2018－03－

26（13）．

[10] 宋国恺. 新时代高质量发展的社会学研究［J］. 中国特色社会主义研究，2018（5）：60 – 68.

[11] 徐现祥，李书娟，王贤彬，毕青苗. 中国经济增长目标的选择：以高质量发展终结"崩溃论"［J］. 世界经济，2018，41（10）：3 – 25.

[12] 潘建成. 经济高质量增长效果需要相关指标来衡量［N］. 证券时报，2017 – 12 – 28（A07）.

[13] 许岩. 建立完善统计指标体系助推经济高质量发展［N］. 证券时报，2017 – 12 – 28（A07）.

[14] 任保平，李禹墨. 新时代我国高质量发展评判体系的构建及其转型路径［J］. 陕西师范大学学报（哲学社会科学版），2018，47（3）：105 – 113.

[15] 师博. 论现代化经济体系的构建对我国经济高质量发展的助推作用［J］. 陕西师范大学学报（哲学社会科学版），2018，47（3）：126 – 132.

[16] 林兆木. 关于我国经济高质量发展的几点认识［J］. 冶金企业文化，2018（1）：26 – 28.

[17] 程虹. 如何衡量高质量发展［N］. 第一财经日报，2018 – 03 – 14（A11）.

[18] 王靖华，李鑫. 以创新推动我国经济高质量发展的路径［J］. 经济研究导刊，2018（28）：4 – 5.

[19] 王飞. 硬科技创新推动我国经济高质量发展［J］. 中国经贸导刊，2018（1）：69 – 71.

[20] 易昌良，李林. 以金融创新推动我国资源型城市经济转型［J］. 经济研究参考，2016（49）：59 – 66.

[21] 徐乐江. 适应新常态把握新机遇以改革创新推动我国钢铁工业转型新发展——在中国钢铁工业协会四届八次常务理事（扩大）会议暨劳模表彰大会上的讲话［J］. 中国钢铁业，2014（8）：5 – 10.

[22] 彭红兵. 持续创新，推动我国显示产业转型升级［J］. 高科技与产业

化，2014（8）：36－37.

［23］宗庆后．以管理创新推动我国乳制品行业健康发展［J］．中国乳业，2014（9）：12－13.

［24］石耀东．加快体制机制创新，推动我国中长期能源政策转型［J］．经济研究参考，2014（36）：27.

［25］冯升波，周伏秋，王娟．打造大数据引擎推进能源经济高质量发展［J］．宏观经济管理，2018（9）：21－27.

［26］张永恒，郝寿义．高质量发展阶段新旧动力转换的产业优化升级路径［J/OL］．改革：1－10.［2018－12－01］．http：//kns. cnki. net/kcms/detail/50. 1012. F. 20181114. 1133. 002. html.

［27］马梅若．中国经济新旧增长动力转换如何实现？［J］．经济研究参考，2015（54）：11－12.

［28］https：//baijiahao. baidu. com/s？id＝1595547985444742032&wfr＝spider&for＝pc.

［29］韦伟．从区域竞争迈向高质量发展的区域合作［J］．区域经济评论，2018（5）：53－57.

［30］王海蕴．供需结构更趋协调平衡抓好"五个推动"促产业高质量发展［J］．财经界，2018（9）：11－14.

［31］袁红英．推进经济高质量发展的财政金融政策协调机制研究［J］．经济论坛，2018（8）：22－24.

［32］晏仲超．聚焦五个衔接推动中高职高质量协调发展［J］．江苏教育，2018（52）：20－21.

［33］蔡之兵．如何实现高质量区域协调发展新格局［J］．经济，2018（8）：96－98.

［34］张辉，路丽．高质量发展阶段下河北省人口与土地城镇化协调发展研究——基于党的十九大基本国策的视角［J］．中国农业资源与区划，2017，38（11）：78－84.

［35］袁晓玲，邸勍，李政大．改革开放40年中国经济发展与环境质量的关系分析［J］．西安交通大学学报（社会科学版），2018（6）：1－7.

［36］金乐琴．高质量绿色发展的新理念与实现路径——兼论改革开放40年绿色发展历程［J］．河北经贸大学学报，2018，39（6）：22－30.

［37］李华晶．高质量发展的企业绿色创新研究［J］．企业经济，2018，37（9）：2，5－12.

［38］钟茂初．以绿色发展推动向高质量发展转型［J］．群言，2018（7）：7－10.

［39］邓宏兵．以绿色发展理念推进长江经济带高质量发展［J］．区域经济评论，2018（6）：4－7.

［40］石宝雅．以绿色发展为引领，推动广东经济高质量发展［J］．广东经济，2018（8）：52－55.

［41］张素艳．坚持绿色发展加快推进园艺生产向高质量发展转变［J］．辽宁农业科学，2018（2）：61－62.

［42］侯华丽，强海洋，陈丽新．新时代矿业绿色发展与高质量发展思路研究［J］．中国国土资源经济，2018，31（8）：4－10.

［43］王一鸣．改革开放新时代与推动经济高质量发展［N］．学习时报，2018－11－16（3）.

［44］杨丹辉．以更高水平开放推动更高质量发展［J］．国家治理，2018（27）：3－10.

［45］黄登武．大变局中形成四川开放新态势——论全面推动四川高质量发展［J］．四川党的建设，2018（18）：16.

［46］马明龙．以高水平开放推动江苏高质量发展［J］．群众，2018（9）：22－23.

［47］何建中出席国际海运年会指出：推动海运业更高水平对外开放，着力打造高质量发展海运强国［J］．交通企业管理，2018，33（6）：29.

［48］曹敏．创新投融资方式，服务开放大局，推动对外投融资基金合理有

序健康发展——国家发展改革委有关负责人就《关于引导对外投融资基金健康发展的意见》答记者问［J］．中国经贸导刊，2018（13）：38－39．

［49］李强治．加快推动我国共享经济迈向高质量发展［J］．清华金融评论，2018（6）：30－31．

［50］任保平，王思琛．新时代高质量发展中共享发展的理论创新及其实现路径［J］．渭南师范学院学报，2018，33（11）：14－27．

［51］闫柳君．高质量发展阶段的共享理念探析［J］．江南论坛，2018（7）：33－35．

［52］吕德明．江苏：深化合作，促进共享，共同推进长三角养老服务高质量发展［J］．中国民政，2018（11）：26－27．

［53］李莉，卢雪梦．高质量发展的创新人才素质提升研究——基于企业知识共享视角［J］．发展研究，2018（6）：89－94．

［54］安淑新．促进经济高质量发展的路径研究：一个文献综述［J］．当代经济管理，2018（9）：1－10．

［55］赵华林．高质量发展的关键：创新驱动、绿色发展和民生福祉［J］．中国环境管理，2018，10（4）：5－9．

［56］赵大全．实现经济高质量发展的思考和建议［J］．经济研究参考，2018（1）：7－9，48．

［57］李云庆，蔡定创．实施三层级宏观调控促进经济高质量发展［J］．宏观经济管理，2018（9）：55－62．

［58］郭春丽，王蕴，易信，张铭慎．正确认识和有效推动高质量发展［J］．宏观经济管理，2018（4）：18－25．

［59］郭春丽，王蕴，易信，张铭慎．正确认识和有效推动经济高质量发展［J］．中国邮政，2018（10）：16－19．

［60］黄速建，肖红军，王欣．论国有企业高质量发展［J］．中国工业经济，2018（10）：19－41．

［61］王希，韩洁，刘慧．让国有企业走在高质量发展前列——国务院国资

委主任肖亚庆谈国企改革发展［J］．现代企业，2018（3）：4-5．

［62］王新哲．积极应对环境形势变化努力实现高质量发展［J］．企业管理，2018（10）：12．

［63］王忠禹．践行高质量发展，争创世界一流企业［J］．企业管理，2018（10）：6-9．

［64］庞富瑞．高质量发展时期国有企业经营管理和发展战略［J］．中国市场，2018（34）：72-73．

［65］王斌．推进国有企业高质量发展的思考［J］．江苏建材，2018（5）：59-62．

［66］张绍光．推动国有企业高质量发展的"四个导向"［J］．石油化工管理干部学院学报，2018，20（4）：48-52．

［67］张敬翠．浅析如何推动国有企业财务管理工作高质量发展［J］．经贸实践，2018（10）：130，132．

［68］杜巧云．高质量发展视角下改革国有企业工资决定机制的效应探析［J］．现代国企研究，2018（18）：74，182．

［69］徐辉．国有企业混合所有制改革要瞄准高质量发展［J］．产权导刊，2018（8）：45-49．

［70］兰建平，于晓飞，梁靓，王倩．从应对金融危机到适应高质量转型的浙江经验——浙江工业2008~2017十年演进轨迹研究［J］．治理研究，2018，34（6）：56-62．

［71］王玲杰，王元亮，彭俊杰，李斌．推动国家自主创新示范区高质量发展［J］．区域经济评论，2018（5）：58-68．

［72］吴晓华．深入学习领会习近平总书记战略思想以长江经济带发展推动经济高质量发展［J］．宏观经济管理，2018（6）：8-11．

［73］孙长学．推动长江经济带成为高质量发展的生动样本［J］．中国党政干部论坛，2018（7）：58-61．

［74］高国力．强化长江经济带发展对高质量发展的带动作用［J］．中国党

政干部论坛，2018（6）：65-68.

［75］夏锦文，吴先满，吕永刚，李慧．江苏经济高质量发展"拐点"：内涵、态势及对策［J］．现代经济探讨，2018（5）：1-5.

［76］罗虎在．立足新时代，贯彻新理念，奋力开创经济高质量发展新局面［J］．实践（党的教育版），2018（10）：12-13.

［77］姚永康，李朝勤，王甜．对推进我国农业高质量发展的思考［J］．现代农业科技，2018（20）：258-259.

［78］中国工业和信息化部党组．在改革开放大潮中推动新型工业化实现新跨越［J］．现代企业，2018（10）：4-6.

［79］李丽，梁鹏．贸易强国建设与流通产业高质量发展［J］．中国流通经济，2018，32（11）：122-128.

［80］黄宝印，王顶明．充分发挥学位中心职能助力研究生教育高质量发展［J］．学位与研究生教育，2018（3）：1-6.

［81］马丁玲，颜颖颖．宁波经济高质量发展评价及路径初探［J］．宁波通讯，2018（9）：40-41.

［82］师博，任保平．中国省际经济高质量发展的测度与分析［J］．经济问题，2018（4）：1-6.

［83］李馨．我国省际区域经济高质量发展的测度与分析——基于30个省份相关数据［J］．无锡商业职业技术学院学报，2018（5）：20-24.

［84］吕薇．探索体现高质量发展的评价指标体系［J］．中国人大，2018（11）：23-24.

［85］宋瑞礼．高质量发展绩效评价体系探究［J］．中国经贸导刊，2018（16）：29-30.

［86］王文平，谭鹏成．高质量发展监测评价的思考［J］．统计科学与实践，2018（7）：54-55.

［87］李辉．我国高质量发展中产品质量的内涵、评价及提升路径［J］．黑龙江社会科学，2018（4）：37-41.

第三章 区域经济高质量发展评价模型和指标体系

一、区域经济高质量发展评价模型及评价指标体系综述

经济发展如何评价，在学术界已有很多的研究，在评价模型选择、评价指标体系构建等方面有丰硕的成果，这些成果对于研究高质量发展评价提供了有益的参考，高质量发展评价模型构建和评价指标甄选可以从现有研究中汲取营养，得到思想启发。

评价经济发展的常见模型有如下几种：

（1）熵值法。信息理论中，熵是系统无序程度的量度，可以度量数据所提供的有效信息。熵值法就是根据各指标传输给决策者的信息量的大小来确定指标权数的方法。某项评价指标的差异越大，熵值越小，该指标包含和传输的信息越多，相应的权重越大。

（2）模糊综合评价法。模糊综合评判是以模糊数学为基础，应用模糊关系合成的原理，将一些边界不清、不易定量的因素定量化，进行综合评价的一种方法。它是模糊数学在自然科学领域和社会科学领域中应用的一个重要方面。

（3）变异系数法。变异系数是统计中常用的衡量数据差异的统计指标，该方法根据各个指标在所有被评价对象上观测值的变异程度大小来对其赋权。为避免指标的量纲和数量级不同所带来的影响，该方法直接用变异系数归一化处理后

的数值作为各指标的权数。

（4）主成分分析法。在多指标综合评价中很多指标的信息重复，这会增加计算的工作量从而影响评价的准确性，主成分分析法就是通过降维将原来众多具有一定相关性的指标重新组合成一组新的边界清晰、数量更少的综合指标来代替原来的指标，这些新的综合指标保留了原始变量的主要信息，同时彼此之间又不相关，比原始变量具有更优越的性质，从而更能反映问题的实质。

（5）专家打分法。邀请若干熟悉情况的专家组成评判小组，各专家独立给出一套权数，形成一个评判矩阵，对各专家给出的权数进行综合处理得出综合权数。该方法是利用专家的知识、智慧、经验等无法数量化的带有很大模糊性的信息形成对各方面的评价权数，权数会体现评价者对评价对象的总体判断。该方法操作简单，原理清楚明了，但权数受主观因素影响较大，很难形成具有说服力而且稳定的一套权数，适合数据收集困难或者信息量化不易准确的评价项目。

（6）灰色关联度法。灰色关联度分析认为，若干个统计数列所构成的各条曲线几何形状越接近，即各条曲线越平行，则它们的变化趋势越接近，其关联度就越大。因此，可利用各方案与最优方案之间关联度的大小对评价对象进行比较、排序。该方法首先是求各个方案与由最佳指标组成的理想方案的关联系数矩阵，由关联系数矩阵得到关联度，再按关联度的大小进行排序、分析，得出结论。

评价模型应用于研究的成果如下：

刘干和郑思雨[1]以2010~2016年的指标数据为依据，使用熵值法和模糊综合评价法计算我国31个省份的经济高质量发展综合得分，从动态和静态两个角度探索各省份的经济高质量发展状况。运用Matlab软件对各年原始数据进行标准化处理，然后使用熵值法对各指标进行客观赋权，得到权重矩阵。在建立的模糊综合评价模型中，通过构造隶属函数，利用指标数据计算出客观的模糊判断矩阵，进而得到模糊结果矩阵，最后获得各省份的经济高质量发展综合得分。文章通过分析各省份经济高质量发展动态变化趋势，将31个省份分为三类，分别为高质量经济发达区（上海、北京、广东、浙江、江苏、天津、福建、山东、辽宁、重庆、海南）、高质量经济发展区（陕西、内蒙古、湖北、湖南、四川、江西、云南、黑龙江、广西、山西、吉林、河南、安徽、宁夏、河北、贵州）、高质量经济落后区（青海、新疆、甘肃、西藏）。

丁涛和顾金亮[2]在构建基于创新、协调、绿色、开放、共享五大发展理念的区域经济高质量发展评价指标体系基础上，运用灰色关联理论，以2015年江苏省13个地级市的相关指标为依据，对江苏省科技创新和经济高质量发展之间的关联程度进行了分析。结果表明，江苏科技创新与绿色发展之间的关联度最大（0.7240），其次是协调发展（0.6630），再次是共享发展（0.6198），最后是开放发展（0.6073）。科技创新的4个二级指标对其他各二级比较指标也显示出不同的关联特性。文章分析认为，科技创新对地区绿色发展和协调显现出较强的推动作用，对共享发展和开放发展的推动作用还须进一步加强，同时提出了进一步营造良好创新环境、强化企业科技创新主体地位、构建现代产业体系推动江苏产业和推进产品向价值链中高端跃升等建议。

马丁玲和颜颖颖[3]以高质量发展为核心，从经济增长、经济发展质量、经济发展动力、经济发展可持续性和经济发展成果共享五个领域构建了评价宁波经济高质量发展的指标体系，运用专家打分法和主成分分析法确定各层次指标权重，以2010年为基准，形成了包括1个高质量发展指数和5个分项指数在内的宁波2010～2016年经济高质量发展评价指数模型。结果表明，宁波的经济发展质量逐年提升，宁波的指标呈现逐年向好的趋势，经济增长的规模和速度趋于稳定，处于向高质量发展阶段迈进的关键时期，但各领域发展水平有一定差距，具体表现为：经济增长领域，GDP增速、外贸依存度是影响经济增长类指标指数不高的重大因素；经济发展质量领域，经济发展质量呈现逐年平稳向上增长的趋势，经济效益指标完成情况较好，个别指标发展较为缓慢；经济发展动力领域，宁波经济发展动力呈现平稳向上的态势，创新动力方面逐年增长，但仍存在较大提升空间；经济发展可持续性领域，呈现逐年向上发展态势，节能减排、绿色生活的各项指标完成情况较好，尤其是单位产出能耗、单位产出废气排放量的改善对宁波经济可持续发展起到极大的促进作用；经济发展成果共享领域，对宁波实现经济高质量发展的贡献最大，但增速呈现由快到缓的发展趋势，人民生活、公共服务各指标发展情况相对较好，尤其体现在城镇与农村居民可支配收入、住房面积、社会保障投入等方面。

师博和任保平[4]构建了包含经济增长基本面（强度、稳定性、合理化、外向性）和社会成果（人力资本、生态资本）两个维度的经济高质量发展评价模型，使用联合国人类发展指数和经济脆弱度指数，采用简单而透明的均等权重法赋值获得各省经济增长质量指数，对我国1992～2016年省际经济高质量发展进行了测度与分析。结果表明：①中国经济增长质量在波动中上升。中国经济增长质量大致经历了4个完整的周期，以及1个初步显现出上升趋势的新周期。②地区间经济增长质量分布不均衡。从分地区经济增长质量来看，东部经济增长质量最高、中部次之、西部最低，与经济增长的数量排名一致，并且地区间增长质量分布态势在整个样本期内都未发生改变。从周期性特征来看，东部、中部、西部地区经济增长质量波动与全国整体水平类似。③经济增长质量与数量不一致。1992～2016年省际经济增长质量和数量的相关系数为0.42，经济增长质量与数量间存在"U"形变动关系。

评价指标体系构建方面的成果如下：

虽然2018年是我国高质量发展元年，但有关经济高质量发展的研究已经逐渐成为学界研究的热点。在经济高质量发展评价指标体系方面也有相当多成果。

潘建成[5]认为，经济高质量发展可以着重从创新及经济增长新动能、效率、产品质量、社会资源的充分利用这四个维度来评判。许岩[6]指出，对经济高质量发展的评价，分析经济指标是不够的，还需要综合分析民生、社会、环境等指标情况。与此观点相类似，任保平和李禹墨[7]也认为，除了经济指标外，还应当将生态环境、城市基建、医疗保健、教育养老等纳入经济高质量发展评价中。师博[8]提出，可以从发展的基本面、发展的社会成果、发展的生态成果三个维度来描述经济高质量发展。林兆木[9]认为，经济高质量发展应从商品和服务质量、投入和产出效率、经济效益、创新发展、绿色发展等多维度进行衡量。程虹[10]认为，经济高质量发展可以由四个标准来进行衡量，这四个标准分别为：①要提高劳动生产率；②看一个地区的经济发展在动能上是靠要素和投资驱动，还是靠创新驱动；③需要实现经济与社会的均衡发展；④建立在人与自然和谐的基础上，即追求更好的生态。

具体的指标应用方面的成果如下：

（1）刘干和郑思雨[1]认为，随着经济的高质量发展，我国的产业结构将逐步演变为以第三产业为主，第一产业和第二产业的占比慢慢减少，因此将产业结构纳入高质量经济发展指标体系是有必要的。经济高质量发展势必要求科技创新，用科技带动生产力，所以建立高质量经济发展指标体系时加入了科技教育。

笔者从居民生活水平、产业结构、对外贸易、科技教育和绿色环保五个方面构建出由 13 个具体指标组成的中国省域高质量经济发展综合评价体系，并选取 2010～2016 年全国 31 个省份的指标数据对省域高质量经济展开综合评价。具体指标体系如表 3-1 所示。

表 3-1　刘干等（2018）经济高质量发展评价指标体系

一级指标	二级指标	三级指标
经济高质量发展水平	居民生活水平	人均 GDP
		城镇居民消费水平
		农村居民消费水平
	产业结构	第三产业增加值比重
		工业增加值比重
	对外贸易	外贸依存度
		对外贸易增长率
	科技教育	15 岁及以上人口识字率
		产品质量优等品率
		专利授权率
		R&D 投入强度
	绿色环保	森林覆盖率
		生活垃圾无害化处理率

（2）李馨[12]从经济发展的动力、效率、高度、平衡性、外向性及可持续性六个方面构建了经济高质量发展指标体系，并测算了 2016 年我国省际区域经济高质量发展指数，根据评价结果对各个区域进行排名，然后结合区域人均地区生产总值排名，对各区域进行分类比较（见表 3 - 2）。具体为：

表 3 - 2 李馨（2018）经济高质量发展评价指标体系

一级指标	二级指标	三级指标
经济高质量 发展水平	动力	人均 R&D 人员全时当量
		R&D 经费支出占 GDP 比重
		发明专利申请数与 R&D 经费之比
		新产品销售收入占主营业务收入之比
		人均技术市场成交额
	效率	全社会劳动生产率
		全要素生产率
		单位 GDP 能耗同比增长率
		人均 GDP
经济高质量 发展水平	高度	高技术产品出口额占比
		第三产业对 GDP 贡献率
		产品质量优等品率
	平衡性	经济增长稳定程度
		城乡居民收入差距
		城镇登记失业率
	外向性	净出口占 GDP 比重
		外商投资企业投资总额
		外商投资企业占比
	可持续性	环境治理指数
		单位产出废水排放量
		单位产出粉尘排放量

动力。科技创新作为第一生产力，对经济发展中的劳动力、资金、管理等生产要素起到乘数作用，创新的乘数效应越大，经济发展的质量也就越高。文章分别从

创新投入与创新产出两个方面来衡量创新发展的水平，创新投入指标包括人均R&D 人员全时当量、R&D 经费支出占 GDP 比重，创新产出指标包括发明专利申请数与 R&D 经费之比、新产品销售收入占主营业务收入之比、人均技术市场成交额。

效率。经济要实现高质量发展，就要改变过去发展的"高耗"状态，转向追求经济的"高效"发展，着力提高资源的利用效率，提高劳动力、能源等生产要素的产出率，以达到通过较少要素投入获得较大经济效益的根本目的。文章选取全社会劳动生产率、全要素生产率、单位 GDP 能耗同比增长率、人均 GDP 等指标来衡量生产要素的效率水平，即经济发展的效率水平。其中，全社会劳动生产率为地区生产总值与从业人员人数之比，这是反映劳动力要素产出效率的重要指标。

高度。经济要实现高质量发展，产业结构和供给体系就需要向中高端迈进。文章利用"高度"一词，概括了经济发展结构的优化程度以及经济发展中产品质量的变革程度，选取高技术产品出口额占比、第三产业对 GDP 贡献率、产品质量优等品率等指标来衡量。

平衡性。文章通过计算增长率变异系数的倒数来反映经济增长的稳定性，变异系数越高则经济增长越不稳定，进而导致较高的贫困率和发展的不公平。此外，文章还选取城乡居民收入差距以及城镇登记失业率来反映经济发展的平衡性。

可持续性。追求经济高质量发展的实质在于满足人民对美好生活的需要，其中人民对美好环境及良好生态的追求比以往任何时候都要迫切。文章选取环境治理指数、单位产出废水及粉尘排放量来衡量这一水平。

（3）丁涛和顾金亮[2]依据五大发展理念的基本要求，构建了包括创新、协调、绿色、开放、共享在内的 5 个一级指标和 12 个二级指标的评价指标体系，以 2015 年江苏省 13 个地级市的相关指标为依据，对江苏省科技创新和经济高质量发展之间的关联程度进行分析。

创新指标，文章聚焦于科技创新，根据数据的可得性，用全社会 R&D 经费占 GDP 比重和每万人从业人员中 R&D 人员数衡量科技创新投入，用科技企业孵化器面积表示科技创新环境，用万人发明专利拥有量表示科技创新成果产出。协调指标，用高新技术产值占工业总产值比重表示产业升级水平，用城乡居民人均可支配收入差距衡量经济发展的均衡水平。绿色发展，用亿元 GDP 氮氧化物排放衡量能源消耗水平，用建成区绿化覆盖率衡量人居环境质量。开放水平，用外商直接投资和对外直接投资发展速度来衡量。共享发展，用全体常住居民人均可支配收入增长率来衡量经济发展的获得感，用城镇居民登记失业率来衡量就业水平。具体如表 3-3 所示。

表 3-3　丁涛等（2018）区域经济高质量发展评价指标体系

一级指标	二级指标	三级指标
经济高质量发展水平	创新	万人发明专利拥有量
		全社会 R&D 经费占 GDP 的比重
		每万人从业人员中 R&D 人员数
		科技企业孵化器面积
	协调	高新技术产值占工业总产值比重
		城乡居民人均可支配收入差距
	绿色	绿色亿元 GDP 氮氧化物排放量
		建成区绿化覆盖率
	开放	外商直接投资发展速度
		对外直接投资发展速度
	共享	全体常住居民人均可支配收入增长率
		城镇居民登记失业率

（4）师博和任保平[4]构建了包括增长的基本面和社会成果两个维度的中国省际经济高质量发展指标体系，其中基本面分解为增长的强度、增长的稳定性、增长的合理化、增长的外向性四个方面，社会成果则分解为人力资本和生态资本，并测度了1992~2016年中国省级经济增长质量指数。

经济增长的强度，用以衡量产出水平，较高的产出水平表明国家和地区更为富足、居民生活水平更为丰裕，相应地，经济增长更为强劲，采用地区实际人均GDP测算经济增长的强度。

经济增长的稳定性，由增长率变异系数的倒数换算得到。变异系数反映了对平均值的偏离程度，为了得到更为稳健的结果，使用 5 年期滚动窗口测度增长率的变异系数。变异系数越高，相应地，经济增长越不稳定，进而导致较高的贫困率和发展的不公平程度。

经济增长的合理化，用以衡量产出结构和就业结构的耦合程度，产业结构越合理意味着劳动力投入和产出水平越契合，劳动力资源得到了充分、有效利用，经济结构越趋于均衡。文章借鉴干春晖等[11]提出的方法，利用三次产业结构和就业结构数据测算基于产业结构的泰尔指数，并用 1 与泰尔指数的差值表征经济增长的合理化指标。

经济增长的外向性，文章用净出口占 GDP 比重测度。文章认为，大量研究发现经济增长的外向性有助于通过干中学、引进技术、竞争以及外商直接投资增进生产效率，然而外向性也会增大外部冲击对经济增长的不确定性。

人力资本，在内生增长理论中与创新和技术进步紧密相关的人力资本是驱动经济持续增长的关键，并且人力资本水平越高，代表劳动力要素对于经济增长的贡献越高，居民的发展机会和要素收入分配的公平程度越高，采用人均受教育年限作为人力资本的代理变量。

生态资本，污染作为工业化的非期望产出是经济增长的生态环境代价。高质量的经济增长反映出，绿色发展程度越高，对生态环境的破坏越小，经济发展的生态资本越高。以单位碳排放产出（实际 GDP 与二氧化碳排放量的比值）表征生态资本。

（5）马丁玲和颜颖颖[3]以高质量发展为核心，从经济增长、经济发展质量、经济发展动力、经济发展可持续性和经济发展成果共享五个领域构建了评价宁波经济高质量发展的指标体系。

对现有研究模型及评价指标体系的总结如下：

总体来看，有关经济高质量发展评价的研究成果并不算多，研究模型和指标体系等也是仁者见仁、智者见智。但这些成果彰显了学术界践行高质量发展国家战略的实际行动，对这一领域的学术研究进行了很有价值的探索。

现有成果在研究对象上，有关于省域的，也有关于一省的市域的，但以全国所有市域为研究对象的成果还没有。

从指标体系设计看，更多地体现了经济发展质量的内在要求，而彰显高质量发展尚显不够。

我们认为，经济高质量发展应该包含经济发展的各个维度，具有高质量的支撑。高质量发展，就是以满足人民日益增长的美好生活需要为根本，以新发展理念为指导，通过创新发展、协调发展、开放发展、绿色发展、共享发展，加快建成现代化经济体系，为实现"两个一百年"战略目标奠定坚实基础的发展理念和过程。其原则是质量第一、效益优先，注重质量、结构、效率的均衡和协调；其关键是构建推动高质量发展的体制机制，提高资源要素配置效率，推动创新要素自由流动和聚集，使创新成为高质量发展的强大动力。

高质量发展是宏观质量和微观质量的统一，要有坚实的微观质量支撑保障。这里的微观质量既包括产业发展的质量，也包括企业发展的质量。如果产业缺乏竞争力，如果企业产品质量问题频出，要说一个区域的经济达到了高质量发展程度是很难有说服力的。

因此，现有研究关于经济高质量发展评价指标体系还可进行更多的探索。

第一，现有指标体系难以体现高质量发展的内在要求，相应地，用以引领高质量发展难免存在不足，表现在反应速度、总量的指标多，体现质量、效益的指标少；反映发展水平的指标多，体现人民群众可观可感的指标少。

第二，现有研究设计的评价体系系统性、全面程度、长远性有待加强。高质量发展的经济社会质态，不仅体现在经济领域指标的支撑，而且体现在更广泛的社会、政治和文化等领域指标的支撑，发展质量目标呈现多元化。加快建立适应、反映、引领、推动高质量发展的指标体系，应从长期与短期、宏观与微观、总量与结构、全局与局部等多个维度探讨经济高质量发展评价指标体系。

二、研究模型及区域经济高质量发展评价指标体系选取原则

对区域经济高质量发展进行综合评价，是一项较为复杂的系统工程。经济增

长质量涉及生态环境、人文、企业发展、经济效率、开放创新、民生共享等多个方面，每个方面都需要从质和量两方面来反映其支撑经济高质量发展的可持续性、有效性、结构合理性和开放性。选取有信度效度的评价模型和科学合理的评价方法对丰富经济高质量发展理论研究，保障经济高质量发展评价结果的准确性和有效性都具有重要意义。

我们认为具体的原则有三：

（1）客观性。经济高质量评价模型的客观性包括数据的有效性和各指标权重确定的客观性。经济高质量评价的前提是要有真实、客观、有效的数据，如果有不能获取的数据应该应用科学的统计学方法进行估计。同时，对经济高质量进行评价的关键是确定各评价指标的权重，这需要在确定各评价指标的权重时尽量选取客观的方法，避免主观赋权法的随意性对评价结果的准确性造成影响。

（2）科学性。经济高质量评价模型要求采用的评价方法包括计算公式等是真实的、评价方法的理论根据是明确的。采用的评价模型中的所用相关公式应该是公认的并且经过检验的，涉及的理论应该是经过验证无误的，只有科学有效的评价方法才能保障评价结果的准确性。评价方法还应该符合经济学领域中的相关理论和评价指标的特征，如一些理工科领域的评价方法不一定适合经济学领域的评价。

（3）可操作性。对经济高质量发展的评价应该在具体分析数据的性质和深入理解经济高质量内涵的基础上选择合理、可行的评价模型。选取评价模型不应只追求方法的复杂性，要以各指标的特性为前提，同时要考虑各指标之间的差异程度和不同量纲及数量级对数据处理过程和评价结果的影响。

如前所述，经济高质量发展评价指标体系选取时，一定要在关注一般经济质量指标的同时，也要关注产业、企业发展的微观质量指标，这些指标选取的指导思想是习近平总书记提出的要推动"中国制造向中国创造转变、中国速度向中国质量转变、中国产品向中国品牌转变"。

构建区域经济高质量发展评价指标体系的原则如下：

（1）全面性原则。为保证综合评价结果客观、准确，在建立经济高质量评价指标体系时应选取既能够反映经济高质量发展产业、企业各个层面的基本特征，又能够反映新时代我国经济高质量发展各个领域的基本特征，包括绿色生态、社会人文、企业发展、经济效率、开放创新和民生共享等方面的协调、稳步、持续发展。因此，在构建经济高质量评价体系时应该将生态、人文、企业、开放创新、民生纳入进来，不但要包括经济增长的数量方面，而且要包括质量方面。

（2）科学性原则。评价指标体系的设计要科学合理，能够体现经济高质量发展的基本特征，而且指标体系内部的各指标之间应相互衔接、边界清楚，指标体系的层次清楚、合理，科学确定指标权重。

（3）实际性原则。反映经济高质量发展的指标体系应从经济高质量的内涵出发，反映经济高质量理论的基本要求，同时还要结合经济发展的实际情况，将理论分析与实践结合，以便全面、深入地分析问题。

（4）可操作性原则。选取的评价指标不仅应符合综合评价的目的，更应有数据的支持。评价指标的数据应能在实际中取得，或利用现有资料加工后能够取得。否则，建立的指标体系就只能束之高阁，无法实现综合评价的目的，也就不能对实际起到指导作用。

（5）可比性原则。不同时间和不同地域间的经济发展状况要能比较才能显示出各自的优劣，从而找出问题。选取基于经济高质量发展内涵的评价指标体系研究指标时应注意指标的口径范围和核算方法的纵向可比和横向可比原则。在对同一事物不同时期的评价中应注意纵向可比，而对同一时期不同事物之间的评价应注意横向可比。

三、本研究报告评价模型及区域经济高质量发展评价指标体系

（一）评价模型

本研究采用变异系数—主成分分析评价模型。首先分别应用变异系数法和主

成分分析法客观确定评价体系中各基础指标的权重，然后取两种方法得出的权重的算数平均值作为各指标的最终权重，最后进行赋权加总求得各市域经济高质量发展总体指数和各维度指数并展开综合评价。

变异系数作为统计学中的一种统计量，通常用于衡量数据之间的变异程度。变异系数法是一种客观赋权方法，是直接利用评价体系中各评价指标原始数据所包含的信息，通过简单计算求得各评价指标的相对权重。该方法的基本思想是：在评价体系的同一指标下，评价对象的取值差异程度越大，表明该指标越难以实现，重要性也就越大，则对该指标赋予较大的权重；反之，赋予较小的权重。

主成分分析法（PCA）是研究如何将多变量简化为较少综合变量的多元统计分析方法，对多维变量进行降维，降维后的变量是原变量的线性组合，并能反映原变量的绝大部分信息，使信息的损失最小，对原变量的综合解释力强，对区域经济高质量测度的准确性有一定的改善。该方法通过特征向量的方差贡献率来表示变量的作用，可避免在系统分析中对权重的主观判断，使权重的分配更合理，尽可能地减少重叠信息的不良影响，克服变量之间的多重相关性，以使系统分析简化。

设 m 为评价对象总数，n 为评价指标总数，第 $i(i=1, 2, \cdots, m)$ 个评价对象的第 $j(j=1, 2, \cdots, n)$ 个评价指标的数值记为 x_{ij}，则原始数据构成了一个 m 行 n 列的矩阵 $X = (x_{ij})_{m \times n}$。

1. 变异系数赋权法步骤

（1）分别计算第 j 个评价指标的变异系数 V_j：

$$V_j = \frac{\sigma_j}{\overline{x}_j}, \ j=1, 2, \cdots, n$$

其中，$\overline{x}_j$ 和 σ_j 分别为第 j 个评价指标的均值和标准差。

（2）计算第 j 个评价指标的权重 f_j：

$$f_j = \frac{V_j}{\sum\limits_{j=1}^{n} V_j}, \ j=1, 2, \cdots, n$$

2. 主成分分析赋权法步骤

（1）对原始数据规范化处理：

正向指标数据规范化公式：

$$y_{ij} = \frac{x_{ij} - \min_{1 \leq i \leq m}(x_{ij})}{\max_{1 \leq i \leq m}(x_{ij}) - \min_{1 \leq i \leq m}(x_{ij})}.$$

负向指标数据规范化公式：

$$y_{ij} = \frac{\max_{1 \leq i \leq m}(x_{ij}) - x_{ij}}{\max_{1 \leq i \leq m}(x_{ij}) - \min_{1 \leq i \leq m}(x_{ij})}.$$

（2）求出各指标的协方差矩阵 $R_{n \times n}$：

（3）求协方差矩阵 $R_{n \times n}$ 的特征根 λ_j 及对应的单位特征向量：

$$b_j = (b_{1j}, \ b_{2j}, \ \cdots, \ b_{nj})^{\mathrm{T}}, \ j = 1, \ 2, \ \cdots, \ n;$$

（4）计算前 k 个主成分的累积方差贡献率 $\alpha_{(k)}$：

$$\alpha_{(k)} = \frac{\sum_{j=1}^{k} \lambda_j}{\sum_{j=1}^{n} \lambda_j}, \ k = 1, \ 2, \ \cdots, \ n$$

当前 k 个主成分累积方差贡献率 $\alpha_{(k)} \geq 80\%$ 时，说明前 k 个主成分包含了所有原始数据的大部分信息，可用前 k 个主成分代替所有原始数据，即确定 k 为提取主成分的个数。将前 k 个单位特征向量 $b_j = (b_{1j}, \ b_{2j}, \ \cdots, \ b_{nj})^{\mathrm{T}}$，$(j = 1, \ 2, \ \cdots, \ k)$ 的所有分量取绝对值得到向量 $c_j = (c_{1j}, \ c_{2j}, \ \cdots, \ c_{nj})^{\mathrm{T}}(j = 1, \ 2, \ \cdots, \ k)$，以提取出来的各主成分的方差占提取出的 k 个主成分的累积方差的百分比为权重，对向量 $c_j = (c_{1j}, \ c_{2j}, \ \cdots, \ c_{nj})^{\mathrm{T}}(j = 1, \ 2, \ \cdots, \ k)$ 赋权加总得到向量 $v = (h_1, \ h_2, \ \cdots, \ h_n)^{\mathrm{T}}$，再将向量 v 的所有分量归一化得到各评价指标的权重：

$$g_j = \frac{h_j}{\sum_{j=1}^{n} h_j}, \ j = 1, \ 2, \ \cdots, \ n.$$

（5）基于变异系数法和主成分分析法得出的各评价指标权重，取两者的算术平均值作为各评价指标的最终权重 ω_j：

$$\omega_j = \frac{f_j + g_j}{2}, \ j = 1, \ 2, \ \cdots, \ n.$$

（6）基于求出的各评价指标的权重 ω_j，对规范化处理后的数据 y_{ij} 进行线性加权求出各评价对象（市域）经济高质量发展评价值 F_i：

$$F_i = \sum_{j=1}^{n} \omega_i y_{ij}, \ i = 1, 2, \cdots, m.$$

（二）经济高质量发展评价指标体系

经济高质量发展涵盖了投入产出、资源配置、供给需求、收入分配、经济循环等多层面的内容，学者们主要是从社会矛盾变化和新发展理念视角、宏中微观视角、供求和投入产出视角、问题视角等对其进行阐述，内涵十分丰富，但目前尚无统一的共识。

经济高质量发展是以满足人民日益增长的美好生活需要为根本，以质量第一、效益优先为原则，以新发展理念为指导，以绿色生态、社会人文、企业发展、经济效率、开放创新、民生共享等方面高质量发展为支撑，不断优化经济质量、效率、结构，做到微观质量与宏观质量的衔接，推进经济更具微观质量支撑、投入产出有更高效率、经济发展各方面更加协调、经济建设更具竞争力、经济发展成果分享更加公平，同时注重社会、生态的高质量发展，从而达到经济、社会、生态效益的有机统一，实现经济与人、经济与社会、经济与自然之间的和谐。

经济高质量发展的出发点主要是为了解决我国较长时期内的发展过程中的不平衡、不充分问题，解决经济发展与环境保护有机统一问题，解决我国经济发展特别是制造业发展中若干核心、关键技术竞争力不足问题等。因此，选取指标时要体现对高质量发展出发点的响应，要充分体现创新、协调、绿色、开放、共享这五大发展理念，即应该是生产要素投入少、资源配置效率高、资源环境成本低、经济社会效益好的发展。在以往经济发展质量评价中，经济处于高速增长阶段时，很多指标体系的构建都是以总量和速度为核心。如今，经济发展要转向高质量发展阶段，其所对应的不能再局限于以总量和速度为核心的指标体系，而是要求构建全方位、多元化的指标体系，要体现五大发展理念及其内在关系：创新是经济高质量发展的内在驱动力，协调是经济高质量发展的根本特点，绿色是经济高质量发展的普遍形态，开放是经济高质量发展的必由之路，共享是经济高质量发展的根本目的。

上述论述为我们构建经济高质量发展评价体系提出了新的要求。

依据经济高质量发展内涵，遵循全面性、科学性、实际性、可操作性、可比性等基本原则，以创新、协调、绿色、开放、共享的五大发展理念为指导，并参考借鉴以往学者构建的经济高质量发展评价体系，本章选取绿色生态高质量、社会人文高质量、企业发展高质量、经济效率高质量、开放创新高质量、民生共享高质量6个维度，构建出由6个一级指标及相应的42个二级指标组成的中国区域经济高质量发展评价指标体系，如表3－4所示。

表3－4　中国区域经济高质量发展评价体系

维度	具体指标	单位	指标性质
绿色生态高质量	PM2.5年均浓度	微克/立方米	逆
	森林覆盖率	%	正
	建成区绿化覆盖率	%	正
	人均公园绿地面积	平方米	正
	人均水资源量	立方米	正
	一般工业固体废物综合利用率	%	正
	生活垃圾无害化处理率	%	正
	污水处理厂集中处理率	%	正
	万元GDP电耗	千瓦时/万元	逆
社会人文高质量	城镇化率	%	正
	人口自然增长率	‰	正
	万人拥有公共图书馆藏书量	册	正
	政府城市认可度	分值	正
	社会城市认可度	分值	正
企业发展高质量	500强企业及中国500最具价值品牌数量	个	正
	企业产品质量监督检查合格率	%	正
	地理标志及驰名商标数量	个	正
	单位工业产值污染物排放量	吨/万元	逆
	中国质量奖企业数量	个	正
	高质量产业集群数量	个	正

续表

维度	具体指标	单位	指标性质
经济效率高质量	在岗职工劳动生产率	元/人	正
	投资产出率	%	正
	GDP 增长率	%	正
	城镇登记失业率	%	逆
	通货膨胀率	%	逆
	GDP 增长波动率	%	逆
	公共财政收入增长率	%	正
	第三产业产值占 GDP 比重	%	正
开放创新高质量	科学技术支出占公共财政支出比重	%	正
	万人拥有专利授权数	件	正
	万人普通高校在校生数	人	正
	实际利用外资占 GDP 比重	%	正
	进出口总额占 GDP 比重	%	正
	普通高等学校数	所	正
民生共享高质量	在岗职工平均工资	元	正
	城镇居民人均可支配收入	元	正
	农村居民人均可支配收入	元	正
	城乡居民收入比	倍数	逆
	人均道路面积	平方米	正
	教育支出占 GDP 比重	%	正
	万人拥有床位数	张	正
	万人拥有医生数	人	正

具体各指标的含义及计算解释如下：

1. 绿色生态高质量维度评价指标

绿色生态高质量是指在经济发展过程中要树立绿色发展理念，绝不能以牺牲环境为代价而换取短暂的经济增长，要有长远眼光，在发展经济的过程中，重视生态环境的保护，持续推进生态保护修复，加强环境污染防治和治理，加快建立绿色发展方式，实现可持续发展。

为此，本书选取 PM2.5 年均浓度、森林覆盖率、建成区绿化覆盖率、人均公园绿地面积、人均水资源量、一般工业固体废物综合利用率、生活垃圾无害化处理率、污水处理厂集中处理率、万元 GDP 电耗 9 个指标来衡量绿色生态高质量。

PM2.5 年均浓度：以市行政区域范围内所有监测点日均值的算数平均值表示。森林覆盖率，指以行政区域为单位的森林面积占区域土地总面积的百分比。建成区绿化覆盖率，指在城市建成区的绿化覆盖面积占建成区的百分比。人均公园绿地面积，指人均拥有的开放的各级各类公园绿地面积。人均水资源量，指人均拥有的当地降水形成的地表和地下产水量。人均水资源量 = 水资源总量/常住人口。一般工业固体废物综合利用率，指一般工业固体废物综合利用量占一般固体废物产生量与综合利用往年储存量之和的百分率。生活垃圾无害化处理率，指报告期内生活垃圾无害化处理量与生活垃圾产生量的比率。污水处理厂集中处理率，指报告期内通过污水处理厂处理的污水量与污水排放总量的比率。万元 GDP 电耗，指一定时期内，一个地区每生产 1 万元的地区生产总值所消耗的全社会用电量（市辖区）。万元 GDP 电耗 = 全社会用电量（市辖区）/GDP（市辖区）。

2. 社会人文高质量维度评价指标

社会人文高质量是指一个地方的经济发展有高质量和社会人文土壤作支撑，这样的土壤宜居、宜商，对经济资源有很强的吸引力，代表着更高层次的发展水平。

本研究选取城镇化率、人口自然增长率、万人拥有公共图书馆藏书量、政府城市认可度、社会城市认可度 5 个指标来衡量社会人文高质量。

城镇化率，指一个地区城镇常住人口占该地区常住总人口的比例。城镇化率 = （城镇常住人口数/常住总人口数）×100%。人口自然增长率，指在一定时期内（通常为一年）的人口自然增加数（出生人数减死亡人数）与该期内平均人数（或期中人数）之比。万人拥有公共图书馆藏书量，指一个地区常住总人口平均每万人所拥有的该地区图书馆已编目的古籍、图书、期刊和报纸的合订本、小册子、手稿以及缩微制品、录像带、录音带、光盘等视听文献资料数量的总和。万人拥有公共图书馆藏书量 = 公共图书馆藏书量/常住人口。

政府城市认可度是指每个城市被政府官方授予的荣耀、某种特殊的地位或机遇以及在民间公认度排行榜上榜的相对程度。城市认可度高，就区域经济高质量发展而言，就有可能吸引更多更优质的资源，特别是人力（才）资源。这个认可度相对社会上名目繁多的各种城市排行榜的显著特点是：它以采取政府官方授予某个城市的荣誉、特殊的地位或机遇为主，少量社会非官方的榜单只取那些长时间连续在做、相对具有科学依据且在社会上有较广泛口碑的排名。因此，城市认可度的数据都是有据可查的。

所有数据详情如表 3 - 5 所示。

表 3 - 5 中国城市认可度排行榜数据来源

来源	荣誉名称	主办单位
政府官方认可项目	第五届全国文明城市	中央精神文明建设指导委员会
	2017 年国家卫生城市	全国爱国卫生运动委员办公室
	所有中国优秀旅游城市	国家旅游局
	所有国家历史文化名城	国务院
	2013～2015 全国社会治安综合治理优秀城市	中央综治委、中央组织部、国家人力资源和社会保障部
	国家森林城市	国家林业局、全国绿化委员会
	全国质量强市示范城市及示范建设城市	国家质检总局
	国家智慧城市	住房和城乡建设部
	国家园林城市	中华人民共和国住房和城乡建设部
	全国供应链创新与应用试点城市	商务部、工业和信息化部、生态环境部、农业农村部、人民银行、市场监管总局、银保监会、中国物流与采购联合会
社会非官方认可项目	中国最具投资潜力城市	爱国华商投资促进机构美中经贸投资总商会、世界品牌组织、世界城市世界企业研究会、欧美亚工商界投资开发联盟、亚投世界基金管理联盟等联合
	中国特色魅力城市	爱国华商投资促进机构美中经贸投资总商会、世界品牌组织、世界城市世界企业研究会、欧美亚工商界投资开发联盟、亚投世界基金管理联盟等联合
	中国城市商业魅力排行榜	第一财经依据品牌商业数据、互联网公司的用户行为数据及数据机构的城市大数据

城市认可度评分值的测算。首先，使用 Excel 软件录入所有地级市所获得的各项荣誉数据。其次，计算各项荣誉认可的权重，计算方法公式：某一项荣誉认可权重 P＝（所有城市数量－获得该项荣誉认可的城市数）／所有城市数量，具体如表 3-6 所示。最后，将每一个城市获得的所有荣誉认可项的权重加总得到该城市总的认可度分值，分为政府官方认可度和社会非官方认可度。

表 3-6　各项荣誉认可度权重

政府官方认可度	全国文明城市	国家卫生城市	中国优秀旅游城市	国家历史文化名城	全国社会治安综合治理优秀城市	国家森林城市	全国质量强市示范城市（已授牌）	全国质量强市示范城市（只获批）	国家智慧城市	国家园林城市	全国供应链创新与应用试点城市
计数	101	51	59	89	220	142	13	54	159	220	48
认可度权重	0.71	0.85	0.83	0.75	0.37	0.59	0.96	0.84	0.55	0.37	0.86

社会非官方认可度	中国最具投资潜力城市	中国特色魅力城市	中国城市商业魅力排行榜	一级城市	新一级城市	二级城市	三级城市
计数	47	128	118	4	15	30	69
认可度权重	0.87	0.63	0.66	0.99	0.96	0.91	0.77

注：指数精确到小数点后两位。

表 3-7　2018 年中国城市认可度前 200 名分值

序号	城市名称	城市认可度总分值	政府官方认可度分值	社会非官方认可度分值
1	烟台	8.9434	5.8712	3.0722
2	成都	8.4795	5.9943	2.4852
3	武汉	8.3709	5.8857	2.4852
4	南京	8.2824	5.1629	3.1195
5	宁波	8.2824	5.1629	3.1195
6	无锡	8.2538	5.1343	3.1195
7	东莞	8.2450	5.1255	3.1195

序号	城市名称	城市认可度总分值	政府官方认可度分值	社会非官方认可度分值
8	青岛	8.1593	5.0398	3.1195
9	哈尔滨	7.9777	4.9055	3.0722
10	深圳	7.5686	4.4171	3.1514
11	大连	7.5634	5.1255	2.4379
12	广州	7.5569	5.0398	2.5171
13	杭州	7.5250	5.0398	2.4852
14	郑州	7.5193	5.0340	2.4852
15	南通	7.3751	4.3029	3.0722
16	长沙	7.2909	4.1714	3.1195
17	中山	7.2437	4.1714	3.0722
18	包头	7.1934	5.1255	2.0679
19	株洲	7.1877	5.1198	2.0679
20	西安	7.1124	4.6271	2.4852
21	厦门	6.9437	3.8714	3.0722
22	泉州	6.8694	4.4314	2.4379
23	温州	6.8494	4.4114	2.4379
24	贵阳	6.7320	4.2940	2.4379
25	徐州	6.6322	4.1943	2.4379
26	福州	6.6177	4.1798	2.4379
27	柳州	6.6162	5.1826	1.4336
28	长春	6.5265	3.4543	3.0722
29	沈阳	6.4595	3.3400	3.1195
30	济南	6.4122	3.3400	3.0722
31	佛山	6.4122	3.3400	3.0722
32	遵义	6.2393	4.1714	2.0679
33	镇江	6.2393	4.1714	2.0679
34	嘉兴	6.0777	3.8712	2.2065
35	苏州	6.0707	3.5855	2.4852
36	海口	5.9936	3.0600	2.9336
37	南昌	5.9208	3.4829	2.4379
38	赣州	5.9193	4.4857	1.4336

序号	城市名称	城市认可度总分值	政府官方认可度分值	社会非官方认可度分值
39	南宁	5.9063	3.6998	2.2065
40	盐城	5.8820	3.8140	2.0679
41	临沂	5.8736	3.5743	2.2993
42	绍兴	5.8406	3.6340	2.2065
43	桂林	5.7734	3.7055	2.0679
44	湘潭	5.7677	3.6998	2.0679
45	铜陵	5.6991	4.2655	1.4336
46	合肥	5.6665	2.5943	3.0722
47	岳阳	5.6450	3.5771	2.0679
48	昆明	5.5551	3.1171	2.4379
49	威海	5.5222	3.4543	2.0679
50	许昌	5.5222	3.4543	2.0679
51	台州	5.4379	3.8657	1.5722
52	洛阳	5.4079	3.3400	2.0679
53	太原	5.3063	3.7340	1.5722
54	西宁	5.2079	2.9086	2.2993
55	惠州	5.1979	3.6257	1.5722
56	泸州	5.1629	5.1629	0.0000
57	德阳	5.0991	3.0312	2.0679
58	扬州	5.0677	3.6340	1.4336
59	银川	5.0393	3.6057	1.4336
60	宜昌	5.0362	4.2655	0.7708
61	石家庄	5.0265	3.4543	1.5722
62	珠海	5.0220	2.7226	2.2993
63	泰州	5.0191	3.5855	1.4336
64	邯郸	5.0108	3.5771	1.4336
65	常州	4.9979	3.4257	1.5722
66	新乡	4.9562	2.8883	2.0679
67	淄博	4.9479	2.8800	2.0679
68	宿迁	4.9222	2.8543	2.0679
69	金华	4.8351	2.6286	2.2065

续表

序号	城市名称	城市认可度总分值	政府官方认可度分值	社会非官方认可度分值
70	潍坊	4.8008	2.5943	2.2065
71	肇庆	4.6965	2.6286	2.0679
72	呼和浩特	4.6965	2.6286	2.0679
73	南阳	4.6965	2.6286	2.0679
74	秦皇岛	4.6622	2.5943	2.0679
75	兰州	4.5663	2.1283	2.4379
76	保定	4.5608	1.4886	3.0722
77	湛江	4.5308	1.5971	2.9336
78	濮阳	4.4655	4.4655	0.0000
79	拉萨	4.4398	4.4398	0.0000
80	乌鲁木齐	4.4379	2.0000	2.4379
81	淮安	4.3962	2.3283	2.0679
82	廊坊	4.3934	2.9598	1.4336
83	鞍山	4.3822	2.3143	2.0679
84	商丘	4.3765	2.9429	1.4336
85	丽水	4.3686	3.7343	0.6343
86	大庆	4.3620	2.2940	2.0679
87	荆州	4.2993	2.8657	1.4336
88	莆田	4.2908	2.2229	2.0679
89	吉安	4.2800	4.2800	0.0000
90	日照	4.2800	4.2800	0.0000
91	湖州	4.2279	2.7943	1.4336
92	漳州	4.2279	2.7943	1.4336
93	黄冈	4.2108	2.1429	2.0679
94	咸阳	4.1793	2.7457	1.4336
95	济宁	4.1562	2.7226	1.4336
96	黄山	4.0943	3.4600	0.6343
97	延安	4.0943	3.4600	0.6343
98	广安	4.0886	3.4543	0.6343
99	长治	4.0829	3.4486	0.6343
100	唐山	4.0679	2.0000	2.0679

续表

序号	城市名称	城市认可度总分值	政府官方认可度分值	社会非官方认可度分值
101	绵阳	4.0279	2.5943	1.4336
102	上饶	3.9508	1.8829	2.0679
103	常德	3.9508	1.8829	2.0679
104	信阳	3.8965	1.5971	2.2993
105	三亚	3.8622	2.4286	1.4336
106	宜宾	3.8543	3.2200	0.6343
107	蚌埠	3.6965	1.6286	2.0679
108	鹤壁	3.6771	3.6771	0.0000
109	汕头	3.6505	1.5826	2.0679
110	景德镇	3.5771	2.9429	0.6343
111	漯河	3.5540	3.5540	0.0000
112	汉中	3.5229	2.8886	0.6343
113	开封	3.5229	2.8886	0.6343
114	三明	3.5143	2.8800	0.6343
115	乐山	3.5083	2.8740	0.6343
116	驻马店	3.4822	2.0486	1.4336
117	东营	3.4740	2.8398	0.6343
118	吉林	3.4679	2.0343	1.4336
119	安庆	3.4286	2.7943	0.6343
120	鄂尔多斯	3.4257	3.4257	0.0000
121	九江	3.4050	1.3371	2.0679
122	江门	3.4050	1.3371	2.0679
123	连云港	3.3565	1.2886	2.0679
124	曲靖	3.2936	1.2257	2.0679
125	舟山	3.2914	2.6571	0.6343
126	宝鸡	3.2286	2.5943	0.6343
127	咸宁	3.2055	3.2055	0.0000
128	盘锦	3.1400	3.1400	0.0000
129	北海	2.9886	1.4886	1.5000
130	阜阳	2.9850	0.9171	2.0679
131	通辽	2.9429	2.3086	0.6343

序号	城市名称	城市认可度总分值	政府官方认可度分值	社会非官方认可度分值
132	潮州	2.9222	1.4886	1.4336
133	宣城	2.9029	2.9029	0.0000
134	马鞍山	2.8883	2.8883	0.0000
135	遂宁	2.8314	2.8314	0.0000
136	焦作	2.8314	2.1971	0.6343
137	菏泽	2.8108	0.7429	2.0679
138	衡阳	2.8108	0.7429	2.0679
139	宜春	2.7708	1.3371	1.4336
140	郴州	2.7371	2.7371	0.0000
141	晋城	2.7226	2.7226	0.0000
142	承德	2.7171	2.0829	0.6343
143	泰安	2.7171	2.0829	0.6343
144	大同	2.6686	2.0343	0.6343
145	黄石	2.6598	2.6598	0.0000
146	克拉玛依	2.6343	2.0000	0.6343
147	丽江	2.6057	1.9714	0.6343
148	亳州	2.5229	2.5229	0.0000
149	齐齐哈尔	2.5026	2.5026	0.0000
150	张家口	2.4600	1.8257	0.6343
151	宁德	2.4393	0.3714	2.0679
152	张家界	2.4314	1.7971	0.6343
153	四平	2.3912	1.7569	0.6343
154	牡丹江	2.3912	1.7569	0.6343
155	玉溪	2.3829	1.7486	0.6343
156	营口	2.3714	2.3714	0.0000
157	滁州	2.3508	0.9171	1.4336
158	嘉峪关	2.3086	2.3086	0.0000
159	天水	2.2971	1.6629	0.6343
160	张掖	2.2971	1.6629	0.6343
161	伊春	2.2857	2.2857	0.0000
162	茂名	2.2429	0.7429	1.5000

序号	城市名称	城市认可度总分值	政府官方认可度分值	社会非官方认可度分值
163	榆林	2.2343	1.6000	0.6343
164	石嘴山	2.2229	2.2229	0.0000
165	百色	2.1914	2.1914	0.0000
166	葫芦岛	2.1686	2.1686	0.0000
167	六安	2.1457	1.5114	0.6343
168	安阳	2.1229	1.4886	0.6343
169	衢州	2.0829	2.0829	0.0000
170	聊城	2.0829	2.0829	0.0000
171	安康	2.0829	1.4486	0.6343
172	莱芜	2.0486	2.0486	0.0000
173	毕节	2.0400	1.4057	0.6343
174	渭南	2.0400	1.4057	0.6343
175	铜仁	2.0114	1.3771	0.6343
176	淮北	2.0000	2.0000	0.0000
177	永州	1.9943	1.9943	0.0000
178	十堰	1.9714	1.3371	0.6343
179	龙岩	1.9400	1.3057	0.6343
180	安顺	1.9229	1.2886	0.6343
181	鹰潭	1.8829	1.8829	0.0000
182	枣庄	1.8829	1.8829	0.0000
183	玉林	1.8829	1.8829	0.0000
184	襄阳	1.8657	1.2029	0.6629
185	益阳	1.8200	1.8200	0.0000
186	广元	1.8200	1.8200	0.0000
187	邢台	1.8050	0.3714	1.4336
188	沧州	1.8050	0.3714	1.4336
189	通化	1.7743	1.1400	0.6343
190	宿州	1.7569	1.7569	0.0000
191	吴忠	1.7486	1.7486	0.0000
192	随州	1.7114	1.7114	0.0000
193	定西	1.6914	1.6914	0.0000

序号	城市名称	城市认可度总分值	政府官方认可度分值	社会非官方认可度分值
194	金昌	1.6286	1.6286	0.0000
195	呼伦贝尔	1.6000	0.9657	0.6343
196	黑河	1.5971	1.5971	0.0000
197	鄂州	1.5826	1.5826	0.0000
198	南平	1.5514	0.9171	0.6343
199	萍乡	1.5114	1.5114	0.0000
200	新余	1.5114	1.5114	0.0000

3. 企业发展高质量维度评价指标

企业发展高质量是区域经济高质量发展的微观基础，也是区域内各经济单元高质量发展的重要组成部分。本研究选取500强企业及中国500最具价值品牌数量、企业产品质量监督检查合格率、地理标志及驰名商标数量、单位工业产值污染物排放量、中国质量奖企业数量、高质量产业集群数量6个指标来衡量企业发展高质量。

500强企业及中国500最具价值品牌数量，指该地区当年所拥有的中国企业500强数量、中国民营企业500强数量以及中国500最具价值品牌数量的总和。企业产品质量监督检查合格率，指国家质量监督检验检疫总局当年抽查的一地区企业产品检查后合格批数占抽查该地区的企业产品总批数。企业产品质量监督检查合格率＝抽查产品合格批数/抽查产品总批数×100%。地理标志及驰名商标数量，指一地区年末所具有已注册的地理标志数与中国驰名商标数之和。单位工业产值污染物排放量，指一地区一年内每产生一单位规模以上工业企业在报告期内生产活动的最终成果所产生的工业废水排放量、工业二氧化硫排放量、工业烟（粉）尘排放量总和。单位工业产值污染物排放量＝工业污染物［工业废水、工业二氧化硫、工业烟（粉）尘］排放总量/工业总产值。中国质量奖企业数量，指拥有前三届中国质量奖及提名奖获奖企业（制造业和服务业）数总和。高质量产业集群数量，指拥有产业集群区域品牌建设试点数及创新型产业集群试点数总和。

4. 经济效率高质量维度评价指标

经济效率高质量主要是指经济更高效率、更加协调、更加平稳地发展，反映了经济发展的投入与产出、经济结构以及经济运行的稳定状况。本研究选取在岗职工劳动生产率、投资产出率、GDP 增长率、城镇登记失业率、通货膨胀率、GDP 增长波动率、公共财政收入增长率、第三产业产值占 GDP 比重 8 个指标来衡量经济效率高质量。

在岗职工劳动生产率，指一地区在岗职工平均从业人员平均每人在一定时期内所生产的地区生产总值。在岗职工劳动生产率＝GDP/在岗职工平均从业人员。投资产出率，指一地区投入每单位的固定资产额所产生的地区生产总值。投资产出率＝GDP/固定资产投资总额×100%。GDP 增长率，指当年地区生产总值和前一年地区生产总值的差额与前一年地区生产总值的比率。城镇登记失业率，指在报告期末城镇登记失业人员数与城镇单位就业人员（扣除使用的农村劳动力、聘用的离退休人员、港澳台及外方人员）、城镇单位中的不在岗职工、城镇私营业主、个体户主、城镇私营企业和个体就业人员、城镇登记失业人员之和的比率。通货膨胀率，指货币超发部分与实际需要的货币量之比，用以反映通货膨胀、货币贬值的程度，用居民消费价格指数的增长率表示。GDP 增长波动率，指 GDP 增长率的变化幅度，反映了 GDP 增长的稳定性。GDP 增长波动率＝（当年 GDP 增长率－上一年 GDP 增长率）/上一年 GDP 增长率。公共财政收入增长率，指公共财政收入年度之间增长额与对比年度公共财政收入额之间的比率。公共财政收入增长率＝（当年公共财政收入－上一年公共财政收入）/上一年公共财政收入×100%。第三产业产值占 GDP 比重，该指标是宏观描述一个国家（或地区）产业结构分布的最重要经济指标之一，体现了第三产业增加值对 GDP 的贡献度。

5. 开放创新高质量维度评价指标

开放创新高质量是指经济发展要以创新为动力源泉，逐渐摒弃粗放型的发展，要不断加大科技创新的投入和科技成果的转化和产出，以创新驱动促进经济发展，转换增长动力，活跃生产力，破解资源要素等约束，并以开放更加充分、更加包容地利用国内外资源，带动经济更高质量、更有效率地发展。本研究选取科学技术支出占公共财政支出比重、万人拥有专利授权数、万人普通高校在校生数、实际利用外资占 GDP 比重、进出口总额占 GDP 比重、普通高等学校数 6 个指标来衡量开放创新高质量。

科学技术支出占公共财政支出比重，科学技术支出占地方公共财政支出比重＝科学技术支出/地方公共财政支出比重×100%。万人拥有专利授权数，指一地区在一定时期内常住人口中平均每一万人拥有的专利授权数。万人拥有专利授权数＝授权专利总数/常住人口。万人普通高校在校生数，指一地区在常住人口中平均每一万人拥有的普通高等学校在校生数。万人普通高校在校生数＝普通高校在校生数/常住人口。实际利用外资占 GDP 比重，实际利用外资占 GDP 比重＝实际利用外资总额/GDP×100%。进出口总额占 GDP 比重，也称为对外贸易依存度，是衡量一国国民经济对对外贸易的依赖程度的重要指标，用地区进出口总额占该地区生产总值的比重表示。进出口总额占 GDP 比重＝进出口总额/GDP×100%。普通高等学校数，指通过国家普通高等教育招生考试，招收高级中等学校毕业生为主要培养对象，实施高等学历教育的全日制大学、独立设置的学院和高等专科学校、高等职业学校和其他机构的总和。

6. 民生共享高质量维度评价指标

民生共享高质量是指经济发展的成果能够更多、更公平地惠及全体居民的程度，满足居民日益增长的美好生活需要，反映的是居民的生活水平和生活质量，这也是经济高质量发展的最终目标。本研究选取在岗职工平均工资、城镇居民人均可支配收入、农村居民人均可支配收入、城乡居民收入比、人均道路面积、教育支出占 GDP 比重、万人拥有床位数、万人拥有医生数等指标来衡量民生共享高质量。

在岗职工平均工资，指一地区各单位的在岗职工在报告期内平均每人由本单位支付的劳动报酬。在岗职工工资由基本工资、绩效工资、工资性津贴和补贴、其他工资四部分组成，不包括病假、事假等情况的扣款。城镇居民人均可支配收入，是家庭总收入扣除缴纳的所得税、个人缴纳的社会保障费以及调查户的记账补贴后的收入。农村居民人均可支配收入，指农村住户获得的经过初次分配与再分配后的收入。城乡居民收入比，是衡量城乡收入差距的一个重要指标。城乡居民收入比＝城镇居民人均可支配收入/农村居民人均可支配收入。人均道路面积，指城市人口人均占用道路面积的大小，反映一地区城市交通的拥挤程度。用城市道路总面积与城市人口总数的比值表示。教育支出占 GDP 比重，指地方财政性教育经费占地区生产总值投入指标的一种世界衡量教育水平的基础线。教育支出占 GDP 比重＝教育支出/GDP×100%。万人拥有床位数，指在报告期末平均每一万人拥有辖区范围内的医院、卫生院总数。万人拥有医院卫生院床位数＝床位总数/常住总人口。万人拥有医生数，指在报告期末平均每一万人拥有辖区范围内的医院、卫生院医生数。万人拥有医生数＝医生总人数/常住人口。

参考文献

［1］刘干，郑思雨．我国区域经济高质量发展综合评价［J］．生产力研究，2018（10）：59－63．

［2］丁涛，顾金亮．科技创新驱动江苏地区经济高质量发展的路径研究［J］．南通大学学报（社会科学版），2018，34（4）：41－46．

［3］马丁玲，颜颖颖．宁波经济高质量发展评价及路径初探［J］．宁波通讯，2018（9）：40－41．

［4］师博，任保平．中国省际经济高质量发展的测度与分析［J］．经济问题，2018（4）：1－6．

［5］潘建成．经济高质量增长效果需要相关指标来衡量［N］．证券时报，2017－12－28（A07）．

［6］许岩．建立完善统计指标体系助推经济高质量发展［N］．证券时报，2017－12－28（A07）．

［7］任保平，李禹墨．新时代我国高质量发展评判体系的构建及其转型路径［J］．陕西师范大学学报（哲学社会科学版），2018，47（3）：105－113．

［8］师博．论现代化经济体系的构建对我国经济高质量发展的助推作用

［J］.陕西师范大学学报（哲学社会科学版），2018，47（3）：126－132.

　　［9］林兆木.关于我国经济高质量发展的几点认识［J］.冶金企业文化，2018（1）：26－28.

　　［10］程虹.如何衡量高质量发展［N］.第一财经日报，2018－03－14（A11）.

　　［11］干春晖，郑若谷，余典范.中国产业结构变迁对经济增长和波动的影响［J］.经济研究，2011，46（5）：4－16，31.

　　［12］李馨.我国省际区域经济高质量发展的测度与分析——基于30个省份相关数据［J］.无锡商业职业技术学院学报，2018，18（5）：20－24.

第四章　中国区域经济高质量发展测度

一、数据来源

本研究报告对区域经济高质量发展测度的对象为全国的地级城市区域。考虑到评价结果的可比性，测评对象并未包含四个直辖市。在数据收集整理的过程中，海南省的三沙市，西藏自治区的日喀则市、昌都市、林芝市、山南市，新疆维吾尔自治区的吐鲁番市、哈密市等城市的相关数据未能收集完整，为保证本次研究结果的准确性，此次区域经济高质量发展评价未包含上述地级市，仅对全国其他286个地级市经济高质量发展展开评价。

根据前文阐述，测度指标体系包括六个维度（一级指标）及下属的共计42个二级评价指标，其中大多数指标是直接协作输入模型运算，少量指标要经过换算处理，比如前文所说城市认可度，需要经过换算处理的指标在下文相应的地方我们会做说明。指标数据的具体来源详述如下：

绿色生态高质量发展评价维度共计九个评价指标，其中一般工业固体废物综合利用率、生活垃圾无害化处理率、污水处理厂集中处理率、建成区绿化覆盖率（市辖区）、万元GDP电耗［全社会用电量（市辖区）和GDP（市辖区）］数据均来源于《中国城市统计年鉴2017》；人均水资源量的数据来源于《中国城市统计年鉴2017》（水资源总量）和《2016年各地级市国民经济和社会发展统计公报》（常住总人口数）。人均公园绿地面积数据来源于《中国城市建设统计年鉴

2017》；森林覆盖率数据来源于《各省（市）统计年鉴2017》及《2016年各地级市国民经济和社会发展统计公报》；PM2.5年均浓度数据来源于绿色和平组织官网（https：//www.greenpeace.org.cn/air-pollution-2017-city-ranking/）的全国365座城市2017年PM2.5平均浓度。

社会人文高质量评价维度共计五个指标，其中人口自然增长率、万人拥有公共图书馆藏书量数据来源于《中国城市统计年鉴2017》；城镇化率数据大部分直接来源于《2016年各地级市国民经济和社会发展统计公报》，少部分使用《2016年各地级市国民经济和社会发展统计公报》中的城镇常住人口数和常住总人口数经过公式计算得到；政府官方城市认可度和社会非官方城市认可度的测算详见第三章内容。

企业发展高质量评价维度共计八个指标，其中单位工业产值污染物排放量数据来源于《中国城市统计年鉴2017》中的工业总产值、工业废水排放量、工业二氧化硫排放量、工业烟粉尘排放量；企业产品质量监督检查合格率数据来源于国家质量监督检验检疫总局（http：//samr.aqsiq.gov.cn/#）（2017年）。具体而言，将2017年五批产品质量国家监督抽查结果进行汇总并查找被抽查企业所在地级市的抽查结果，然后统计出各地级市被抽查企业的总数（重数的按重数算）及抽查结果合格数，最后计算企业产品质量监督检查合格率；中国驰名商标及地理标志商标数数据来源于中国驰名商标网（http：//www.wellknown-mark.cn/）和国家工商行政管理总局商标局——中国商标网（http：//sbj.saic.gov.cn/）。具体而言，对于中国驰名商标数，在中国驰名商标网按省份查找出所有驰名商标及所属企业具体地址，然后找出每个驰名商标所在的地级市并统计各地级市拥有的中国驰名商标总数。对于地理标志数在国家工商行政管理总局商标局——中国商标网的《中国商标品牌战略年度发展报告2017》中获得，个别没统计地级市的是从《中国商标品牌战略年度发展报告2016》中获得。中国质量奖企业数包括了中国质量奖及提名奖的制造业和服务业企业数，数据来源于第一、第二、第三届中国质量奖及提名奖获奖名单。高质量产业集群数量数据来源于《工业和信息化部关于开展产业集群区域品牌建设试点示范工作的通知》和科技部《创新型产业集群试点认定管理办法》等相关文件公布的到目前为止的数据；500 强企业数及中国 500 最具价值品牌数数据包括 2017 年中国企业 500 强、2017 年中国民营企业 500 强及中国 500 最具价值品牌，分别来源于中国企业联合会——中国企业家协会（http：//www. cec1979. org. cn/）、中华全国工商业联合会（http：//www. acfic. org. cn/）、世界品牌实验室（http：//www. worldbrandlab. com/）；中国驰名商标数与地理标志数、质量奖企业数、高质量产业集群数、500 强企业及中国 500 最具价值品牌数量等的指标数值处理步骤相同。首先，收集出所有的相关数据；然后，把所有的数据落到对应的城市；接着，把每个城市的同类数值相加合并，最终得到每个城市相应评价指标的数值。

　　经济效率高质量评价维度共计八个指标，其中在岗职工劳动生产率、投资产出率数据由《中国城市统计年鉴 2017》中的 GDP、在岗职工平均从业人员数、固定资产投资总额数据经公式计算获得；GDP 增长率来源于《中国城市统计年鉴 2017》；GDP 增长波动率数据由《中国城市统计年鉴 2017》中的 2016 年 GDP 增长率和《中国城市统计年鉴 2016》中的 2015 年 GDP 增长率经公式计算获得；城镇登记失业率、通货膨胀率数据来源于《2016 年各地级市国民经济和社会发展统计公报》；公共财政收入增长率数据由《中国城市统计年鉴 2017》中的 2016 年公共财政收入和《中国城市统计年鉴 2016》中的 2015 年公共财政收入经公式计算获得；第三产业产值占 GDP 比重数据来源于《中国城市统计年鉴 2017》。

　　开放创新高质量评价维度共计六个指标，其中地方科学技术支出占地方公共财政支出比重、实际利用外资占 GDP 比重数据来源于《中国城市统计年鉴 2017》中的地方科学技术支出、地方公共财政支出、实际利用外资总额和 GDP 并经公式计算获得；普通高等学校数的数据来源于《中国城市统计年鉴 2017》；万人拥有专利授权数数据由各省知识产权局（2016 年各地级市专利授权数）和《2016 年各地级市国民经济和社会发展统计公报》中的常住人口经公式计算获得；万人普通高校在校生数由《中国城市统计年鉴 2017》普通高校在校生数和《2016 年各地级市国民经济和社会发展统计公报》的常住人口经公式计算获得；进出口总额占 GDP 比重由《2016 年各地级市国民经济和社会发展统计公报》中进出口总额和《中国城市统计年鉴2017》中的GDP经公式计算获得。

民生共享高质量评价维度共计八个指标，其中在岗职工平均工资来源于《中国城市统计年鉴2017》、教育支出占GDP比重来源于《中国城市统计年鉴2017》的教育支出和GDP并经公式计算获得；城镇居民人均可支配收入、农村居民人均可支配收入数据来源于《2016年各地级市国民经济和社会发展统计公报》；城乡居民收入比由城镇居民人均可支配收入和农村居民人均可支配收入经公式计算获得；万人拥有床位数、万人拥有医生数由《中国城市统计年鉴2017》中的医院卫生院床位数、医生总人数和《2016年各地级市国民经济和社会发展统计公报》常住人口数经公式计算获得；人均道路面积来源于《中国城市建设统计年鉴2017》。

整个数据采集经过了四个阶段。

上文中数据是在数据收集的第一阶段各数据对应的主要来源，第一阶段的收集完成了总数据的70%以上。

在数据收集的第二阶段，对第一阶段未收集到的数据从各地级市的《2016年国民经济和社会发展统计公报》，各省知识产权局、各省和地级市的《统计年鉴2017》中收集，同时通过各地级市发展和改革委员会以及工商局等相关政府部门网站并通过政府部门网上办公的形式向相关政府部门寄送相关材料获取数据。

在数据收集的第三阶段，对经过前两个阶段的数据收集后如还有未收集到的极少数数据通过取对应地级市所在省份除省会城市之外的各地级市数据的算术平均值后得到。

最后，对通过以上收集过程后仍未收集到的个别数据根据其他地级市相应数据及本地级市其他数据进行主观估值得到。

数据采集的两点说明：

（1）各地区总人口以常住人口表示，各指标数据为全市数据，部分指标（建成区绿化覆盖率、单位GDP电耗）为市辖区数据。

（2）部分评价指标数据需要使用的公式已在本报告的第三章中列出。

二、中国区域经济高质量发展总体测度分析

利用变异系数法和主成分分析法相结合构成变异系数—主成分评价模型，对中国 286 个地级市经济高质量发展展开综合评价，综合评价结果，根据第三章对变异系数—主成分评价模型步骤的详细说明，对区域经济高质量发展进行整体测度过程如下：首先，将原始数据构成一个 286 行 42 列的矩阵 $R_{286 \times 42}$，根据变异系数法求出各评价指标的权重，如表 4-1 中的第三列所示；其次，将原始数据构成的一个 286 行 42 列的矩阵 $R_{286 \times 42}$ 进行规范化处理，得到矩阵 $Z_{286 \times 42}$，利用主成分分析法求出各评价指标的权重，如表 4-1 中的第四列所示；再次，基于以上两种方法求出的权重，取两者的平均值作为各评价指标的最终权重；最后，利用得到的各指标最终权重对规范化处理后的矩阵 $Z_{286 \times 42}$ 各行数据赋权加总，得到各地级市的整体得分，如表 4-3 中的第二列所示。

同理，可根据第三章对变异系数—主成分评价模型步骤的详细说明，对区域经济高质量发展各维度进行测度，对各维度进行测度时只考虑本维度下的指标数据。现以绿色生态高质量为例：首先，将本维度下的九个原始数据构成一个 286 行 9 列的矩阵 $R_{286 \times 9}$，根据变异系数法求出各评价指标的权重，如表 4-2 中的第三列所示；其次，将原始数据构成的一个 286 行 9 列的矩阵 $R_{286 \times 9}$ 进行规范化处理，得到矩阵 $Z_{286 \times 9}$，利用主成分分析法求出各评价指标的权重，如表 4-2 中的第四列所示；再次，基于以上两种方法求出的权重，取两者的平均值作为本维度下各评价指标的最终权重，如表 4-2 中的第五列所示；最后，利用得到的各指标最终权重对规范化处理后的矩阵 $Z_{286 \times 9}$ 各行数据赋权加总，得到各地级市在绿色生态高质量中的最终得分，如表 4-3 中的第三列所示。同理，用相同的方法可得出各地级市分别在社会人文、企业发展、经济效率、开放创新和民生共享高质量的最终得分，结果分别如表 4-3 中的第四、第五、第六、第七、第八列所示。

表 4 – 1　区域经济高质量发展总体测度各评价指标权重

维度	具体指标	变异系数	主成分	最终权重	维度权重
绿色生态高质量	PM2.5 年均浓度	0.0085	0.0315	0.0200	0.1518
	森林覆盖率	0.0117	0.0315	0.0216	
	建成区绿化覆盖率	0.0043	0.0135	0.0089	
	人均公园绿地面积	0.0094	0.0144	0.0119	
	人均水资源量	0.0353	0.0192	0.0272	
	一般工业固体废物综合利用率	0.0072	0.0257	0.0165	
	生活垃圾无害化处理率	0.0030	0.0265	0.0148	
	污水处理厂集中处理率	0.0030	0.0225	0.0127	
	万元 GDP 电耗	0.0291	0.0072	0.0182	
社会人文高质量	城镇化率	0.0064	0.0309	0.0187	0.1310
	人口自然增长率	0.0173	0.0168	0.0170	
	万人拥有公共图书馆藏书量	0.0399	0.0085	0.0242	
	政府城市认可度	0.0150	0.0435	0.0292	
	社会城市认可度	0.0266	0.0571	0.0418	
企业发展高质量	500 强企业及中国 500 最具价值品牌数量	0.0654	0.0158	0.0406	0.1982
	企业产品质量监督检查合格率	0.0051	0.0217	0.0134	
	地理标志及驰名商标数量	0.0310	0.0270	0.0290	
	单位工业产值污染物排放量	0.0568	0.0050	0.0309	
	中国质量奖企业数量	0.0748	0.0159	0.0454	
	高质量产业集群数量	0.0468	0.0309	0.0389	
经济效率高质量	在岗职工劳动生产率	0.0093	0.0170	0.0131	0.1938
	投资产出率	0.0156	0.0236	0.0196	
	GDP 增长率	0.0133	0.0192	0.0163	
	城镇登记失业率	0.0067	0.0359	0.0213	
	通货膨胀率	0.0078	0.0246	0.0162	
	GDP 增长波动率	0.0790	0.0125	0.0458	
	公共财政收入增长率	0.0817	0.0092	0.0455	
	第三产业产值占 GDP 比重	0.0052	0.0268	0.0160	

续表

维度	具体指标	变异系数	主成分	最终权重	维度权重
开放创新高质量	科学技术支出占公共财政支出比重	0.0319	0.0160	0.0239	0.1890
	万人拥有专利授权数	0.0388	0.0302	0.0345	
	万人普通高校在校生数	0.0323	0.0341	0.0332	
	实际利用外资占 GDP 比重	0.0271	0.0283	0.0277	
	进出口总额占 GDP 比重	0.0445	0.0218	0.0331	
	普通高等学校数	0.0447	0.0284	0.0365	
民生共享高质量	在岗职工平均工资	0.0048	0.0243	0.0146	0.1362
	城镇居民人均可支配收入	0.0061	0.0344	0.0203	
	农村居民人均可支配收入	0.0086	0.0312	0.0199	
	城乡居民收入比	0.0051	0.0303	0.0177	
	人均道路面积	0.0112	0.0205	0.0158	
	教育支出占 GDP 比重	0.0142	0.0217	0.0180	
	万人拥有床位数	0.0064	0.0219	0.0142	
	万人拥有医生数	0.0088	0.0229	0.0159	

表 4-2 区域经济高质量发展各维度测度评价指标权重

维度	具体指标	变异系数	主成分	最终权重
绿色生态高质量	PM2.5 年均浓度	0.0761	0.2036	0.1398
	森林覆盖率	0.1051	0.2165	0.1608
	建成区绿化覆盖率	0.0389	0.0322	0.0356
	人均公园绿地面积	0.0841	0.0459	0.0650
	人均水资源量	0.3164	0.1059	0.2111
	一般工业固体废物综合利用率	0.0647	0.1372	0.1010
绿色生态高质量	生活垃圾无害化处理率	0.0271	0.1167	0.0719
	污水处理厂集中处理率	0.0271	0.1233	0.0752
	万元 GDP 电耗	0.2605	0.0186	0.1396
社会人文高质量	城镇化率	0.0612	0.2092	0.1352
	人口自然增长率	0.1643	0.0477	0.1060
	万人拥有公共图书馆藏书量	0.3789	0.0359	0.2074
	政府城市认可度	0.1428	0.3219	0.2324
	社会城市认可度	0.2528	0.3852	0.3190

续表

维度	具体指标	变异系数	主成分	最终权重
企业发展高质量	500 强企业及中国 500 最具价值品牌数量	0.2337	0.1300	0.1819
	企业产品质量监督检查合格率	0.0180	0.1825	0.1003
	地理标志及驰名商标数量	0.1108	0.2479	0.1794
	单位工业产值污染物排放量	0.2029	0.0161	0.1095
	中国质量奖企业数量	0.2673	0.1459	0.2066
	高质量产业集群数量	0.1671	0.2776	0.2224
经济效率高质量	在岗职工劳动生产率	0.0426	0.0828	0.0627
	投资产出率	0.0714	0.1412	0.1063
	GDP 增长率	0.0609	0.1285	0.0947
	城镇登记失业率	0.0304	0.1915	0.1110
	通货膨胀率	0.0358	0.1425	0.0892
	GDP 增长波动率	0.3612	0.0794	0.2203
	公共财政收入增长率	0.3736	0.0675	0.2206
	第三产业产值占 GDP 比重	0.0240	0.1666	0.0953
开放创新高质量	科学技术支出占公共财政支出比重	0.1455	0.0985	0.1220
	万人拥有专利授权数	0.1768	0.1963	0.1865
	万人普通高校在校生数	0.1471	0.2096	0.1783
	实际利用外资占 GDP 比重	0.1238	0.1785	0.1511
	进出口总额占 GDP 比重	0.2029	0.1417	0.1723
	普通高等学校数	0.2039	0.1755	0.1897
民生共享高质量	在岗职工平均工资	0.0737	0.1050	0.0893
	城镇居民人均可支配收入	0.0938	0.1808	0.1373
	农村居民人均可支配收入	0.1321	0.1601	0.1461
	城乡居民收入比	0.0777	0.1436	0.1106
	人均道路面积	0.1711	0.0977	0.1344
	教育支出占 GDP 比重	0.2182	0.1017	0.1599
	万人拥有床位数	0.0983	0.0982	0.0983
	万人拥有医生数	0.1352	0.1130	0.1241

表4-3　区域经济高质量发展整体及各维度测度得分值

	整体得分	绿色生态	社会人文	企业发展	经济效率	开放创新	民生共享
贵阳	0.4240	0.5349	0.5154	0.2289	0.5975	0.3024	0.3607
六盘水	0.3104	0.5281	0.2362	0.2107	0.5588	0.0527	0.2297
遵义	0.3834	0.5615	0.5074	0.2716	0.5828	0.0680	0.3136
安顺	0.3418	0.6240	0.2861	0.2161	0.5979	0.0497	0.2593
毕节	0.3055	0.5677	0.2288	0.1734	0.5531	0.0394	0.2508
铜仁	0.3335	0.5953	0.2505	0.2229	0.5903	0.0401	0.2929
武汉	0.5437	0.4937	0.5944	0.5338	0.5997	0.5163	0.4574
黄石	0.3296	0.5190	0.2256	0.2300	0.5523	0.0849	0.3208
十堰	0.3418	0.5674	0.2797	0.2654	0.5681	0.0808	0.2580
宜昌	0.3629	0.5403	0.2716	0.3753	0.5323	0.0893	0.3427
襄阳	0.3363	0.4583	0.2583	0.3156	0.5268	0.0855	0.3365
鄂州	0.3273	0.4511	0.1716	0.2513	0.6060	0.0973	0.2986
荆门	0.3371	0.5159	0.1729	0.2684	0.5971	0.0631	0.3471
孝感	0.3128	0.4626	0.2516	0.2348	0.5126	0.0768	0.3046
荆州	0.3480	0.4329	0.3356	0.2787	0.6050	0.0765	0.3128
黄冈	0.3508	0.4903	0.4031	0.2357	0.6149	0.0448	0.3288
咸宁	0.3526	0.6068	0.2430	0.2819	0.5846	0.0601	0.3054
随州	0.3202	0.5509	0.1639	0.2720	0.5459	0.0483	0.2818
成都	0.5332	0.4958	0.5684	0.6518	0.5743	0.3698	0.4545
自贡	0.3022	0.4520	0.1507	0.2180	0.5657	0.0422	0.3132
攀枝花	0.3434	0.5724	0.1938	0.2553	0.5459	0.0786	0.3863
泸州	0.3280	0.5060	0.2708	0.2734	0.5327	0.0469	0.3128
德阳	0.3629	0.4776	0.4275	0.2673	0.5760	0.0910	0.3138
绵阳	0.3564	0.5574	0.3174	0.2323	0.5497	0.1168	0.3474
广元	0.3117	0.6107	0.1385	0.2392	0.5223	0.0224	0.3062
遂宁	0.3195	0.5261	0.2180	0.2195	0.5530	0.0242	0.3402
内江	0.2760	0.4959	0.0579	0.1850	0.5337	0.0284	0.2587
乐山	0.3368	0.5263	0.3171	0.2749	0.5497	0.0433	0.3020
南充	0.3057	0.5117	0.2038	0.2163	0.5276	0.0339	0.2950
眉山	0.2999	0.5129	0.1106	0.2496	0.5174	0.0344	0.3193

续表

	整体得分	绿色生态	社会人文	企业发展	经济效率	开放创新	民生共享
宜宾	0.3233	0.4812	0.3154	0.2234	0.5589	0.0304	0.3208
广安	0.3394	0.5560	0.3088	0.2248	0.5760	0.0174	0.3362
达州	0.2692	0.4794	0.0546	0.2205	0.5142	0.0189	0.2497
雅安	0.3265	0.6700	0.1133	0.2242	0.5411	0.0674	0.3133
巴中	0.2941	0.5804	0.0809	0.2279	0.5327	0.0109	0.2808
资阳	0.2782	0.5286	0.0439	0.2155	0.4669	0.0228	0.3350
南昌	0.4405	0.5194	0.5180	0.2300	0.5468	0.4421	0.3440
景德镇	0.3643	0.6199	0.3346	0.2492	0.5374	0.0873	0.3650
萍乡	0.3448	0.5970	0.2048	0.2565	0.5319	0.0956	0.3452
九江	0.3730	0.5778	0.3969	0.2230	0.5450	0.1776	0.3133
新余	0.3684	0.6207	0.2156	0.2554	0.5682	0.1591	0.3427
鹰潭	0.3582	0.6309	0.2151	0.2566	0.5403	0.1504	0.3147
赣州	0.3647	0.6134	0.3671	0.2729	0.5555	0.1535	0.2348
吉安	0.3729	0.6679	0.2784	0.2756	0.5569	0.1406	0.2914
宜春	0.3345	0.5290	0.2711	0.2621	0.5428	0.0948	0.2849
抚州	0.3617	0.6727	0.1971	0.3484	0.5366	0.0911	0.2879
上饶	0.3425	0.5608	0.4205	0.2114	0.5552	0.1018	0.2153
南京	0.5488	0.4860	0.6923	0.4630	0.6629	0.4496	0.5166
无锡	0.5549	0.5144	0.6781	0.6014	0.6509	0.2988	0.5574
徐州	0.4068	0.4973	0.5402	0.2949	0.5854	0.1343	0.3781
常州	0.4923	0.5129	0.3996	0.5605	0.6308	0.2771	0.5119
苏州	0.5885	0.4885	0.5007	0.7436	0.6791	0.4211	0.5994
南通	0.4591	0.5203	0.6123	0.3730	0.5911	0.2168	0.4551
连云港	0.3596	0.5044	0.4076	0.2806	0.5003	0.1115	0.3553
淮安	0.3898	0.4772	0.4311	0.3556	0.5739	0.1423	0.3560
盐城	0.3921	0.5110	0.4841	0.3110	0.5535	0.1164	0.3937
扬州	0.4115	0.5091	0.3498	0.3899	0.6046	0.1810	0.3926
镇江	0.4388	0.4995	0.5258	0.2856	0.6151	0.2550	0.4469
泰州	0.4069	0.4675	0.3444	0.3967	0.6097	0.1678	0.4059

续表

	整体得分	绿色生态	社会人文	企业发展	经济效率	开放创新	民生共享
宿迁	0.3734	0.4865	0.4627	0.2527	0.5947	0.0791	0.3507
长沙	0.5594	0.5736	0.6777	0.5638	0.6145	0.3677	0.5570
株洲	0.4492	0.6085	0.5560	0.4452	0.5687	0.1454	0.3857
湘潭	0.4104	0.5578	0.4537	0.3207	0.5569	0.1909	0.3696
衡阳	0.3528	0.5170	0.3522	0.2393	0.5415	0.1030	0.3403
邵阳	0.2938	0.5467	0.0690	0.2338	0.5493	0.0374	0.2572
岳阳	0.3707	0.5242	0.4832	0.2967	0.5829	0.0523	0.2922
常德	0.3668	0.5621	0.3964	0.2853	0.5925	0.0638	0.2896
张家界	0.3606	0.6722	0.2520	0.2603	0.6421	0.0553	0.2629
益阳	0.3320	0.5884	0.1612	0.2822	0.5507	0.0520	0.3138
郴州	0.3559	0.6218	0.2281	0.2671	0.5732	0.1093	0.2986
永州	0.3467	0.6218	0.1588	0.2673	0.5764	0.0907	0.3262
怀化	0.3131	0.5509	0.1772	0.2711	0.5697	0.0226	0.2364
娄底	0.3031	0.5418	0.1288	0.2156	0.5527	0.0593	0.2308
杭州	0.5935	0.6038	0.5479	0.6312	0.6713	0.4289	0.6063
宁波	0.5582	0.5696	0.6400	0.5602	0.6360	0.3631	0.5489
温州	0.4965	0.5875	0.5186	0.5459	0.6627	0.1689	0.4739
嘉兴	0.4555	0.4987	0.5007	0.2624	0.6070	0.3133	0.5369
湖州	0.4503	0.5996	0.3441	0.3439	0.6260	0.2440	0.5229
绍兴	0.4959	0.5905	0.4877	0.4451	0.5990	0.2966	0.5271
金华	0.4527	0.6019	0.4694	0.2699	0.6437	0.2319	0.5104
衢州	0.3829	0.6483	0.2056	0.2172	0.6126	0.1092	0.5050
舟山	0.4189	0.5865	0.3038	0.2381	0.6112	0.1751	0.6102
台州	0.4412	0.6078	0.3830	0.3360	0.6575	0.1610	0.5015
丽水	0.4310	0.7648	0.3812	0.2568	0.6183	0.1419	0.4479
昆明	0.4430	0.5457	0.4530	0.3514	0.6018	0.2818	0.3909
曲靖	0.3324	0.5771	0.3457	0.2315	0.5427	0.0242	0.2783
玉溪	0.3389	0.5296	0.2734	0.2090	0.6257	0.0418	0.3173
保山	0.3096	0.6662	0.1063	0.2103	0.5889	0.0200	0.2524

	整体得分	绿色生态	社会人文	企业发展	经济效率	开放创新	民生共享
昭通	0.2710	0.4546	0.0600	0.2151	0.5636	0.0062	0.2873
丽江	0.3397	0.7289	0.2794	0.2107	0.5393	0.0458	0.2460
普洱	0.3151	0.6957	0.1131	0.1948	0.5842	0.0442	0.2529
临沧	0.2955	0.6694	0.0888	0.1915	0.5364	0.0142	0.2533
合肥	0.4913	0.4572	0.6038	0.4269	0.5683	0.4301	0.3920
淮北	0.3155	0.4794	0.2364	0.2084	0.5023	0.1398	0.2622
亳州	0.3114	0.4732	0.1614	0.1458	0.5949	0.0965	0.3199
宿州	0.3070	0.4485	0.1252	0.1847	0.6279	0.0905	0.2716
蚌埠	0.3811	0.4690	0.3944	0.2167	0.6118	0.2240	0.3213
阜阳	0.3344	0.4327	0.3638	0.2206	0.6057	0.0535	0.3007
淮南	0.3208	0.4514	0.2185	0.2099	0.5910	0.1005	0.2753
滁州	0.3468	0.4507	0.2619	0.2051	0.5958	0.1641	0.3442
六安	0.3369	0.5384	0.2782	0.2996	0.5031	0.0868	0.2961
马鞍山	0.3565	0.5015	0.2539	0.2055	0.4661	0.2959	0.3680
芜湖	0.4304	0.5017	0.3899	0.2836	0.5867	0.3721	0.3936
宣城	0.3704	0.6450	0.2230	0.2300	0.5901	0.1498	0.3598
铜陵	0.3781	0.5282	0.3978	0.2186	0.6294	0.1621	0.2856
池州	0.3338	0.6692	0.1691	0.2150	0.4903	0.1357	0.3115
安庆	0.3574	0.5624	0.3456	0.2660	0.6018	0.0718	0.2662
黄山	0.3933	0.7743	0.3617	0.2492	0.5716	0.0930	0.3357
石家庄	0.4106	0.4667	0.3589	0.4105	0.5915	0.2372	0.3283
唐山	0.3670	0.4684	0.4327	0.2902	0.5512	0.0997	0.3375
秦皇岛	0.3951	0.5599	0.4484	0.2013	0.6017	0.2349	0.3080
邯郸	0.3477	0.4336	0.3792	0.3143	0.5568	0.0655	0.2904
邢台	0.3161	0.4302	0.2304	0.4234	0.4398	0.0641	0.2554
保定	0.3724	0.4215	0.4867	0.3289	0.5692	0.1012	0.3087
张家口	0.3169	0.5212	0.2463	0.2147	0.5711	0.0561	0.2534
承德	0.3159	0.5494	0.2982	0.2280	0.4996	0.0540	0.2517
沧州	0.3188	0.4426	0.2309	0.2256	0.5871	0.0675	0.2871

	整体得分	绿色生态	社会人文	企业发展	经济效率	开放创新	民生共享
廊坊	0.3660	0.4789	0.3357	0.2344	0.6519	0.0953	0.3433
衡水	0.2880	0.4362	0.1110	0.2038	0.5786	0.0511	0.2518
太原	0.4127	0.4137	0.4251	0.2303	0.6090	0.3239	0.4334
大同	0.3100	0.4698	0.3185	0.2025	0.5452	0.0439	0.2701
阳泉	0.2800	0.3664	0.1636	0.1938	0.5167	0.0832	0.3036
长治	0.3187	0.4073	0.3657	0.2185	0.5494	0.0845	0.2795
晋城	0.3085	0.4756	0.2336	0.2053	0.5823	0.0353	0.2818
朔州	0.2707	0.4208	0.1491	0.1627	0.5202	0.0325	0.2689
晋中	0.3238	0.4697	0.1186	0.2044	0.5863	0.1636	0.3052
运城	0.2946	0.4400	0.1763	0.2210	0.5548	0.0412	0.2655
忻州	0.2429	0.4232	0.1033	0.1498	0.5110	0.0310	0.2107
临汾	0.2438	0.4081	0.1890	0.1884	0.3617	0.0453	0.2511
吕梁	0.2656	0.4342	0.0867	0.2165	0.5300	0.0395	0.2118
呼和浩特	0.4216	0.4852	0.4863	0.3046	0.6542	0.2138	0.3486
包头	0.3817	0.4409	0.5473	0.2232	0.6333	0.0903	0.3585
乌海	0.3343	0.4727	0.2324	0.2103	0.6164	0.0286	0.4019
赤峰	0.3056	0.5103	0.1624	0.1949	0.5709	0.0273	0.3117
通辽	0.3244	0.5570	0.2874	0.1780	0.5660	0.0217	0.2984
鄂尔多斯	0.4040	0.5638	0.5196	0.2203	0.6209	0.0754	0.4731
呼伦贝尔	0.3591	0.7074	0.2738	0.2125	0.5846	0.0403	0.3658
巴彦淖尔	0.3156	0.5196	0.1136	0.2201	0.5622	0.0482	0.3742
乌兰察布	0.3167	0.5581	0.1174	0.2206	0.5660	0.1130	0.2486
沈阳	0.4333	0.4880	0.6155	0.3392	0.5352	0.2606	0.3856
大连	0.4785	0.5661	0.5681	0.3934	0.6693	0.2676	0.4085
鞍山	0.3367	0.4864	0.3720	0.3205	0.4898	0.0513	0.3007
抚顺	0.2944	0.5334	0.1550	0.2171	0.4781	0.0532	0.3016
本溪	0.3276	0.5883	0.1876	0.2774	0.4933	0.0792	0.3141
丹东	0.3133	0.5371	0.1105	0.2644	0.5560	0.0503	0.3161
锦州	0.2731	0.4772	0.0767	0.2126	0.4078	0.0897	0.3255
营口	0.3127	0.4836	0.1792	0.2826	0.5109	0.0588	0.3335
阜新	0.2877	0.4960	0.0997	0.2092	0.5047	0.0433	0.3128

续表

	整体得分	绿色生态	社会人文	企业发展	经济效率	开放创新	民生共享
辽阳	0.3046	0.4527	0.1132	0.2095	0.5980	0.0513	0.3427
盘锦	0.3284	0.5530	0.2589	0.2028	0.5202	0.0619	0.3478
铁岭	0.3075	0.4582	0.1827	0.2043	0.6023	0.0360	0.2883
朝阳	0.2749	0.4940	0.0556	0.2136	0.5357	0.0117	0.2632
葫芦岛	0.2507	0.5105	0.1508	0.1805	0.3646	0.0279	0.2582
长春	0.4484	0.5238	0.5559	0.3218	0.5835	0.3407	0.3533
吉林	0.3296	0.5093	0.2882	0.1939	0.5347	0.1196	0.3146
四平	0.2892	0.4088	0.2336	0.2036	0.5118	0.0532	0.2788
辽源	0.3138	0.5276	0.2003	0.2654	0.5202	0.0596	0.2679
通化	0.3217	0.5865	0.2349	0.2342	0.4745	0.0855	0.2797
白山	0.3103	0.6688	0.1442	0.1187	0.5518	0.0576	0.2803
松原	0.3017	0.5016	0.1985	0.2222	0.5565	0.0292	0.2357
白城	0.2726	0.4694	0.0507	0.2278	0.5310	0.0523	0.2184
哈尔滨	0.4332	0.5171	0.5648	0.2952	0.5486	0.3181	0.3610
齐齐哈尔	0.2945	0.4645	0.1271	0.2258	0.5274	0.0750	0.2972
鸡西	0.2986	0.4534	0.1079	0.2113	0.5683	0.0455	0.3457
鹤岗	0.2871	0.5378	0.1396	0.0832	0.5543	0.0391	0.3496
双鸭山	0.3071	0.5141	0.1496	0.1958	0.5525	0.0289	0.3903
大庆	0.3581	0.4495	0.4084	0.2078	0.5740	0.1109	0.4038
伊春	0.3141	0.6921	0.2315	0.2097	0.4993	0.0107	0.2803
佳木斯	0.3113	0.4965	0.1493	0.2201	0.5878	0.0440	0.3030
七台河	0.2905	0.5513	0.1410	0.2022	0.5115	0.0226	0.2777
牡丹江	0.3594	0.5754	0.2682	0.2077	0.6267	0.1041	0.3654
黑河	0.3055	0.4828	0.1641	0.2079	0.5756	0.0512	0.2952
绥化	0.2721	0.4952	0.0485	0.1753	0.5535	0.0322	0.2313
福州	0.4597	0.6368	0.5170	0.3682	0.5999	0.2494	0.3623
厦门	0.4874	0.5753	0.5850	0.3364	0.6090	0.3964	0.4101
莆田	0.3872	0.6234	0.4501	0.2538	0.5873	0.0817	0.3414
三明	0.4049	0.8087	0.3899	0.2583	0.6029	0.0801	0.3239
泉州	0.4823	0.6311	0.5517	0.4953	0.6470	0.2119	0.3423
漳州	0.4133	0.6859	0.3678	0.3446	0.6143	0.1253	0.3489

续表

	整体得分	绿色生态	社会人文	企业发展	经济效率	开放创新	民生共享
南平	0.3778	0.8345	0.2639	0.2664	0.5472	0.0653	0.3130
龙岩	0.3955	0.7890	0.2919	0.2589	0.5941	0.0984	0.3506
宁德	0.3696	0.6856	0.3409	0.2819	0.5444	0.0590	0.3125
济南	0.5080	0.4962	0.6354	0.3871	0.6170	0.4237	0.4794
青岛	0.5230	0.5673	0.6467	0.5911	0.6030	0.2660	0.4396
淄博	0.4069	0.5084	0.4760	0.3668	0.5841	0.1023	0.4015
枣庄	0.3318	0.4947	0.2240	0.2637	0.5783	0.0485	0.3267
东营	0.3893	0.4917	0.3838	0.2916	0.5895	0.1143	0.4225
烟台	0.4675	0.5664	0.6522	0.4616	0.5890	0.1719	0.3948
潍坊	0.4402	0.5076	0.4598	0.5183	0.5769	0.1524	0.4067
济宁	0.4142	0.5036	0.3497	0.5871	0.5754	0.0659	0.3641
泰安	0.3673	0.5386	0.3445	0.2801	0.5839	0.0833	0.3524
威海	0.4467	0.6048	0.4648	0.3207	0.6302	0.2152	0.4406
日照	0.3667	0.5499	0.3099	0.2453	0.6094	0.1213	0.3170
莱芜	0.3450	0.5009	0.2180	0.2209	0.5839	0.1201	0.3681
临沂	0.3892	0.5181	0.4717	0.3761	0.6050	0.0537	0.2930
德州	0.3359	0.4730	0.1842	0.3318	0.5750	0.0604	0.3154
聊城	0.3460	0.4798	0.2427	0.3516	0.5645	0.0458	0.3020
滨州	0.3336	0.4453	0.1554	0.2623	0.6106	0.1000	0.3396
菏泽	0.3466	0.4693	0.3602	0.2768	0.5838	0.0523	0.3012
郑州	0.4596	0.4607	0.5516	0.2588	0.6161	0.4292	0.3937
开封	0.3227	0.4399	0.3400	0.2061	0.5770	0.0653	0.2685
洛阳	0.3656	0.4469	0.4895	0.2348	0.5986	0.1274	0.2834
平顶山	0.3200	0.4795	0.1845	0.2260	0.5787	0.0777	0.3012
安阳	0.3300	0.4100	0.2949	0.2131	0.5772	0.0890	0.3410
鹤壁	0.3392	0.4765	0.2837	0.2102	0.5640	0.1466	0.2976
新乡	0.3514	0.4383	0.4468	0.2285	0.5333	0.1421	0.3044
焦作	0.3354	0.4274	0.2966	0.2428	0.5389	0.1192	0.3248
濮阳	0.3068	0.4454	0.2853	0.1973	0.5406	0.0692	0.2585
许昌	0.3489	0.4800	0.4441	0.2076	0.5571	0.0920	0.2906
漯河	0.3388	0.4838	0.2413	0.2208	0.5918	0.1319	0.2947

	整体得分	绿色生态	社会人文	企业发展	经济效率	开放创新	民生共享
三门峡	0.3083	0.4790	0.1718	0.1739	0.5536	0.1134	0.2831
南阳	0.3451	0.4628	0.4175	0.3040	0.5350	0.0709	0.2678
商丘	0.3177	0.4631	0.2805	0.2611	0.5672	0.0562	0.2218
信阳	0.3349	0.4883	0.3694	0.2540	0.5638	0.0619	0.2443
周口	0.3046	0.4557	0.1990	0.2676	0.5429	0.0438	0.2488
驻马店	0.3209	0.4601	0.2905	0.2128	0.5841	0.0416	0.2972
广州	0.5650	0.5764	0.5652	0.5019	0.6707	0.5144	0.4887
韶关	0.3756	0.6874	0.2972	0.2907	0.5922	0.0713	0.3061
深圳	0.6027	0.5426	0.7509	0.6461	0.7206	0.4543	0.4288
珠海	0.5383	0.5828	0.5017	0.3408	0.6215	0.5956	0.5389
汕头	0.3648	0.5653	0.4221	0.2296	0.5903	0.0872	0.2717
佛山	0.4739	0.5414	0.6709	0.4631	0.6149	0.1229	0.4447
江门	0.3936	0.6033	0.4124	0.2657	0.5850	0.1559	0.3195
湛江	0.3613	0.5431	0.4728	0.2406	0.5621	0.0663	0.2852
茂名	0.3561	0.6293	0.3656	0.1859	0.6004	0.0258	0.3143
肇庆	0.3571	0.6087	0.4644	0.2157	0.4632	0.1081	0.3233
惠州	0.4280	0.6645	0.4200	0.2597	0.6002	0.2334	0.3723
梅州	0.3568	0.7085	0.2080	0.2497	0.5762	0.0450	0.3406
汕尾	0.3111	0.6107	0.1017	0.2131	0.5554	0.0524	0.2702
河源	0.3510	0.7102	0.2068	0.1670	0.5855	0.0706	0.3431
阳江	0.3096	0.6089	0.1634	0.2177	0.5299	0.0262	0.2626
清远	0.3595	0.6817	0.2113	0.2635	0.5956	0.0565	0.3259
东莞	0.5198	0.5673	0.6934	0.3431	0.6550	0.4007	0.4673
中山	0.5083	0.5331	0.6818	0.3843	0.6242	0.3618	0.4773
潮州	0.3409	0.5860	0.3046	0.2192	0.5856	0.0825	0.2432
揭阳	0.3014	0.4967	0.1994	0.2038	0.5604	0.0522	0.2466
云浮	0.3140	0.5853	0.1315	0.2060	0.5747	0.0484	0.2822
南宁	0.3991	0.5693	0.4729	0.2166	0.6097	0.1964	0.3240
柳州	0.3662	0.6008	0.3950	0.2825	0.5477	0.0761	0.2916
桂林	0.3906	0.6831	0.4788	0.2559	0.5388	0.1215	0.2886
梧州	0.3180	0.6239	0.1849	0.2114	0.5719	0.0233	0.2596

	整体得分	绿色生态	社会人文	企业发展	经济效率	开放创新	民生共享
北海	0.3697	0.5824	0.4101	0.2091	0.6141	0.0966	0.2843
防城港	0.3560	0.6940	0.1446	0.2113	0.6089	0.1141	0.3233
钦州	0.3384	0.6018	0.1763	0.2084	0.5559	0.0663	0.4000
贵港	0.3069	0.5162	0.1214	0.1759	0.6683	0.0098	0.2945
玉林	0.3151	0.6114	0.2046	0.1913	0.5552	0.0183	0.2713
百色	0.3175	0.5677	0.1815	0.2092	0.5921	0.0466	0.2657
贺州	0.2971	0.6578	0.1427	0.2166	0.4685	0.0197	0.2802
河池	0.3104	0.6737	0.0672	0.2121	0.6109	0.0194	0.2396
来宾	0.2904	0.5586	0.1066	0.1975	0.5316	0.0195	0.2918
崇左	0.3051	0.5116	0.0923	0.2053	0.5121	0.2180	0.2152
海口	0.4299	0.5916	0.5758	0.2422	0.6502	0.1634	0.3825
三亚	0.4028	0.6778	0.3682	0.2132	0.6124	0.1916	0.3480
儋州	0.3581	0.6279	0.1568	0.2099	0.6578	0.0829	0.3474
拉萨	0.3834	0.6688	0.2846	0.2561	0.5483	0.1347	0.4539
西安	0.4786	0.4881	0.5033	0.2952	0.6093	0.5346	0.3927
铜川	0.3084	0.5248	0.2414	0.2135	0.5227	0.0255	0.2986
宝鸡	0.3090	0.5080	0.3253	0.2270	0.4748	0.0429	0.2626
咸阳	0.3117	0.4428	0.3296	0.2040	0.5008	0.0859	0.2720
渭南	0.2760	0.4514	0.1867	0.1942	0.5283	0.0178	0.2223
延安	0.3072	0.5374	0.3862	0.1370	0.4586	0.0348	0.2862
汉中	0.3251	0.5583	0.3124	0.2299	0.5519	0.0376	0.2511
榆林	0.3134	0.5547	0.2563	0.2228	0.5077	0.0262	0.2986
安康	0.3236	0.6079	0.2296	0.2199	0.5574	0.0229	0.2939
商洛	0.2859	0.5583	0.1846	0.2175	0.4882	0.0296	0.2147
兰州	0.3969	0.4158	0.4678	0.2128	0.6416	0.2859	0.3382
嘉峪关	0.3265	0.4173	0.2941	0.1026	0.6348	0.0903	0.4355
金昌	0.3101	0.4805	0.2214	0.1098	0.5650	0.0718	0.3521
白银	0.2873	0.4458	0.1159	0.2132	0.6045	0.0303	0.2287
天水	0.3142	0.4886	0.2666	0.2348	0.6104	0.0437	0.2057
武威	0.3197	0.4848	0.1166	0.2180	0.6000	0.1524	0.2298
张掖	0.3510	0.6374	0.2979	0.1125	0.6217	0.0452	0.3601

	整体得分	绿色生态	社会人文	企业发展	经济效率	开放创新	民生共享
平凉	0.2922	0.5354	0.0890	0.2172	0.5523	0.0167	0.2969
酒泉	0.3005	0.4758	0.1229	0.1745	0.5700	0.0365	0.3525
庆阳	0.2788	0.4555	0.1966	0.2207	0.5102	0.0251	0.2393
定西	0.2793	0.5321	0.0757	0.1862	0.5531	0.0143	0.2812
陇南	0.2618	0.4440	0.0757	0.2021	0.6136	0.0113	0.1837
西宁	0.3545	0.5072	0.4522	0.2553	0.5211	0.1007	0.3086
海东	0.2600	0.4582	0.0604	0.2169	0.5004	0.0188	0.2435
银川	0.3652	0.4687	0.4155	0.2361	0.5562	0.1314	0.3575
石嘴山	0.3117	0.4285	0.2377	0.2110	0.5472	0.0359	0.3650
吴忠	0.3098	0.4351	0.1862	0.2056	0.6270	0.0214	0.3045
固原	0.3214	0.4879	0.0984	0.2154	0.6571	0.0244	0.3945
中卫	0.2954	0.4367	0.1262	0.2421	0.5563	0.0355	0.2954
乌鲁木齐	0.4155	0.3914	0.4812	0.2562	0.6205	0.2251	0.5018
克拉玛依	0.3924	0.5407	0.4713	0.2075	0.5643	0.0871	0.5333

下面我们以全国286个地级市高质量发展总评得分进行排序，结果如表4－4所示。

表4－4　中国286个地级市经济高质量发展综合评价结果

市名	总得分	排名	市名	总得分	排名	市名	总得分	排名
深圳	0.6027	1	成都	0.5332	11	泉州	0.4823	21
杭州	0.5935	2	青岛	0.5230	12	西安	0.4786	22
苏州	0.5885	3	东莞	0.5198	13	大连	0.4785	23
广州	0.5650	4	中山	0.5083	14	佛山	0.4739	24
长沙	0.5594	5	济南	0.5080	15	烟台	0.4675	25
宁波	0.5582	6	温州	0.4965	16	福州	0.4597	26
无锡	0.5549	7	绍兴	0.4959	17	郑州	0.4596	27
南京	0.5488	8	常州	0.4923	18	南通	0.4591	28
武汉	0.5437	9	合肥	0.4913	19	嘉兴	0.4555	29
珠海	0.5383	10	厦门	0.4874	20	金华	0.4527	30

市名	总得分	排名	市名	总得分	排名	市名	总得分	排名
湖州	0.4503	31	南宁	0.3991	62	唐山	0.3670	93
株洲	0.4492	32	兰州	0.3969	63	常德	0.3668	94
长春	0.4484	33	龙岩	0.3955	64	日照	0.3667	95
威海	0.4467	34	秦皇岛	0.3951	65	柳州	0.3662	96
昆明	0.4430	35	江门	0.3936	66	廊坊	0.3660	97
台州	0.4412	36	黄山	0.3933	67	洛阳	0.3656	98
南昌	0.4405	37	克拉玛依	0.3924	68	银川	0.3652	99
潍坊	0.4402	38	盐城	0.3921	69	汕头	0.3648	100
镇江	0.4388	39	桂林	0.3906	70	赣州	0.3647	101
沈阳	0.4333	40	淮安	0.3898	71	景德镇	0.3643	102
哈尔滨	0.4332	41	东营	0.3893	72	宜昌	0.3629	103
丽水	0.4310	42	临沂	0.3892	73	德阳	0.3629	104
芜湖	0.4304	43	莆田	0.3872	74	抚州	0.3617	105
海口	0.4299	44	拉萨	0.3834	75	湛江	0.3613	106
惠州	0.4280	45	遵义	0.3834	76	张家界	0.3606	107
贵阳	0.4240	46	衢州	0.3829	77	连云港	0.3596	108
呼和浩特	0.4216	47	包头	0.3817	78	清远	0.3595	109
舟山	0.4189	48	蚌埠	0.3811	79	牡丹江	0.3594	110
乌鲁木齐	0.4155	49	铜陵	0.3781	80	呼伦贝尔	0.3591	111
济宁	0.4142	50	南平	0.3778	81	鹰潭	0.3582	112
漳州	0.4133	51	韶关	0.3756	82	儋州	0.3581	113
太原	0.4127	52	宿迁	0.3734	83	大庆	0.3581	114
扬州	0.4115	53	九江	0.3730	84	安庆	0.3574	115
石家庄	0.4106	54	吉安	0.3729	85	肇庆	0.3571	116
湘潭	0.4104	55	保定	0.3724	86	梅州	0.3568	117
泰州	0.4069	56	岳阳	0.3707	87	马鞍山	0.3565	118
淄博	0.4069	57	宣城	0.3704	88	绵阳	0.3564	119
徐州	0.4068	58	北海	0.3697	89	茂名	0.3561	120
三明	0.4049	59	宁德	0.3696	90	防城港	0.3560	121
鄂尔多斯	0.4040	60	新余	0.3684	91	郴州	0.3559	122
三亚	0.4028	61	泰安	0.3673	92	西宁	0.3545	123

续表

市名	总得分	排名	市名	总得分	排名	市名	总得分	排名
衡阳	0.3528	124	襄阳	0.3363	155	淮南	0.3208	186
咸宁	0.3526	125	德州	0.3359	156	随州	0.3202	187
新乡	0.3514	126	焦作	0.3354	157	平顶山	0.3200	188
河源	0.3510	127	信阳	0.3349	158	武威	0.3197	189
张掖	0.3510	128	宜春	0.3345	159	遂宁	0.3195	190
黄冈	0.3508	129	阜阳	0.3344	160	沧州	0.3188	191
许昌	0.3489	130	乌海	0.3343	161	长治	0.3187	192
荆州	0.3480	131	池州	0.3338	162	梧州	0.3180	193
邯郸	0.3477	132	滨州	0.3336	163	商丘	0.3177	194
滁州	0.3468	133	铜仁	0.3335	164	百色	0.3175	195
永州	0.3467	134	曲靖	0.3324	165	张家口	0.3169	196
菏泽	0.3466	135	益阳	0.3320	166	乌兰察布	0.3167	197
聊城	0.3460	136	枣庄	0.3318	167	邢台	0.3161	198
南阳	0.3451	137	安阳	0.3300	168	承德	0.3159	199
莱芜	0.3450	138	吉林	0.3296	169	巴彦淖尔	0.3156	200
萍乡	0.3448	139	黄石	0.3296	170	淮北	0.3155	201
攀枝花	0.3434	140	盘锦	0.3284	171	玉林	0.3151	202
上饶	0.3425	141	泸州	0.3280	172	普洱	0.3151	203
安顺	0.3418	142	本溪	0.3276	173	天水	0.3142	204
十堰	0.3418	143	鄂州	0.3273	174	伊春	0.3141	205
潮州	0.3409	144	嘉峪关	0.3265	175	云浮	0.3140	206
丽江	0.3397	145	雅安	0.3265	176	辽源	0.3138	207
广安	0.3394	146	汉中	0.3251	177	榆林	0.3134	208
鹤壁	0.3392	147	通辽	0.3244	178	丹东	0.3133	209
玉溪	0.3389	148	晋中	0.3238	179	怀化	0.3131	210
漯河	0.3388	149	安康	0.3236	180	孝感	0.3128	211
钦州	0.3384	150	宜宾	0.3233	181	营口	0.3127	212
荆门	0.3371	151	开封	0.3227	182	咸阳	0.3117	213
六安	0.3369	152	通化	0.3217	183	广元	0.3117	214
乐山	0.3368	153	固原	0.3214	184	石嘴山	0.3117	215
鞍山	0.3367	154	驻马店	0.3209	185	亳州	0.3114	216

市名	总得分	排名	市名	总得分	排名	市名	总得分	排名
佳木斯	0.3113	217	崇左	0.3051	241	白银	0.2873	265
汕尾	0.3111	218	周口	0.3046	242	鹤岗	0.2871	266
六盘水	0.3104	219	辽阳	0.3046	243	商洛	0.2859	267
河池	0.3104	220	娄底	0.3031	244	阳泉	0.2800	268
白山	0.3103	221	自贡	0.3022	245	定西	0.2793	269
金昌	0.3101	222	松原	0.3017	246	庆阳	0.2788	270
大同	0.3100	223	揭阳	0.3014	247	资阳	0.2782	271
吴忠	0.3098	224	酒泉	0.3005	248	渭南	0.2760	272
保山	0.3096	225	眉山	0.2999	249	内江	0.2760	273
阳江	0.3096	226	鸡西	0.2986	250	朝阳	0.2749	274
宝鸡	0.3090	227	贺州	0.2971	251	锦州	0.2731	275
晋城	0.3085	228	临沧	0.2955	252	白城	0.2726	276
铜川	0.3084	229	中卫	0.2954	253	绥化	0.2721	277
三门峡	0.3083	230	运城	0.2946	254	昭通	0.2710	278
铁岭	0.3075	231	齐齐哈尔	0.2945	255	朔州	0.2707	279
延安	0.3072	232	抚顺	0.2944	256	达州	0.2692	280
双鸭山	0.3071	233	巴中	0.2941	257	吕梁	0.2656	281
宿州	0.3070	234	邵阳	0.2938	258	陇南	0.2618	282
贵港	0.3069	235	平凉	0.2922	259	海东	0.2600	283
濮阳	0.3068	236	七台河	0.2905	260	葫芦岛	0.2507	284
南充	0.3057	237	来宾	0.2904	261	临汾	0.2438	285
赤峰	0.3056	238	四平	0.2892	262	忻州	0.2429	286
毕节	0.3055	239	衡水	0.2880	263			
黑河	0.3055	240	阜新	0.2877	264			

根据这个测度结果，我们作以下分析：

（1）比较 2018 年区域经济高质量发展和 2017 年区域 GDP 排序，发现在 2017 年 GDP 排名前 96 位的城市中（直辖市没有计入），有 62 个城市的 GDP 排序高于其高质量发展排序（见表 4-5）。

表4-5　GDP前100名城市中GDP排序高于高质量发展排序情况

城市	GDP排名	经济高质量发展排名	城市	GDP排名	经济高质量发展排名	城市	GDP排名	经济高质量发展排名
广州	2	4	盐城	34	69	保定	66	86
武汉	4	9	南昌	35	37	聊城	67	136
成都	5	11	淄博	36	57	廊坊	71	97
南京	7	8	泰州	38	56	衡阳	72	124
青岛	8	12	鄂尔多斯	39	60	茂名	73	120
佛山	12	24	济宁	40	50	南阳	74	137
郑州	13	27	临沂	42	73	菏泽	75	135
南通	14	28	洛阳	43	98	湛江	77	106
烟台	16	25	东营	45	72	吉林	79	169
泉州	17	21	南宁	46	62	柳州	81	96
大连	18	23	襄阳	49	155	许昌	83	130
西安	20	22	宜昌	51	103	滨州	84	163
福州	22	26	沧州	53	191	连云港	85	108
唐山	23	93	邯郸	56	132	枣庄	87	167
长春	25	33	泰安	59	92	大庆	89	114
哈尔滨	26	41	包头	60	78	周口	90	242
徐州	27	58	淮安	61	71	咸阳	91	213
石家庄	28	54	榆林	62	208	郴州	94	122
潍坊	29	38	德州	63	156	新乡	95	126
沈阳	30	40	岳阳	64	87	焦作	96	157
扬州	33	53	常德	65	94			

（2）为观察中国286个地级市经济高质量发展情况，我们将所有城市综合总得分绘制成直方图（见图4-1）。

由表4-4和图4-1可知，中国286个地级市经济高质量发展评价平均得分为0.3592分，176个城市得分低于平均水平，其中119个城市（占比约41.61%）得分集中在0.3000~0.3500分，这表明总体经济高质量发展整体水平为一般，有待改善；最高得分是深圳，为0.6027分，15个城市得分超过0.5000分，得分排在前十位的依次是深圳、杭州、苏州、广州、长沙、宁波、无锡、南京、武汉、珠海（十个城市高质量发展总分及分维度分如表4-6所示），得分明显高于平均水平，这十个地级市经济相对发达，其中除长沙、武汉属于中部地区以外，其余八个城市均属于东部地区。排在第一位的得分是排在最后一位的2.48倍；前十位平均得分0.5653分，后十位平均得分0.2608分，前十位平均分是后十位的2.17倍；前50位平均得分0.4811分，后50位平均得分0.2860分，前50位平均分是后50位的1.68倍，这表明本报告分析的中国286个地级市经济高质量发展水平存在较大差异。

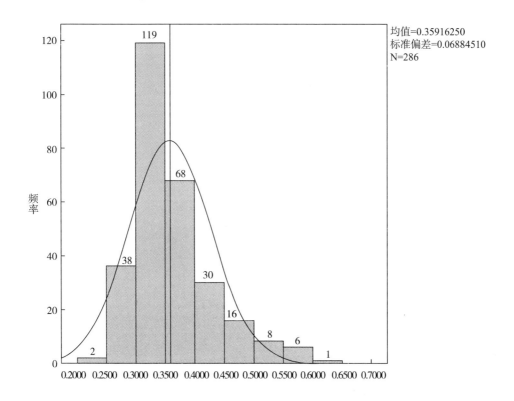

图4-1 中国286个地级市经济高质量发展综合总得分直方图

进一步分析各维度的得分可知，在绿色生态高质量评价中，最高分为0.8345分，最低分为0.3664分，第一位的得分是排在最后一位的2.28倍，前十位平均得分0.7522分，后十位平均得分0.4060分，前十位平均分是后十位的1.85倍；

表4-6　中国286个地级市经济高质量发展前十位城市各维度得分及排名

城市	总得分	排名	绿色生态	排名	社会人文	排名	企业发展	排名	经济效率	排名	开放创新	排名	民生共享	排名
深圳	0.6027	1	0.5426	118	0.7509	1	0.6461	3	0.7206	1	0.4543	5	0.4288	35
杭州	0.5935	2	0.6038	57	0.5479	26	0.6312	4	0.6713	3	0.4289	10	0.6063	2
苏州	0.5885	3	0.4885	192	0.5007	39	0.7436	1	0.6791	2	0.4211	12	0.5994	3
广州	0.5650	4	0.5764	79	0.5652	20	0.5019	14	0.6707	4	0.5144	4	0.4887	18
长沙	0.5594	5	0.5736	82	0.6777	6	0.5638	8	0.6145	44	0.3677	17	0.5570	5
宁波	0.5582	6	0.5696	84	0.6400	10	0.5602	10	0.6360	21	0.3631	18	0.5489	6
无锡	0.5549	7	0.5144	154	0.6781	5	0.6014	5	0.6509	15	0.2988	25	0.5574	4
南京	0.5488	8	0.4860	199	0.6923	3	0.4630	17	0.6629	7	0.4496	6	0.5166	12
武汉	0.5437	9	0.4937	188	0.5944	15	0.5338	12	0.5997	79	0.5163	3	0.4574	24
珠海	0.5383	10	0.5828	74	0.5017	37	0.3408	41	0.6215	34	0.5956	1	0.5389	7

前50位平均得分0.6706分，后50位平均得分0.4365分，前50位平均分是后50位的1.54倍，这表明本报告分析的中国286个地级市绿色生态高质量发展水平存在较大差异。在社会人文高质量评价中，最高分0.7509分，最低分0.0439分，第一位的得分是排在最后一位的17.10倍，前十位平均得分0.6784分，后十位平均得分0.0568分，前十位平均分是后十位的11.94倍；前50位平均得分0.5610分，后50位平均得分0.1019分，前50位平均分是后50位的5.51倍，这表明本报告分析的中国286个地级市社会人文高质量发展水平存在巨大差异，并呈两极分化的局面。在企业发展高质量评价中，最高分0.7436分，最低分0.0832分，第一位的得分是排在最后一位的8.94倍，前十位平均得分0.6137分，后十位平均得分0.1289分，前十位平均分是后十位的4.76倍；前50位平均得分0.4363分，后50位平均得分0.1814分，前50位平均分是后50位的2.41倍，这表明本研究分析的中国286个地级市企业发展高质量发展水平存在很大差异。在经济效率高质量评价中，最高分0.7206分，最低分0.3617分，第一

位的得分是排在最后一位的 1.99 倍，前十位平均得分 0.6720 分，后十位平均得分 0.4372 分，前十位平均分是后十位的 1.54 倍；前 50 位平均得分 0.6371 分，后 50 位平均得分 0.4965 分，前 50 位平均分是后 50 位的 1.28 倍，这表明本报告分析的中国 286 个地级市经济效率高质量发展水平存在较大差异，但总体水平比较接近。在开放创新高质量评价中，最高分 0.5956 分，最低分 0.0062 分，第一位的得分是排在最后一位的 96.06 倍，前十位平均得分 0.4795 分，后十位平均得分 0.0123 分，前十位平均分是后十位的 39.98 倍；前 50 位平均得分 0.3238 分，后 50 位平均得分 0.0230 分，前 50 位平均分是后 50 位的 14.08 倍，这表明本报告分析的中国 286 个地级市开放创新高质量发展水平存在显著差异。在民生共享高质量评价中，最高分 0.6102 分，最低分 0.1837 分，第一位的得分是排在最后一位的 3.32 倍，前十位平均得分 0.5616 分，后十位平均得分 0.2120 分，前十位平均分是后十位的 2.65 倍；前 50 位平均得分 0.4682 分，后 50 位平均得分 0.2415 分，前 50 位平均分是后 50 位的 1.94 倍，这表明本报告分析的中国 286 个地级市民生共享高质量发展水平存在较大差异。

三、中国区域经济高质量发展细分维度分析

对中国 286 个地级市从六个维度的发展展开评价，以便更加明晰各地级市在经济高质量发展不同方面的相对优势和劣势。

（1）绿色生态高质量维度评价。党的十八大以来，以习近平同志为总书记的党中央站在战略和全局的高度，对生态文明建设和生态环境保护提出一系列新思想、新论断、新要求。党中央、国务院高度重视生态文明建设，先后出台了一系列重大决策部署，推动生态文明建设取得了重大进展和积极成效。

坚持绿色发展，必须坚持节约资源和保护环境的基本国策，坚持可持续发展，坚定走生产发展、生活富裕、生态良好的文明发展道路，加快建设资源节约型、环境友好型社会，形成人与自然和谐发展的现代化建设新格局，推进美丽中国建设，为全球生态安全做出新贡献。促进人与自然和谐共生，构建科学合理的城市化格局、农业发展格局、生态安全格局、自然岸线格局，推动建立绿色低碳

循环发展产业体系。加快建设主体功能区，发挥主体功能区作为国土空间开发保护基础制度的作用。推动低碳循环发展，建设清洁低碳、安全高效的现代能源体系，实施近零碳排放区示范工程。全面节约和高效利用资源，树立节约集约循环利用的资源观，建立健全用能权、用水权、排污权、碳排放权初始分配制度，推动形成勤俭节约的社会风尚。加大环境治理力度，以提高环境质量为核心，实行最严格的环境保护制度，深入实施大气、水、土壤污染防治行动计划，实行省以下环保机构监测监察执法垂直管理制度。筑牢生态安全屏障，坚持保护优先、自然恢复为主，实施山水林田湖生态保护和修复工程，开展大规模国土绿化行动，完善天然林保护制度，开展蓝色海湾整治行动。

绿色生态高质量发展是我们评价城市经济高质量发展的重要维度之一。我们共选取了 PM2.5 年均浓度、森林覆盖率、建成区绿化覆盖率（市辖区）、人均公园绿地面积、人均水资源量、一般工业固体废物综合利用率、生活垃圾无害化处理率、污水处理厂集中处理率、单位 GDP 电耗（市辖区）共计 9 个指标（具体数据见附表 4－1 和附表 4－2），综合评价城市绿色生态高质量发展水平。

由图 4－2 可知，中国 286 个地级市绿色生态高质量发展维度平均得分为 0.5366 分，其中 159 个城市（占比约 55.60%）低于平均水平，共计 76 个城市得分在 0.4500～0.4999 区间，63 个城市得分在 0.5000～0.5499 区间，51 个城市得分在 0.5500～0.5999 区间，33 个城市得分在 0.4000～0.4499 区间，31 个城市得分在 0.6000～0.6499 区间，21 个城市得分在 0.6500～0.6999 区间，4 个城市得分在 0.7000～0.7499 区间，3 个城市得分在 0.7500～0.7999 区间，2 个城市得分在 0.8000～0.8499 区间，2 个城市得分在 0.3500～0.3999 区间，表明总体绿色生态发展水平一般，有待提高。

由表 4－7 可知，排在前十位的依次为南平、三明、龙岩、黄山、丽水、丽江、河源、梅州、呼伦贝尔、普洱，其绿色生态高质量评价平均得分为 0.7522。排在后十位的依次为阳泉、乌鲁木齐、长治、临汾、四平、安阳、太原、兰州、嘉峪关、朔州，其绿色生态高质量评价平均得分为 0.4060，排在前十位的绿色生态高质量评价平均得分是排在后十位的 1.85 倍。进一步分析，在 PM2.5 年均浓

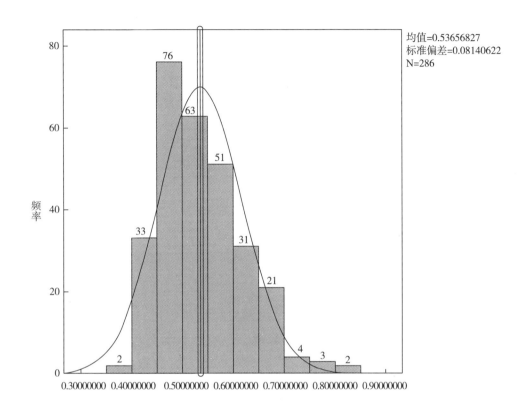

图 4 - 2　中国 286 个地级市绿色生态高质量发展综合得分直方图

度指标中，全国平均水平为 46.36 微克/立方米，156 个城市（约占 54.55%）PM2.5 年均浓度低于平均水平，其中三沙 PM2.5 年均浓度 15.20 微克/立方米，为全国最低；森林覆盖率方面，全国平均森林覆盖率 41.98%，138 个城市（约占 48.25%）森林覆盖率高于平均水平，其中伊春市森林覆盖率 84.40%，位列全国第一；建成区绿化覆盖率，全国平均水平为 39.19%，179 个城市（约占 62.59%）建成区绿化覆盖率在平均水平以上，排名第一的为银川市，建成区绿化覆盖率 57.71%；在人均公园绿地面积指标中，全国 286 个地级市平均为 14.07 平方米，113 个城市（约占 39.51%）人均公园绿地面积大于平均水平，人均公园绿地面积最多的是张掖市的 45.17 平方米；在人均水资源量指标中，全国286个地级市平均为2234.39立方米，84个城市（约占29.37%）人均水资源量高于平均水平，拉萨市人均水资源量18833.9立方米，为全国最多；对于一般工业固体废物综合利用率，全国平均水平为80.16%，同时188个城市（约占65.73%）一般工业固体废物综合利用率高于平均水平，其中齐齐哈尔、张家界、三亚、儋州、眉山、辽源、绥化、漯河、枣庄九市达到了100%；在生活垃圾无害化处理率方面，全国286个城市整体水平较高，平均值为94.80%，221个城市（约占77.27%）生活垃圾无害化处理率高于平均水平，其中有137个城市达到了100%；在污水处理厂集中处理率方面，全国286个城市平均值为88.74%，182个城市（约占63.64%）污水处理厂集中处理率高于平均水平，其中长沙、盘锦、广安、聊城、铁岭、辽阳六市达到了100%；在万元GDP电耗的指标中，全国平均值为1027.68千瓦时/万元，有200个城市（约占69.93%）每万元GDP电耗低于平均值，其中咸阳市每万元GDP仅耗电179.33千瓦时。

表4-7 全国286个地级市绿色生态高质量发展评分

市	得分	排名	市	得分	排名	市	得分	排名
南平	0.8345	1	漳州	0.6859	14	吉安	0.6679	27
三明	0.8087	2	宁德	0.6856	15	保山	0.6662	28
龙岩	0.7890	3	桂林	0.6831	16	惠州	0.6645	29
黄山	0.7743	4	清远	0.6817	17	贺州	0.6578	30
丽水	0.7648	5	三亚	0.6778	18	衢州	0.6483	31
丽江	0.7289	6	河池	0.6737	19	宣城	0.6450	32
河源	0.7102	7	抚州	0.6727	20	张掖	0.6374	33
梅州	0.7085	8	张家界	0.6722	21	福州	0.6368	34
呼伦贝尔	0.7074	9	雅安	0.6700	22	泉州	0.6311	35
普洱	0.6957	10	临沧	0.6694	23	鹰潭	0.6309	36
防城港	0.6940	11	池州	0.6692	24	茂名	0.6293	37
伊春	0.6921	12	拉萨	0.6688	25	儋州	0.6279	38
韶关	0.6874	13	白山	0.6688	26	安顺	0.6240	39

续表

市	得分	排名	市	得分	排名	市	得分	排名
梧州	0.6239	40	潮州	0.5860	72	湘潭	0.5578	104
莆田	0.6234	41	云浮	0.5853	73	绵阳	0.5574	105
郴州	0.6218	42	珠海	0.5828	74	通辽	0.5570	106
永州	0.6218	43	北海	0.5824	75	广安	0.5560	107
新余	0.6207	44	巴中	0.5804	76	榆林	0.5547	108
景德镇	0.6199	45	九江	0.5778	77	盘锦	0.5530	109
赣州	0.6134	46	曲靖	0.5771	78	七台河	0.5513	110
玉林	0.6114	47	广州	0.5764	79	怀化	0.5509	111
汕尾	0.6107	48	牡丹江	0.5754	80	随州	0.5509	112
广元	0.6107	49	厦门	0.5753	81	日照	0.5499	113
阳江	0.6089	50	长沙	0.5736	82	承德	0.5494	114
肇庆	0.6087	51	攀枝花	0.5724	83	邵阳	0.5467	115
株洲	0.6085	52	宁波	0.5696	84	昆明	0.5457	116
安康	0.6079	53	南宁	0.5693	85	湛江	0.5431	117
台州	0.6078	54	毕节	0.5677	86	深圳	0.5426	118
咸宁	0.6068	55	百色	0.5677	87	娄底	0.5418	119
威海	0.6048	56	十堰	0.5674	88	佛山	0.5414	120
杭州	0.6038	57	青岛	0.5673	89	克拉玛依	0.5407	121
江门	0.6033	58	东莞	0.5673	90	宜昌	0.5403	122
金华	0.6019	59	烟台	0.5664	91	泰安	0.5386	123
钦州	0.6018	60	大连	0.5661	92	六安	0.5384	124
柳州	0.6008	61	汕头	0.5653	93	鹤岗	0.5378	125
湖州	0.5996	62	鄂尔多斯	0.5638	94	延安	0.5374	126
萍乡	0.5970	63	安庆	0.5624	95	丹东	0.5371	127
铜仁	0.5953	64	常德	0.5621	96	平凉	0.5354	128
海口	0.5916	65	遵义	0.5615	97	贵阳	0.5349	129
绍兴	0.5905	66	上饶	0.5608	98	抚顺	0.5334	130
益阳	0.5884	67	秦皇岛	0.5599	99	中山	0.5331	131
本溪	0.5883	68	来宾	0.5586	100	定西	0.5321	132
温州	0.5875	69	商洛	0.5583	101	玉溪	0.5296	133
舟山	0.5865	70	汉中	0.5583	102	宜春	0.5290	134
通化	0.5865	71	乌兰察布	0.5581	103	资阳	0.5286	135

市	得分	排名	市	得分	排名	市	得分	排名
铜陵	0.5282	136	西宁	0.5072	168	呼和浩特	0.4852	200
六盘水	0.5281	137	泸州	0.5060	169	武威	0.4848	201
辽源	0.5276	138	连云港	0.5044	170	漯河	0.4838	202
乐山	0.5263	139	济宁	0.5036	171	营口	0.4836	203
遂宁	0.5261	140	芜湖	0.5017	172	黑河	0.4828	204
铜川	0.5248	141	松原	0.5016	173	宜宾	0.4812	205
岳阳	0.5242	142	马鞍山	0.5015	174	金昌	0.4805	206
长春	0.5238	143	莱芜	0.5009	175	许昌	0.4800	207
张家口	0.5212	144	镇江	0.4995	176	聊城	0.4798	208
南通	0.5203	145	嘉兴	0.4987	177	平顶山	0.4795	209
巴彦淖尔	0.5196	146	徐州	0.4973	178	淮北	0.4794	210
南昌	0.5194	147	揭阳	0.4967	179	达州	0.4794	211
黄石	0.5190	148	佳木斯	0.4965	180	三门峡	0.4790	212
临沂	0.5181	149	济南	0.4962	181	廊坊	0.4789	213
哈尔滨	0.5171	150	阜新	0.4960	182	德阳	0.4776	214
衡阳	0.5170	151	内江	0.4959	183	淮安	0.4772	215
贵港	0.5162	152	成都	0.4958	184	锦州	0.4772	216
荆门	0.5159	153	绥化	0.4952	185	鹤壁	0.4765	217
无锡	0.5144	154	枣庄	0.4947	186	酒泉	0.4758	218
双鸭山	0.5141	155	朝阳	0.4940	187	晋城	0.4756	219
眉山	0.5129	156	武汉	0.4937	188	亳州	0.4732	220
常州	0.5129	157	东营	0.4917	189	德州	0.4730	221
南充	0.5117	158	黄冈	0.4903	190	乌海	0.4727	222
崇左	0.5116	159	天水	0.4886	191	大同	0.4698	223
盐城	0.5110	160	苏州	0.4885	192	晋中	0.4697	224
葫芦岛	0.5105	161	信阳	0.4883	193	白城	0.4694	225
赤峰	0.5103	162	西安	0.4881	194	菏泽	0.4693	226
吉林	0.5093	163	沈阳	0.4880	195	蚌埠	0.4690	227
扬州	0.5091	164	固原	0.4879	196	银川	0.4687	228
淄博	0.5084	165	宿迁	0.4865	197	唐山	0.4684	229
宝鸡	0.5080	166	鞍山	0.4864	198	泰州	0.4675	230
潍坊	0.5076	167	南京	0.4860	199	石家庄	0.4667	231

续表

市	得分	排名	市	得分	排名	市	得分	排名
齐齐哈尔	0.4645	232	滁州	0.4507	251	荆州	0.4329	270
商丘	0.4631	233	大庆	0.4495	252	阜阳	0.4327	271
南阳	0.4628	234	宿州	0.4485	253	邢台	0.4302	272
孝感	0.4626	235	洛阳	0.4469	254	石嘴山	0.4285	273
郑州	0.4607	236	白银	0.4458	255	焦作	0.4274	274
驻马店	0.4601	237	濮阳	0.4454	256	忻州	0.4232	275
襄阳	0.4583	238	滨州	0.4453	257	保定	0.4215	276
铁岭	0.4582	239	陇南	0.4440	258	朔州	0.4208	277
海东	0.4582	240	咸阳	0.4428	259	嘉峪关	0.4173	278
合肥	0.4572	241	沧州	0.4426	260	兰州	0.4158	279
周口	0.4557	242	包头	0.4409	261	太原	0.4137	280
庆阳	0.4555	243	运城	0.4400	262	安阳	0.4100	281
昭通	0.4546	244	开封	0.4399	263	四平	0.4088	282
鸡西	0.4534	245	新乡	0.4383	264	临汾	0.4081	283
辽阳	0.4527	246	中卫	0.4367	265	长治	0.4073	284
自贡	0.4520	247	衡水	0.4362	266	乌鲁木齐	0.3914	285
淮南	0.4514	248	吴忠	0.4351	267	阳泉	0.3664	286
渭南	0.4514	249	吕梁	0.4342	268			
鄂州	0.4511	250	邯郸	0.4336	269			

中国 286 个地级市绿色生态高质量评价平均得分为 0.5366，其中东部、中部、西部地区绿色生态高质量评价平均得分分别为 0.5554、0.5152、0.5397。这表明东部地区略优于中部和西部地区，中部地区评价得分低于全国平均值。

由图 4 - 3 可知，东部地区城市整体排名靠前，前 100 名城市中有 44 个，101～200 名中有 37 个，均高于中部和西部地区；而中部地区有 45 个城市排在后 86 名，说明中部地区城市绿色生态高质量发展情况较差。

（2）社会人文高质量维度评价。我们选取了城镇化率（%）、人口自然增长率（%）、万人拥有图书馆藏书量（册）、政府城市认可度、社会城市认可度共计 5 个指标（具体数据见附表 4 - 1、附表 4 - 2），综合评价城市社会人文高质量发展水平。

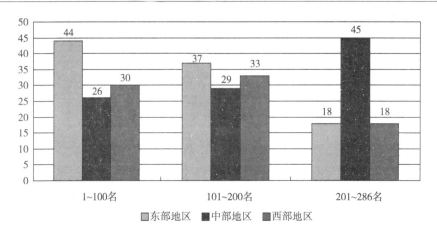

图4-3　中国286个地级市绿色生态高质量维度排名东、中、西部分布情况

由图4-4可知，中国286个地级市社会人文高质量发展维度平均得分为0.3050分，其中161个城市（占比约56.29%）低于平均水平，共计70个城市得分在0.2000~0.2999区间，69个城市得分在0.1000~0.1999区间，48个城市得分在0.3000~0.3999区间，40个城市得分在0.4000~0.4999区间，25个城市得分在0.5000~0.5999区间，20个城市得分在0.0000~0.0999区间，13个城市得分在0.6000~0.6999区间，1个城市得分在0.8000~0.8999区间，表明总体社会人文发展水平较低，亟待提高。

由表4-8可知，排在前十位的依次是深圳、东莞、南京、中山、无锡、长沙、佛山、烟台、青岛、宁波，其社会人文高质量评价平均得分为0.6784。排名前十位的城市除长沙属于中部地区外，其余九市均属于东部地区。位列第一的深圳社会人文高质量评价得分0.7509，在细分的社会人文高质量五个评价指标中，其在城镇化率、社会城市认定指标中排名第一，人口自然增长率指标排名第三，万人拥有图书馆藏书量指标排名第四，政府城市认定指标排名第25。排在后十位的依次为资阳、绥化、白城、达州、朝阳、内江、昭通、海东、河池、邵阳，其社会人文高质量评价平均得分为0.0568，排在前十位的社会人文高质量评价平均得分是排在后十位的11.94倍，这表明各地级市社会人文高质量发展水平存在较大差异。

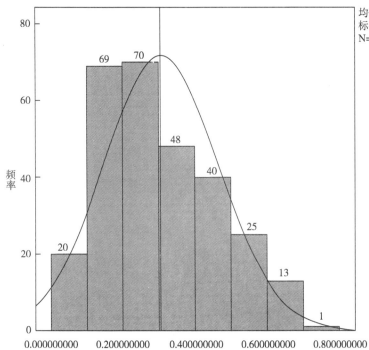

均值=0.305011785
标准偏差=0.159795538
N=286

图4-4　中国 286 个地级市社会人文高质量发展综合得分直方图

表4-8　全国 286 个地级市社会人文高质量发展评分

市	得分	排名	市	得分	排名	市	得分	排名
深圳	0.7509	1	南通	0.6123	13	郑州	0.5516	25
东莞	0.6934	2	合肥	0.6038	14	杭州	0.5479	26
南京	0.6923	3	武汉	0.5944	15	包头	0.5473	27
中山	0.6818	4	厦门	0.5850	16	徐州	0.5402	28
无锡	0.6781	5	海口	0.5758	17	镇江	0.5258	29
长沙	0.6777	6	成都	0.5684	18	鄂尔多斯	0.5196	30
佛山	0.6709	7	大连	0.5681	19	温州	0.5186	31
烟台	0.6522	8	广州	0.5652	20	南昌	0.5180	32
青岛	0.6467	9	哈尔滨	0.5648	21	福州	0.5170	33
宁波	0.6400	10	株洲	0.5560	22	贵阳	0.5154	34
济南	0.6354	11	长春	0.5559	23	遵义	0.5074	35
沈阳	0.6155	12	泉州	0.5517	24	西安	0.5033	36

续表

市	得分	排名	市	得分	排名	市	得分	排名
珠海	0.5017	37	太原	0.4251	69	黄山	0.3617	101
嘉兴	0.5007	38	汕头	0.4221	70	菏泽	0.3602	102
苏州	0.5007	39	上饶	0.4205	71	石家庄	0.3589	103
洛阳	0.4895	40	惠州	0.4200	72	衡阳	0.3522	104
绍兴	0.4877	41	南阳	0.4175	73	扬州	0.3498	105
保定	0.4867	42	银川	0.4155	74	济宁	0.3497	106
呼和浩特	0.4863	43	江门	0.4124	75	曲靖	0.3457	107
盐城	0.4841	44	北海	0.4101	76	安庆	0.3456	108
岳阳	0.4832	45	大庆	0.4084	77	泰安	0.3445	109
乌鲁木齐	0.4812	46	连云港	0.4076	78	泰州	0.3444	110
桂林	0.4788	47	黄冈	0.4031	79	湖州	0.3441	111
淄博	0.4760	48	常州	0.3996	80	宁德	0.3409	112
南宁	0.4729	49	铜陵	0.3978	81	开封	0.3400	113
湛江	0.4728	50	九江	0.3969	82	廊坊	0.3357	114
临沂	0.4717	51	常德	0.3964	83	荆州	0.3356	115
克拉玛依	0.4713	52	柳州	0.3950	84	景德镇	0.3346	116
金华	0.4694	53	蚌埠	0.3944	85	咸阳	0.3296	117
兰州	0.4678	54	三明	0.3899	86	宝鸡	0.3253	118
威海	0.4648	55	芜湖	0.3899	87	大同	0.3185	119
肇庆	0.4644	56	延安	0.3862	88	绵阳	0.3174	120
宿迁	0.4627	57	东营	0.3838	89	乐山	0.3171	121
潍坊	0.4598	58	台州	0.3830	90	宜宾	0.3154	122
湘潭	0.4537	59	丽水	0.3812	91	汉中	0.3124	123
昆明	0.4530	60	邯郸	0.3792	92	日照	0.3099	124
西宁	0.4522	61	鞍山	0.3720	93	广安	0.3088	125
莆田	0.4501	62	信阳	0.3694	94	潮州	0.3046	126
秦皇岛	0.4484	63	三亚	0.3682	95	舟山	0.3038	127
新乡	0.4468	64	漳州	0.3678	96	承德	0.2982	128
许昌	0.4441	65	赣州	0.3671	97	张掖	0.2979	129
唐山	0.4327	66	长治	0.3657	98	韶关	0.2972	130
淮安	0.4311	67	茂名	0.3656	99	焦作	0.2966	131
德阳	0.4275	68	阜阳	0.3638	100	安阳	0.2949	132

市	得分	排名	市	得分	排名	市	得分	排名
嘉峪关	0.2941	133	聊城	0.2427	165	辽源	0.2003	197
龙岩	0.2919	134	铜川	0.2414	166	揭阳	0.1994	198
驻马店	0.2905	135	漯河	0.2413	167	周口	0.1990	199
吉林	0.2882	136	石嘴山	0.2377	168	松原	0.1985	200
通辽	0.2874	137	淮北	0.2364	169	抚州	0.1971	201
安顺	0.2861	138	六盘水	0.2362	170	庆阳	0.1966	202
濮阳	0.2853	139	通化	0.2349	171	攀枝花	0.1938	203
拉萨	0.2846	140	四平	0.2336	172	临汾	0.1890	204
鹤壁	0.2837	141	晋城	0.2336	173	本溪	0.1876	205
商丘	0.2805	142	乌海	0.2324	174	渭南	0.1867	206
十堰	0.2797	143	伊春	0.2315	175	吴忠	0.1862	207
丽江	0.2794	144	沧州	0.2309	176	梧州	0.1849	208
吉安	0.2784	145	邢台	0.2304	177	商洛	0.1846	209
六安	0.2782	146	安康	0.2296	178	平顶山	0.1845	210
呼伦贝尔	0.2738	147	毕节	0.2288	179	德州	0.1842	211
玉溪	0.2734	148	郴州	0.2281	180	铁岭	0.1827	212
宜昌	0.2716	149	黄石	0.2256	181	百色	0.1815	213
宜春	0.2711	150	枣庄	0.2240	182	营口	0.1792	214
泸州	0.2708	151	宣城	0.2230	183	怀化	0.1772	215
牡丹江	0.2682	152	金昌	0.2214	184	运城	0.1763	216
天水	0.2666	153	淮南	0.2185	185	钦州	0.1763	217
南平	0.2639	154	遂宁	0.2180	186	荆门	0.1729	218
滁州	0.2619	155	莱芜	0.2180	187	三门峡	0.1718	219
盘锦	0.2589	156	新余	0.2156	188	鄂州	0.1716	220
襄阳	0.2583	157	鹰潭	0.2151	189	池州	0.1691	221
榆林	0.2563	158	清远	0.2113	190	黑河	0.1641	222
马鞍山	0.2539	159	梅州	0.2080	191	随州	0.1639	223
张家界	0.2520	160	河源	0.2068	192	阳泉	0.1636	224
孝感	0.2516	161	衢州	0.2056	193	阳江	0.1634	225
铜仁	0.2505	162	萍乡	0.2048	194	赤峰	0.1624	226
张家口	0.2463	163	玉林	0.2046	195	亳州	0.1614	227
咸宁	0.2430	164	南充	0.2038	196	益阳	0.1612	228

续表

市	得分	排名	市	得分	排名	市	得分	排名
永州	0.1588	229	酒泉	0.1229	249	崇左	0.0923	269
儋州	0.1568	230	贵港	0.1214	250	平凉	0.0890	270
滨州	0.1554	231	晋中	0.1186	251	临沧	0.0888	271
抚顺	0.1550	232	乌兰察布	0.1174	252	吕梁	0.0867	272
葫芦岛	0.1508	233	武威	0.1166	253	巴中	0.0809	273
自贡	0.1507	234	白银	0.1159	254	锦州	0.0767	274
双鸭山	0.1496	235	巴彦淖尔	0.1136	255	定西	0.0757	275
佳木斯	0.1493	236	雅安	0.1133	256	陇南	0.0757	276
朔州	0.1491	237	辽阳	0.1132	257	邵阳	0.0690	277
防城港	0.1446	238	普洱	0.1131	258	河池	0.0672	278
白山	0.1442	239	衡水	0.1110	259	海东	0.0604	279
贺州	0.1427	240	眉山	0.1106	260	昭通	0.0600	280
七台河	0.1410	241	丹东	0.1105	261	内江	0.0579	281
鹤岗	0.1396	242	鸡西	0.1079	262	朝阳	0.0556	282
广元	0.1385	243	来宾	0.1066	263	达州	0.0546	283
云浮	0.1315	244	保山	0.1063	264	白城	0.0507	284
娄底	0.1288	245	忻州	0.1033	265	绥化	0.0485	285
齐齐哈尔	0.1271	246	汕尾	0.1017	266	资阳	0.0439	286
中卫	0.1262	247	阜新	0.0997	267			
宿州	0.1252	248	固原	0.0984	268			

对每一个评价指标进行进一步分析，全国 286 个城市城镇化率平均值为 55.99%，128 个城市（约占 44.76%）城镇化率高于平均值，其中深圳市城镇化率为 100%；全国 286 个城市的人口自然增长率平均值为 0.770%，140 个城市（约占 48.95%）人口自然增长率高于平均值，其中清远市人口自然增长率达到 3.109%；万人拥有图书馆藏书量指标中，全国平均值为 6410 册，其中 83 个城市（约占 29.02%）万人拥有图书馆藏书量高于平均值，鄂尔多斯市每万人拥有图书馆藏书 134340 册，高居第一；在政府城市认可度指标中，全国城市的平均得分为 2.18 分，其中 126 个城市（约占 44.06%）得分高于全国平均值，其中成

都以 5.99 分名列第一。在社会城市认可度指标中，全国城市的平均得分为 0.99 分，其中 114 个城市（约占 39.86%）得分高于全国平均值，其中深圳以 3.15 分名列第一。

由图 4－5 可知，东部地区城市整体排名靠前，前 100 名城市中有 54 个，远高于中部和西部地区。中国 286 个地级市社会人文高质量评价平均得分为 0.3050，东部地区社会人文高质量评价平均得分为 0.3796，中部地区社会人文高质量评价平均得分为 0.2799，西部地区社会人文高质量评价平均得分为 0.2490，中、西部地区社会人文高质量评价平均得分均低于全国平均得分。这表明东部地区社会人文高质量明显优于中部和西部地区，中部、西部地区社会人文高质量发展相差不大，中部地区略优于西部地区。

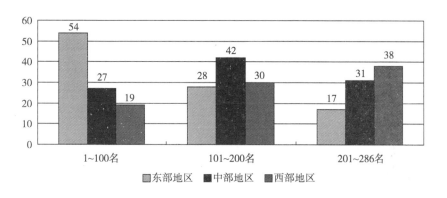

图 4－5 中国 286 个地级市社会人文高质量维度排名东、中、西部分布情况

（3）企业发展高质量维度评价。随着我国社会主义市场经济体制的逐步完善，企业作为市场竞争的主体对经济社会发展的影响和带动作用已经日益突出。企业是社会产品和服务的创造主体，也是地方经济社会发展的主要支撑。城市经济高质量发展需要加强经济建设，经济建设应该紧紧围绕企业发展这个核心。这就要求城市地方政府为企业提供全方位、宽领域、高质量、快捷高效的服务，以促进企业加快发展。企业也是提高城市竞争力的主要力量。企业发展在此次区域经济高质量发展评价中拥有最高的权重。我们共选取了 500 强企业及中国最具价值 500 品牌数量、企业产品质量监督检查合格率、地理标志及驰名商标数量、单

位工业产值污染物排放量、中国质量奖企业数量、高质量产业集群数量共计6个指标（具体数据见附表4－1、附表4－2），综合评价城市社会人文高质量发展水平。

由图4－6可知，中国286个地级市企业发展高质量发展维度平均得分为0.2645分，其中192个城市（占比约67.13%）低于平均水平，共计135个城市得分在0.2000～0.2499区间，64个城市得分在0.2500～0.2999区间，24个城市得分在0.1500～0.1999区间，19个城市得分在0.3000～0.3499区间，13个城市得分在0.3500～0.3999区间，7个城市得分在0.1000～0.1499区间，5个城市得分在0.4000～0.4499区间，5个城市得分在0.5500～0.5999区间，4个城市得分在0.4500～0.4999区间，4个城市得分在0.5000～0.5499区间，3个城市得分在0.6000～0.6499区间，1个城市得分在0.6500～0.6999区间，1个城市得分在0.7000～0.7499区间，1个城市得分在0.0500～0.0999区间，表明城市之间发展水平差异较大，总体企业发展水平较低，亟待提高。

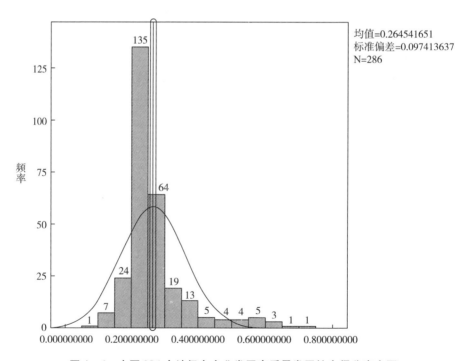

图4－6　中国286个地级市企业发展高质量发展综合得分直方图

表 4 - 9　全国 286 个地级市企业发展高质量发展评分

市	得分	排名	市	得分	排名	市	得分	排名
苏州	0.7436	1	福州	0.3682	32	唐山	0.2902	63
成都	0.6518	2	淄博	0.3668	33	镇江	0.2856	64
深圳	0.6461	3	淮安	0.3556	34	常德	0.2853	65
杭州	0.6312	4	聊城	0.3516	35	芜湖	0.2836	66
无锡	0.6014	5	昆明	0.3514	36	营口	0.2826	67
青岛	0.5911	6	抚州	0.3484	37	柳州	0.2825	68
济宁	0.5871	7	漳州	0.3446	38	益阳	0.2822	69
长沙	0.5638	8	湖州	0.3439	39	宁德	0.2819	70
常州	0.5605	9	东莞	0.3431	40	咸宁	0.2819	71
宁波	0.5602	10	珠海	0.3408	41	连云港	0.2806	72
温州	0.5459	11	沈阳	0.3392	42	泰安	0.2801	73
武汉	0.5338	12	厦门	0.3364	43	荆州	0.2787	74
潍坊	0.5183	13	台州	0.3360	44	本溪	0.2774	75
广州	0.5019	14	德州	0.3318	45	菏泽	0.2768	76
泉州	0.4953	15	保定	0.3289	46	吉安	0.2756	77
佛山	0.4631	16	长春	0.3218	47	乐山	0.2749	78
南京	0.4630	17	湘潭	0.3207	48	泸州	0.2734	79
烟台	0.4616	18	威海	0.3207	49	赣州	0.2729	80
株洲	0.4452	19	鞍山	0.3205	50	随州	0.2720	81
绍兴	0.4451	20	襄阳	0.3156	51	遵义	0.2716	82
合肥	0.4269	21	邯郸	0.3143	52	怀化	0.2711	83
邢台	0.4234	22	盐城	0.3110	53	金华	0.2699	84
石家庄	0.4105	23	呼和浩特	0.3046	54	荆门	0.2684	85
泰州	0.3967	24	南阳	0.3040	55	周口	0.2676	86
大连	0.3934	25	六安	0.2996	56	永州	0.2673	87
扬州	0.3899	26	岳阳	0.2967	57	德阳	0.2673	88
济南	0.3871	27	西安	0.2952	58	郴州	0.2671	89
中山	0.3843	28	哈尔滨	0.2952	59	南平	0.2664	90
临沂	0.3761	29	徐州	0.2949	60	安庆	0.2660	91
宜昌	0.3753	30	东营	0.2916	61	江门	0.2657	92
南通	0.3730	31	韶关	0.2907	62	十堰	0.2654	93

市	得分	排名	市	得分	排名	市	得分	排名
辽源	0.2654	94	海口	0.2422	126	雅安	0.2242	158
丹东	0.2644	95	中卫	0.2421	127	宜宾	0.2234	159
枣庄	0.2637	96	湛江	0.2406	128	包头	0.2232	160
清远	0.2635	97	衡阳	0.2393	129	九江	0.2230	161
嘉兴	0.2624	98	广元	0.2392	130	铜仁	0.2229	162
滨州	0.2623	99	舟山	0.2381	131	榆林	0.2228	163
宜春	0.2621	100	银川	0.2361	132	松原	0.2222	164
商丘	0.2611	101	黄冈	0.2357	133	运城	0.2210	165
张家界	0.2603	102	洛阳	0.2348	134	莱芜	0.2209	166
惠州	0.2597	103	天水	0.2348	135	漯河	0.2208	167
龙岩	0.2589	104	孝感	0.2348	136	庆阳	0.2207	168
郑州	0.2588	105	廊坊	0.2344	137	阜阳	0.2206	169
三明	0.2583	106	通化	0.2342	138	乌兰察布	0.2206	170
丽水	0.2568	107	邵阳	0.2338	139	达州	0.2205	171
鹰潭	0.2566	108	绵阳	0.2323	140	鄂尔多斯	0.2203	172
萍乡	0.2565	109	曲靖	0.2315	141	巴彦淖尔	0.2201	173
乌鲁木齐	0.2562	110	太原	0.2303	142	佳木斯	0.2201	174
拉萨	0.2561	111	宣城	0.2300	143	安康	0.2199	175
桂林	0.2559	112	黄石	0.2300	144	遂宁	0.2195	176
新余	0.2554	113	南昌	0.2300	145	潮州	0.2192	177
攀枝花	0.2553	114	汉中	0.2299	146	铜陵	0.2186	178
西宁	0.2553	115	汕头	0.2296	147	长治	0.2185	179
信阳	0.2540	116	贵阳	0.2289	148	自贡	0.2180	180
莆田	0.2538	117	新乡	0.2285	149	武威	0.2180	181
宿迁	0.2527	118	承德	0.2280	150	阳江	0.2177	182
鄂州	0.2513	119	巴中	0.2279	151	商洛	0.2175	183
梅州	0.2497	120	白城	0.2278	152	平凉	0.2172	184
眉山	0.2496	121	宝鸡	0.2270	153	衢州	0.2172	185
景德镇	0.2492	122	平顶山	0.2260	154	抚顺	0.2171	186
黄山	0.2492	123	齐齐哈尔	0.2258	155	海东	0.2169	187
日照	0.2453	124	沧州	0.2256	156	蚌埠	0.2167	188
焦作	0.2428	125	广安	0.2248	157	南宁	0.2166	189

市	得分	排名	市	得分	排名	市	得分	排名
贺州	0.2166	190	淮南	0.2099	223	濮阳	0.1973	256
吕梁	0.2165	191	伊春	0.2097	224	双鸭山	0.1958	257
南充	0.2163	192	辽阳	0.2095	225	赤峰	0.1949	258
安顺	0.2161	193	百色	0.2092	226	普洱	0.1948	259
肇庆	0.2157	194	阜新	0.2092	227	渭南	0.1942	260
娄底	0.2156	195	北海	0.2091	228	吉林	0.1939	261
资阳	0.2155	196	玉溪	0.2090	229	阳泉	0.1938	262
固原	0.2154	197	钦州	0.2084	230	临沧	0.1915	263
昭通	0.2151	198	淮北	0.2084	231	玉林	0.1913	264
池州	0.2150	199	黑河	0.2079	232	临汾	0.1884	265
张家口	0.2147	200	大庆	0.2078	233	定西	0.1862	266
朝阳	0.2136	201	牡丹江	0.2077	234	茂名	0.1859	267
铜川	0.2135	202	许昌	0.2076	235	内江	0.1850	268
白银	0.2132	203	克拉玛依	0.2075	236	宿州	0.1847	269
三亚	0.2132	204	开封	0.2061	237	葫芦岛	0.1805	270
安阳	0.2131	205	云浮	0.2060	238	通辽	0.1780	271
汕尾	0.2131	206	吴忠	0.2056	239	贵港	0.1759	272
驻马店	0.2128	207	马鞍山	0.2055	240	绥化	0.1753	273
兰州	0.2128	208	晋城	0.2053	241	酒泉	0.1745	274
锦州	0.2126	209	崇左	0.2053	242	三门峡	0.1739	275
呼伦贝尔	0.2125	210	滁州	0.2051	243	毕节	0.1734	276
河池	0.2121	211	晋中	0.2044	244	河源	0.1670	277
上饶	0.2114	212	铁岭	0.2043	245	朔州	0.1627	278
梧州	0.2114	213	咸阳	0.2040	246	忻州	0.1498	279
鸡西	0.2113	214	揭阳	0.2038	247	亳州	0.1458	280
防城港	0.2113	215	衡水	0.2038	248	延安	0.1370	281
石嘴山	0.2110	216	四平	0.2036	249	白山	0.1187	282
六盘水	0.2107	217	盘锦	0.2028	250	张掖	0.1125	283
丽江	0.2107	218	大同	0.2025	251	金昌	0.1098	284
保山	0.2103	219	七台河	0.2022	252	嘉峪关	0.1026	285
乌海	0.2103	220	陇南	0.2021	253	鹤岗	0.0832	286
鹤壁	0.2102	221	秦皇岛	0.2013	254			
儋州	0.2099	222	来宾	0.1975	255			

由表4-9可知，排在前十位的依次是苏州、成都、深圳、杭州、无锡、青岛、济宁、长沙、常州、宁波，其企业发展高质量评价平均得分为0.6137。排名前十位的城市除成都属于西部地区、长沙属于中部地区外，其余八市均属于东部地区。苏州在高质量产业集群数量指标中排名第一、中国质量奖企业数量排名第二、500强企业及中国500品牌最具价值数量排名第四，最终以0.7436分综合得分排名第一。排在后十位的依次为鹤岗、嘉峪关、金昌、张掖、白山、延安、亳州、沂州、朔州、河源，其企业发展高质量评价平均得分为0.1289。排在前十位的企业发展高质量评价平均得分是排在后十位的4.76倍，这表明各地级市企业发展高质量发展存在较大差异。

对六个评价指标分别进一步分析，杭州市拥有最多的500强企业及中国500最具价值品牌数量；全国286个城市企业产品质量监督检查合格率较高，平均值为90.98%，205个城市（约占71.68%）企业产品质量监督检查合格率高于平均值，其中有150个城市企业产品质量监督检查合格率为100%；全国286个城市驰名商标地理标志平均数为23，潍坊市以156个名列第一；在单位工业产值污染物排放量方面，全国286个城市单位工业产值污染物排放量平均值为2.51吨/万元，绵阳市每万元工业产值污染物排放量最少为0.10吨；成都市拥有7个中国质量奖企业数量排名第一；苏州市有5个高质量产业集群名列第一。

由图4-7可知，东部地区城市整体排名靠前，前100名城市中有61个，远高于中部和西部地区；中部地区城市排名在三档排名中分布较为平均，西部地区城市排名集中于后两档。中国286个地级市企业发展高质量评价平均得分0.2645，东部、中部、西部地区企业发展高质量评价平均得分依次为0.3211、0.2446、0.2231，这表明东部地区企业发展高质量明显优于中部和西部地区，中部地区企业发展高质量状况最差。

（4）经济效率高质量维度评价。我们共选取了在岗职工劳动生产率、投资产出率、GDP增长率、城镇登记失业率、通货膨胀率、GDP增长波动率、公共财政收入增长率、第三产业占GDP比重共计8个指标（具体数据见附表4-1、附表4-2），综合评价城市经济效率高质量发展水平。

由图4-8可知，中国286个地级市经济效率高质量发展维度平均得分为

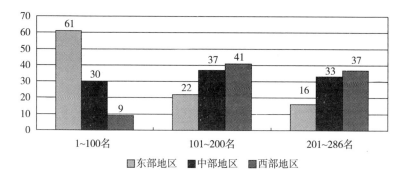

图 4 - 7 中国 286 个地级市企业发展高质量维度排名东、中、西部分布情况

0. 5702 分，其中 140 个城市（占比约 48. 95%）低于平均水平，共计 122 个城市得分在 0. 5500 ~ 0. 5999 区间，69 个城市得分在 0. 5000 ~ 0. 5499 区间，61 个城市得分在 0. 6000 ~ 0. 6499 区间，15 个城市得分在 0. 6500 ~ 0. 6999 区间，14 个城市得分在 0. 4500 ~ 0. 4999 区间，2 个城市得分在 0. 4000 ~ 0. 4499 区间，2 个城市得分在 0. 3500 ~ 0. 3999 区间，1 个城市得分在 0. 7000 ~ 0. 7499 区间，表明各城市之间发展水平总体较高，发展较为均衡。

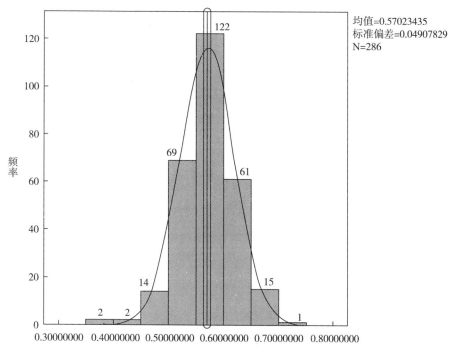

图 4 - 8 中国 286 个地级市经济效率高质量发展综合得分直方图

表4-10 全国286个地级市经济效率高质量发展评分

市	得分	排名	市	得分	排名	市	得分	排名
深圳	0.7206	1	张掖	0.6217	33	荆州	0.6050	65
苏州	0.6791	2	珠海	0.6215	34	临沂	0.6050	66
杭州	0.6713	3	鄂尔多斯	0.6209	35	扬州	0.6046	67
广州	0.6707	4	乌鲁木齐	0.6205	36	白银	0.6045	68
大连	0.6693	5	丽水	0.6183	37	青岛	0.6030	69
贵港	0.6683	6	济南	0.6170	38	三明	0.6029	70
南京	0.6629	7	乌海	0.6164	39	铁岭	0.6023	71
温州	0.6627	8	郑州	0.6161	40	昆明	0.6018	72
儋州	0.6578	9	镇江	0.6151	41	安庆	0.6018	73
台州	0.6575	10	黄冈	0.6149	42	秦皇岛	0.6017	74
固原	0.6571	11	佛山	0.6149	43	茂名	0.6004	75
东莞	0.6550	12	长沙	0.6145	44	惠州	0.6002	76
呼和浩特	0.6542	13	漳州	0.6143	45	武威	0.6000	77
廊坊	0.6519	14	北海	0.6141	46	福州	0.5999	78
无锡	0.6509	15	陇南	0.6136	47	武汉	0.5997	79
海口	0.6502	16	衢州	0.6126	48	绍兴	0.5990	80
泉州	0.6470	17	三亚	0.6124	49	洛阳	0.5986	81
金华	0.6437	18	蚌埠	0.6118	50	辽阳	0.5980	82
张家界	0.6421	19	舟山	0.6112	51	安顺	0.5979	83
兰州	0.6416	20	河池	0.6109	52	贵阳	0.5975	84
宁波	0.6360	21	滨州	0.6106	53	荆门	0.5971	85
嘉峪关	0.6348	22	天水	0.6104	54	滁州	0.5958	86
包头	0.6333	23	南宁	0.6097	55	清远	0.5956	87
常州	0.6308	24	泰州	0.6097	56	亳州	0.5949	88
威海	0.6302	25	日照	0.6094	57	宿迁	0.5947	89
铜陵	0.6294	26	西安	0.6093	58	龙岩	0.5941	90
宿州	0.6279	27	太原	0.6090	59	常德	0.5925	91
吴忠	0.6270	28	厦门	0.6090	60	韶关	0.5922	92
牡丹江	0.6267	29	防城港	0.6089	61	百色	0.5921	93
湖州	0.6260	30	嘉兴	0.6070	62	漯河	0.5918	94
玉溪	0.6257	31	鄂州	0.6060	63	石家庄	0.5915	95
中山	0.6242	32	阜阳	0.6057	64	南通	0.5911	96

续表

市	得分	排名	市	得分	排名	市	得分	排名
淮南	0.5910	97	开封	0.5770	129	克拉玛依	0.5643	161
铜仁	0.5903	98	潍坊	0.5769	130	鹤壁	0.5640	162
汕头	0.5903	99	永州	0.5764	131	信阳	0.5638	163
宣城	0.5901	100	梅州	0.5762	132	昭通	0.5636	164
东营	0.5895	101	广安	0.5760	133	巴彦淖尔	0.5622	165
烟台	0.5890	102	德阳	0.5760	134	湛江	0.5621	166
保山	0.5889	103	黑河	0.5756	135	揭阳	0.5604	167
佳木斯	0.5878	104	济宁	0.5754	136	宜宾	0.5589	168
莆田	0.5873	105	德州	0.5750	137	六盘水	0.5588	169
沧州	0.5871	106	云浮	0.5747	138	安康	0.5574	170
芜湖	0.5867	107	成都	0.5743	139	许昌	0.5571	171
晋中	0.5863	108	大庆	0.5740	140	湘潭	0.5569	172
潮州	0.5856	109	淮安	0.5739	141	吉安	0.5569	173
河源	0.5855	110	郴州	0.5732	142	邯郸	0.5568	174
徐州	0.5854	111	梧州	0.5719	143	松原	0.5565	175
江门	0.5850	112	黄山	0.5716	144	中卫	0.5563	176
咸宁	0.5846	113	张家口	0.5711	145	银川	0.5562	177
呼伦贝尔	0.5846	114	赤峰	0.5709	146	丹东	0.5560	178
普洱	0.5842	115	酒泉	0.5700	147	钦州	0.5559	179
驻马店	0.5841	116	怀化	0.5697	148	赣州	0.5555	180
淄博	0.5841	117	保定	0.5692	149	汕尾	0.5554	181
莱芜	0.5839	118	株洲	0.5687	150	玉林	0.5552	182
泰安	0.5839	119	合肥	0.5683	151	上饶	0.5552	183
菏泽	0.5838	120	鸡西	0.5683	152	运城	0.5548	184
长春	0.5835	121	新余	0.5682	153	鹤岗	0.5543	185
岳阳	0.5829	122	十堰	0.5681	154	三门峡	0.5536	186
遵义	0.5828	123	商丘	0.5672	155	绥化	0.5535	187
晋城	0.5823	124	通辽	0.5660	156	盐城	0.5535	188
平顶山	0.5787	125	乌兰察布	0.5660	157	毕节	0.5531	189
衡水	0.5786	126	自贡	0.5657	158	定西	0.5531	190
枣庄	0.5783	127	金昌	0.5650	159	遂宁	0.5530	191
安阳	0.5772	128	聊城	0.5645	160	娄底	0.5527	192

市	得分	排名	市	得分	排名	市	得分	排名
双鸭山	0.5525	193	景德镇	0.5374	225	四平	0.5118	257
平凉	0.5523	194	抚州	0.5366	226	七台河	0.5115	258
黄石	0.5523	195	临沧	0.5364	227	忻州	0.5110	259
汉中	0.5519	196	朝阳	0.5357	228	营口	0.5109	260
白山	0.5518	197	沈阳	0.5352	229	庆阳	0.5102	261
唐山	0.5512	198	南阳	0.5350	230	榆林	0.5077	262
益阳	0.5507	199	吉林	0.5347	231	阜新	0.5047	263
乐山	0.5497	200	内江	0.5337	232	六安	0.5031	264
绵阳	0.5497	201	新乡	0.5333	233	淮北	0.5023	265
长治	0.5494	202	泸州	0.5327	234	咸阳	0.5008	266
邵阳	0.5493	203	巴中	0.5327	235	海东	0.5004	267
哈尔滨	0.5486	204	宜昌	0.5323	236	连云港	0.5003	268
拉萨	0.5483	205	萍乡	0.5319	237	承德	0.4996	269
柳州	0.5477	206	来宾	0.5316	238	伊春	0.4993	270
石嘴山	0.5472	207	白城	0.5310	239	本溪	0.4933	271
南平	0.5472	208	吕梁	0.5300	240	池州	0.4903	272
南昌	0.5468	209	阳江	0.5299	241	鞍山	0.4898	273
攀枝花	0.5459	210	渭南	0.5283	242	商洛	0.4882	274
随州	0.5459	211	南充	0.5276	243	抚顺	0.4781	275
大同	0.5452	212	齐齐哈尔	0.5274	244	宝鸡	0.4748	276
九江	0.5450	213	襄阳	0.5268	245	通化	0.4745	277
宁德	0.5444	214	铜川	0.5227	246	贺州	0.4685	278
周口	0.5429	215	广元	0.5223	247	资阳	0.4669	279
宜春	0.5428	216	西宁	0.5211	248	马鞍山	0.4661	280
曲靖	0.5427	217	盘锦	0.5202	249	肇庆	0.4632	281
衡阳	0.5415	218	朔州	0.5202	250	延安	0.4586	282
雅安	0.5411	219	辽源	0.5202	251	邢台	0.4398	283
濮阳	0.5406	220	眉山	0.5174	252	锦州	0.4078	284
鹰潭	0.5403	221	阳泉	0.5167	253	葫芦岛	0.3646	285
丽江	0.5393	222	达州	0.5142	254	临汾	0.3617	286
焦作	0.5389	223	孝感	0.5126	255			
桂林	0.5388	224	崇左	0.5121	256			

由表4-10可知，排在前十位的依次是深圳、苏州、杭州、广州、大连、贵港、南京、温州、儋州、台州，其经济效率高质量评价平均得分为0.6720。排名前十位的城市除贵港属于西部地区外，其余九市均属于东部地区。排在后十位的依次为临汾、葫芦岛、锦州、邢台、延安、肇庆、马鞍山、资阳、贺州、通化，其经济效率高质量评价平均得分为0.4372，排在前十位的经济效率高质量评价平均得分是排在后十位的1.54倍。

对八个评价指标分别进一步分析，全国286个城市在岗职工劳动生产率平均值为496474.83元/人，鄂尔多斯市在岗职工劳动生产率为1425140.03元/人，约为平均值的2.87倍，全国第一；全国286个城市投资产出率平均值为137.35%，其中抚顺市投资产出率高达550.57%，排名第一；全国286个城市GDP增长率平均值为7.00%，遵义市和安顺市以12.40%的GDP增长率排名第一，值得注意的是，有14个城市GDP增长率为负增长；全国286个城市城镇登记失业率平均值为3.06%，海口市城镇登记失业率最低，为0.9%；全国286个城市通货膨胀率平均值为1.67%，张家口市通货膨胀率最低为0.38%；全国286个城市GDP增长波动率平均值为37.83%，其中吉安市、景德镇市、鄂州市、常德市、苏州市的GDP增长波动率接近为0；全国286个城市公共财政收入增长率平均值为3.22%，固原市以41.44%的公共财政收入增长率位居第一，还有70个城市公共财政收入增长率为负值；全国286个城市第三产业占GDP比重平均值为42.70%，其中海口市第三产业占GDP的比重为76.35%，排名全国第一。

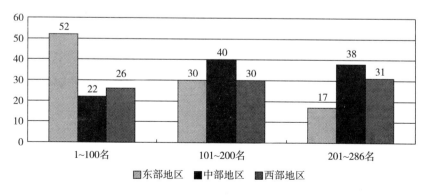

图4-9　中国286个地级市经济效率高质量维度排名东、中、西部分布情况

由图 4-9 可知，东部地区城市整体排名靠前，前 100 名城市中有 52 个，远高于中部和西部地区；中国 286 个地级市经济效率高质量评价平均得分 0.5702，其中东部地区经济效率高质量评价平均得分为 0.5864，中部地区经济效率高质量评价平均得分为 0.5590，西部地区经济效率高质量评价平均得分为 0.5648，这表明东部、中部、西部地区经济效率高质量发展相差不大，比较均衡，东部地区略高于中部和西部地区。

（5）开放创新高质量维度评价。中共第十八届中央委员会第五次全体会议，于 2015 年 10 月 26~29 日在北京举行。全会强调，实现"十三五"时期发展目标，破解发展难题，厚植发展优势，必须牢固树立并切实贯彻创新、协调、绿色、开放、共享的发展理念。这是关系我国发展全局的一场深刻变革。全党同志要充分认识这场变革的重大现实意义和深远历史意义。2016 年 3 月 5 日，习近平总书记在参加上海代表团审议时强调，在五大发展理念中，创新发展理念是方向、是钥匙，要瞄准世界科技前沿，全面提升自主创新能力，力争在基础科技领域作出大的创新、在关键核心技术领域取得大的突破。同时，创新发展居于首要位置，是引领发展的第一动力。我们共选取了科学技术支出占公共财政支出比重、万人拥有专利授权数、万人普通高校在校生数、实际利用外资占 GDP 比重、进出口总额占 GDP 比重、普通高等学校数（所）共计 6 个指标（具体数据见附表 4-1、附表 4-2），综合评价城市开放创新高质量发展水平。

由图 4-10 可知，中国 286 个地级市开放创新高质量发展维度平均得分为 0.1162 分，其中 196 个城市（占比约 68.53%）低于平均水平，共计 93 个城市得分在 0.0500~0.0999 区间，87 个城市得分在 0~0.0499 区间，39 个城市得分在 0.1000~0.1499 区间，20 个城市得分在 0.1500~0.1999 区间，13 个城市得分在 0.2000~0.2499 区间，10 个城市得分在 0.2500~0.2999 区间，8 个城市得分在 0.4000~0.4499 区间，6 个城市得分在 0.3500~0.3999 区间，5 个城市得分在 0.3000~0.3499 区间，3 个城市得分在 0.5000~0.5499 区间，1 个城市得分在 0.5500~0.5999 区间，1 个城市得分在 0.4500~0.4999 区间，表明在开放创新维度中城市总体水平极低，高水平发展城市与低水平发展城市之间差距极大。

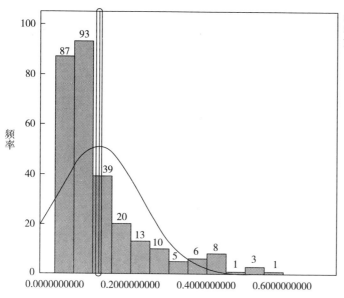

均值=0.1162019357
标准偏差=0.1115364961
N=286

图4-10　中国286个地级市开放创新高质量发展综合得分直方图

表4-11　全国286个地级市开放创新高质量发展评分

市	得分	排名	市	得分	排名	市	得分	排名
珠海	0.5956	1	长沙	0.3677	17	沈阳	0.2606	33
西安	0.5346	2	宁波	0.3631	18	镇江	0.2550	34
武汉	0.5163	3	中山	0.3618	19	福州	0.2494	35
广州	0.5144	4	长春	0.3407	20	湖州	0.2440	36
深圳	0.4543	5	太原	0.3239	21	石家庄	0.2372	37
南京	0.4496	6	哈尔滨	0.3181	22	秦皇岛	0.2349	38
南昌	0.4421	7	嘉兴	0.3133	23	惠州	0.2334	39
合肥	0.4301	8	贵阳	0.3024	24	金华	0.2319	40
郑州	0.4292	9	无锡	0.2988	25	乌鲁木齐	0.2251	41
杭州	0.4289	10	绍兴	0.2966	26	蚌埠	0.2240	42
济南	0.4237	11	马鞍山	0.2959	27	崇左	0.2180	43
苏州	0.4211	12	兰州	0.2859	28	南通	0.2168	44
东莞	0.4007	13	昆明	0.2818	29	威海	0.2152	45
厦门	0.3964	14	常州	0.2771	30	呼和浩特	0.2138	46
芜湖	0.3721	15	大连	0.2676	31	泉州	0.2119	47
成都	0.3698	16	青岛	0.2660	32	南宁	0.1964	48

市	得分	排名	市	得分	排名	市	得分	排名
三亚	0.1916	49	银川	0.1314	80	北海	0.0966	111
湘潭	0.1909	50	洛阳	0.1274	81	亳州	0.0965	112
扬州	0.1810	51	漳州	0.1253	82	萍乡	0.0956	113
九江	0.1776	52	佛山	0.1229	83	廊坊	0.0953	114
舟山	0.1751	53	桂林	0.1215	84	宜春	0.0948	115
烟台	0.1719	54	日照	0.1213	85	黄山	0.0930	116
温州	0.1689	55	莱芜	0.1201	86	许昌	0.0920	117
泰州	0.1678	56	吉林	0.1196	87	抚州	0.0911	118
滁州	0.1641	57	焦作	0.1192	88	德阳	0.0910	119
晋中	0.1636	58	绵阳	0.1168	89	永州	0.0907	120
海口	0.1634	59	盐城	0.1164	90	宿州	0.0905	121
铜陵	0.1621	60	东营	0.1143	91	包头	0.0903	122
台州	0.1610	61	防城港	0.1141	92	嘉峪关	0.0903	123
新余	0.1591	62	三门峡	0.1134	93	锦州	0.0897	124
江门	0.1559	63	乌兰察布	0.1130	94	宜昌	0.0893	125
赣州	0.1535	64	连云港	0.1115	95	安阳	0.0890	126
武威	0.1524	65	大庆	0.1109	96	景德镇	0.0873	127
潍坊	0.1524	66	郴州	0.1093	97	汕头	0.0872	128
鹰潭	0.1504	67	衢州	0.1092	98	克拉玛依	0.0871	129
宣城	0.1498	68	肇庆	0.1081	99	六安	0.0868	130
鹤壁	0.1466	69	牡丹江	0.1041	100	咸阳	0.0859	131
株洲	0.1454	70	衡阳	0.1030	101	襄阳	0.0855	132
淮安	0.1423	71	淄博	0.1023	102	通化	0.0855	133
新乡	0.1421	72	上饶	0.1018	103	黄石	0.0849	134
丽水	0.1419	73	保定	0.1012	104	长治	0.0845	135
吉安	0.1406	74	西宁	0.1007	105	泰安	0.0833	136
淮北	0.1398	75	淮南	0.1005	106	阳泉	0.0832	137
池州	0.1357	76	滨州	0.1000	107	儋州	0.0829	138
拉萨	0.1347	77	唐山	0.0997	108	潮州	0.0825	139
徐州	0.1343	78	龙岩	0.0984	109	莆田	0.0817	140
漯河	0.1319	79	鄂州	0.0973	110	十堰	0.0808	141

市	得分	排名	市	得分	排名	市	得分	排名
三明	0.0801	142	咸宁	0.0601	173	巴彦淖尔	0.0482	204
本溪	0.0792	143	辽源	0.0596	174	泸州	0.0469	205
宿迁	0.0791	144	娄底	0.0593	175	百色	0.0466	206
攀枝花	0.0786	145	宁德	0.0590	176	丽江	0.0458	207
平顶山	0.0777	146	营口	0.0588	177	聊城	0.0458	208
孝感	0.0768	147	白山	0.0576	178	鸡西	0.0455	209
荆州	0.0765	148	清远	0.0565	179	临汾	0.0453	210
柳州	0.0761	149	商丘	0.0562	180	张掖	0.0452	211
鄂尔多斯	0.0754	150	张家口	0.0561	181	梅州	0.0450	212
齐齐哈尔	0.0750	151	张家界	0.0553	182	黄冈	0.0448	213
安庆	0.0718	152	承德	0.0540	183	普洱	0.0442	214
金昌	0.0718	153	临沂	0.0537	184	佳木斯	0.0440	215
韶关	0.0713	154	阜阳	0.0535	185	大同	0.0439	216
南阳	0.0709	155	四平	0.0532	186	周口	0.0438	217
河源	0.0706	156	抚顺	0.0532	187	天水	0.0437	218
濮阳	0.0692	157	六盘水	0.0527	188	乐山	0.0433	219
遵义	0.0680	158	汕尾	0.0524	189	阜新	0.0433	220
沧州	0.0675	159	白城	0.0523	190	宝鸡	0.0429	221
雅安	0.0674	160	岳阳	0.0523	191	自贡	0.0422	222
湛江	0.0663	161	菏泽	0.0523	192	玉溪	0.0418	223
钦州	0.0663	162	揭阳	0.0522	193	驻马店	0.0416	224
济宁	0.0659	163	益阳	0.0520	194	运城	0.0412	225
邯郸	0.0655	164	鞍山	0.0513	195	呼伦贝尔	0.0403	226
南平	0.0653	165	辽阳	0.0513	196	铜仁	0.0401	227
开封	0.0653	166	黑河	0.0512	197	吕梁	0.0395	228
邢台	0.0641	167	衡水	0.0511	198	毕节	0.0394	229
常德	0.0638	168	丹东	0.0503	199	鹤岗	0.0391	230
荆门	0.0631	169	安顺	0.0497	200	汉中	0.0376	231
盘锦	0.0619	170	枣庄	0.0485	201	邵阳	0.0374	232
信阳	0.0619	171	云浮	0.0484	202	酒泉	0.0365	233
德州	0.0604	172	随州	0.0483	203	铁岭	0.0360	234

续表

市	得分	排名	市	得分	排名	市	得分	排名
石嘴山	0.0359	235	榆林	0.0262	253	来宾	0.0195	271
中卫	0.0355	236	阳江	0.0262	254	河池	0.0194	272
晋城	0.0353	237	茂名	0.0258	255	达州	0.0189	273
延安	0.0348	238	铜川	0.0255	256	海东	0.0188	274
眉山	0.0344	239	庆阳	0.0251	257	玉林	0.0183	275
南充	0.0339	240	固原	0.0244	258	渭南	0.0178	276
朔州	0.0325	241	曲靖	0.0242	259	广安	0.0174	277
绥化	0.0322	242	遂宁	0.0242	260	平凉	0.0167	278
忻州	0.0310	243	梧州	0.0233	261	定西	0.0143	279
宜宾	0.0304	244	安康	0.0229	262	临沧	0.0142	280
白银	0.0303	245	资阳	0.0228	263	朝阳	0.0117	281
商洛	0.0296	246	怀化	0.0226	264	陇南	0.0113	282
松原	0.0292	247	七台河	0.0226	265	巴中	0.0109	283
双鸭山	0.0289	248	广元	0.0224	266	伊春	0.0107	284
乌海	0.0286	249	通辽	0.0217	267	贵港	0.0098	285
内江	0.0284	250	吴忠	0.0214	268	昭通	0.0062	286
葫芦岛	0.0279	251	保山	0.0200	269			
赤峰	0.0273	252	贺州	0.0197	270			

由表 4-11 可知，排在前十位的依次是珠海、西安、武汉、广州、深圳、南京、南昌、合肥、郑州、杭州，其开放创新高质量评价平均得分为 0.4795。排名前十位的城市中，五市属于东部地区、四市属于中部地区、一市属于西部地区。其中，珠海在科学技术支出占公共财政支出比重、万人拥有专利授权数、万人普通高校在校生数、实际利用外资占 GDP 比重、进出口总额占地区生产总值比重五个指标中均位列前十，致使其开放创新高质量综合评价得分最高。排在后十位的依次为昭通、贵港、伊春、巴中、陇南、朝阳、临沧、定西、平凉、广安，其开放创新高质量评价平均得分仅为 0.0123。排在前十位的开放创新高质量评价平均得分是排在后十位的 38.98 倍，这表明各地级市开放创新高质量存在巨大差异，两级分化严重。

对六个评价指标分别进一步分析，在科学技术支出占公共财政支出比重这一方面，全国286个城市的平均值为1.60%，96个城市（约占33.57%）的科学技术支出占公共财政支出比重高于平均值，其中武威市科学技术支出占公共财政支出比重高达16.56%；全国286个城市万人拥有专利授权数平均值为8.19件，中山市以68.50件的万人拥有专利授权数名列第一；全国286个城市万人普通高校在校生数平均值为176人，兰州市万人普通高校在校生数为1147人，高居第一；全国286个城市平均拥有普通高等学校8所，其中武汉市拥有84所普通高等学校，排名全国第一。

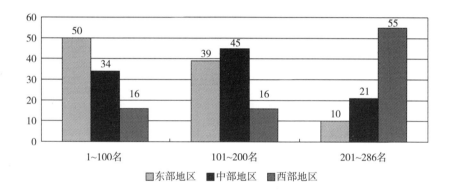

图4-11 中国286个地级市开放创新高质量维度排名东、中、西部分布情况

由图4-11可知，东部地区城市整体排名靠前，前100名城市中有50个，高于中部和西部地区。西部地区整体排名靠后，有55个城市名列最后一档。中国286个地级市开放创新高质量评价平均得分为0.1162，东部地区开放创新高质量评价平均得分为0.1554，中部地区开放创新高质量评价平均得分为0.1151，西部地区开放创新高质量评价平均得分为0.0728。表明东部地区开放创新高质量状况明显优于中部和西部地区，中部地区又优于西部地区。

（6）民生共享高质量维度评价。坚持共享发展，必须坚持发展为了人民、发展依靠人民、发展成果由人民共享，作出更有效的制度安排，使全体人民在共建共享发展中有更多获得感，增强发展动力，增进人民团结，朝着共同富裕的方向稳步前进。按照人人参与、人人尽力、人人享有的要求，坚守底线、突出重点、完善制度、引导预期，注重机会公平，保障基本民生，实现全体人民共同迈入全面小康社会。增加公共服务供给，从解决人民最关心、最直接、最现实的利益问题入手，提高公共服务共建能力和共享水平，加大对革命老区、民族地区、边疆地区、贫困地区的转移支付。实施脱贫攻坚工程，实施精准扶贫、精准脱贫，分类扶持贫困家庭，探索对贫困人口实行资产收益扶持制度，建立健全农村留守儿童和妇女、老人关爱服务体系。提高教育质量，推动义务教育均衡发展，普及高中阶段教育，逐步分类推进中等职业教育免除学杂费，率先从建档立卡的家庭经济困难学生实施普通高中免除学杂费，实现家庭经济困难学生资助全覆盖。促进就业创业，坚持就业优先战略，实施更加积极的就业政策，完善创业扶持政策，加强对灵活就业、新就业形态的支持，提高技术工人待遇。缩小收入差距，坚持居民收入增长和经济增长同步、劳动报酬提高和劳动生产率提高同步，健全科学的工资水平决定机制、正常增长机制、支付保障机制，完善最低工资增长机制，完善市场评价要素贡献并按贡献分配的机制。建立更加公平、更可持续的社会保障制度，实施全民参保计划，实现职工基础养老金全国统筹，划转部分国有资本充实社保基金，全面实施城乡居民大病保险制度。推进健康中国建设，深化医药卫生体制改革，理顺药品价格，实行医疗、医保、医药联动，建立覆盖城乡的基本医疗卫生制度和现代医院管理制度，实施食品安全战略。促进人口均衡发展，坚持计划生育的基本国策，完善人口发展战略，全面实施一对夫妇可生育两个孩子政策，积极开展应对人口老龄化行动。民生共享是城市经济高质量发展中不可或缺的一部分，我们共选取了在岗职工平均工资、城镇居民人均可支配收入、农村居民人均可支配收入、城乡居民收入比、人均道路面积、教育支出占GDP比重、万人拥有床位数、万人拥有医生数共计 8 个指标（具体数据见附表 4-1、附表 4-2），综合评价城市民生共享高质量发展水平。

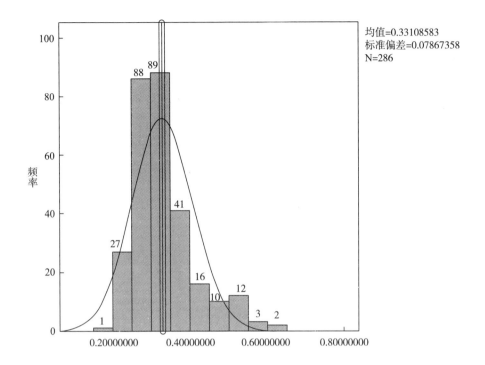

均值=0.33108583
标准偏差=0.07867358
N=286

图 4 - 12　中国 286 个地级市民生共享高质量发展综合得分直方图

由图 4 - 12 可知，中国 286 个地级市民生共享高质量发展维度平均得分为 0.3311 分，其中 171 个城市（占比约 59.79%）低于平均水平，共计 88 个城市得分在 0.3000 ~ 0.3499 区间，86 个城市得分在 0.2500 ~ 0.2999 区间，41 个城市得分在 0.3500 ~ 0.3999 区间，27 个城市得分在 0.2000 ~ 0.2499 区间，16 个城市得分在 0.4000 ~ 0.4499 区间，12 个城市得分在 0.5000 ~ 0.5499 区间，10 个城市得分在 0.4500 ~ 0.4999 区间，3 个城市得分在 0.5500 ~ 0.5999 区间，2 个城市得分在 0.6000 ~ 0.6499 区间，1 个城市得分在 0.1500 ~ 0.1999 区间，表明在民生共享维度中城市总体水平较低。

表 4－12　全国 286 个地级市民生共享高质量发展评分

市	得分	排名	市	得分	排名	市	得分	排名
舟山	0.6102	1	镇江	0.4469	29	沈阳	0.3856	57
杭州	0.6063	2	佛山	0.4447	30	海口	0.3825	58
苏州	0.5994	3	威海	0.4406	31	徐州	0.3781	59
无锡	0.5574	4	青岛	0.4396	32	巴彦淖尔	0.3742	60
长沙	0.5570	5	嘉峪关	0.4355	33	惠州	0.3723	61
宁波	0.5489	6	太原	0.4334	34	湘潭	0.3696	62
珠海	0.5389	7	深圳	0.4288	35	莱芜	0.3681	63
嘉兴	0.5369	8	东营	0.4225	36	马鞍山	0.3680	64
克拉玛依	0.5333	9	厦门	0.4101	37	呼伦贝尔	0.3658	65
绍兴	0.5271	10	大连	0.4085	38	牡丹江	0.3654	66
湖州	0.5229	11	潍坊	0.4067	39	景德镇	0.3650	67
南京	0.5166	12	泰州	0.4059	40	石嘴山	0.3650	68
常州	0.5119	13	大庆	0.4038	41	济宁	0.3641	69
金华	0.5104	14	乌海	0.4019	42	福州	0.3623	70
衢州	0.5050	15	淄博	0.4015	43	哈尔滨	0.3610	71
乌鲁木齐	0.5018	16	钦州	0.4000	44	贵阳	0.3607	72
台州	0.5015	17	烟台	0.3948	45	张掖	0.3601	73
广州	0.4887	18	固原	0.3945	46	宣城	0.3598	74
济南	0.4794	19	郑州	0.3937	47	包头	0.3585	75
中山	0.4773	20	盐城	0.3937	48	银川	0.3575	76
温州	0.4739	21	芜湖	0.3936	49	淮安	0.3560	77
鄂尔多斯	0.4731	22	西安	0.3927	50	连云港	0.3553	78
东莞	0.4673	23	扬州	0.3926	51	长春	0.3533	79
武汉	0.4574	24	合肥	0.3920	52	酒泉	0.3525	80
南通	0.4551	25	昆明	0.3909	53	泰安	0.3524	81
成都	0.4545	26	双鸭山	0.3903	54	金昌	0.3521	82
拉萨	0.4539	27	攀枝花	0.3863	55	宿迁	0.3507	83
丽水	0.4479	28	株洲	0.3857	56	龙岩	0.3506	84

续表

市	得分	排名	市	得分	排名	市	得分	排名
鹤岗	0.3496	85	黄山	0.3357	113	益阳	0.3138	141
漳州	0.3489	86	资阳	0.3350	114	德阳	0.3138	142
呼和浩特	0.3486	87	营口	0.3335	115	遵义	0.3136	143
三亚	0.3480	88	黄冈	0.3288	116	九江	0.3133	144
盘锦	0.3478	89	石家庄	0.3283	117	雅安	0.3133	145
儋州	0.3474	90	枣庄	0.3267	118	自贡	0.3132	146
绵阳	0.3474	91	永州	0.3262	119	南平	0.3130	147
荆门	0.3471	92	清远	0.3259	120	泸州	0.3128	148
鸡西	0.3457	93	锦州	0.3255	121	荆州	0.3128	149
萍乡	0.3452	94	焦作	0.3248	122	阜新	0.3128	150
滁州	0.3442	95	南宁	0.3240	123	宁德	0.3125	151
南昌	0.3440	96	三明	0.3239	124	赤峰	0.3117	152
廊坊	0.3433	97	肇庆	0.3233	125	池州	0.3115	153
河源	0.3431	98	防城港	0.3233	126	保定	0.3087	154
宜昌	0.3427	99	蚌埠	0.3213	127	西宁	0.3086	155
辽阳	0.3427	100	黄石	0.3208	128	秦皇岛	0.3080	156
新余	0.3427	101	宜宾	0.3208	129	广元	0.3062	157
泉州	0.3423	102	亳州	0.3199	130	韶关	0.3061	158
莆田	0.3414	103	江门	0.3195	131	咸宁	0.3054	159
安阳	0.3410	104	眉山	0.3193	132	晋中	0.3052	160
梅州	0.3406	105	玉溪	0.3173	133	孝感	0.3046	161
衡阳	0.3403	106	日照	0.3170	134	吴忠	0.3045	162
遂宁	0.3402	107	丹东	0.3161	135	新乡	0.3044	163
滨州	0.3396	108	德州	0.3154	136	阳泉	0.3036	164
兰州	0.3382	109	鹰潭	0.3147	137	佳木斯	0.3030	165
唐山	0.3375	110	吉林	0.3146	138	聊城	0.3020	166
襄阳	0.3365	111	茂名	0.3143	139	乐山	0.3020	167
广安	0.3362	112	本溪	0.3141	140	抚顺	0.3016	168

续表

市	得分	排名	市	得分	排名	市	得分	排名
平顶山	0.3012	169	常德	0.2896	197	汕头	0.2717	225
菏泽	0.3012	170	桂林	0.2886	198	宿州	0.2716	226
阜阳	0.3007	171	铁岭	0.2883	199	玉林	0.2713	227
鞍山	0.3007	172	抚州	0.2879	200	汕尾	0.2702	228
榆林	0.2986	173	昭通	0.2873	201	大同	0.2701	229
铜川	0.2986	174	沧州	0.2871	202	朔州	0.2689	230
郴州	0.2986	175	延安	0.2862	203	开封	0.2685	231
鄂州	0.2986	176	铜陵	0.2856	204	辽源	0.2679	232
通辽	0.2984	177	湛江	0.2852	205	南阳	0.2678	233
鹤壁	0.2976	178	宜春	0.2849	206	安庆	0.2662	234
驻马店	0.2972	179	北海	0.2843	207	百色	0.2657	235
齐齐哈尔	0.2972	180	洛阳	0.2834	208	运城	0.2655	236
平凉	0.2969	181	三门峡	0.2831	209	朝阳	0.2632	237
六安	0.2961	182	云浮	0.2822	210	张家界	0.2629	238
中卫	0.2954	183	随州	0.2818	211	宝鸡	0.2626	239
黑河	0.2952	184	晋城	0.2818	212	阳江	0.2626	240
南充	0.2950	185	定西	0.2812	213	淮北	0.2622	241
漯河	0.2947	186	巴中	0.2808	214	梧州	0.2596	242
贵港	0.2945	187	伊春	0.2803	215	安顺	0.2593	243
安康	0.2939	188	白山	0.2803	216	内江	0.2587	244
临沂	0.2930	189	贺州	0.2802	217	濮阳	0.2585	245
铜仁	0.2929	190	通化	0.2797	218	葫芦岛	0.2582	246
岳阳	0.2922	191	长治	0.2795	219	十堰	0.2580	247
来宾	0.2918	192	四平	0.2788	220	邵阳	0.2572	248
柳州	0.2916	193	曲靖	0.2783	221	邢台	0.2554	249
吉安	0.2914	194	七台河	0.2777	222	张家口	0.2534	250
许昌	0.2906	195	淮南	0.2753	223	临沧	0.2533	251
邯郸	0.2904	196	咸阳	0.2720	224	普洱	0.2529	252

市	得分	排名	市	得分	排名	市	得分	排名
保山	0.2524	253	海东	0.2435	265	渭南	0.2223	277
衡水	0.2518	254	潮州	0.2432	266	商丘	0.2218	278
承德	0.2517	255	河池	0.2396	267	白城	0.2184	279
汉中	0.2511	256	庆阳	0.2393	268	上饶	0.2153	280
临汾	0.2511	257	怀化	0.2364	269	崇左	0.2152	281
毕节	0.2508	258	松原	0.2357	270	商洛	0.2147	282
达州	0.2497	259	赣州	0.2348	271	吕梁	0.2118	283
周口	0.2488	260	绥化	0.2313	272	忻州	0.2107	284
乌兰察布	0.2486	261	娄底	0.2308	273	天水	0.2057	285
揭阳	0.2466	262	武威	0.2298	274	陇南	0.1837	286
丽江	0.2460	263	六盘水	0.2297	275			
信阳	0.2443	264	白银	0.2287	276			

由表 4-12 可知，排在前十位的依次是舟山、杭州、苏州、无锡、长沙、宁波、珠海、嘉兴、克拉玛依、绍兴，其民生共享高质量评价平均得分为 0.5616。排名前十位的城市中除长沙属于中部地区、克拉玛依属于西部地区外，其余八市均属于东部地区。舟山由于其万人拥有医生数排名第二，在城乡居民收入比、农村居民人均可支配收入、城镇居民人均可支配收入、在岗职工平均工资这几方面也表现突出，致使其民生共享高质量综合评价得分最高为 0.6102 分，排在第二、第三位的依次是杭州 0.6063 分、苏州 0.5994 分。排在后十位的依次为陇南、天水、沂州、吕梁、商洛、崇左、上饶、白城、商丘、渭南，其民生共享高质量评价平均得分为 0.2120，排在前十位的民生共享高质量评价平均得分是排在后十位的 2.65 倍。

对八个评价指标分别进行进一步分析，全国 286 个城市在岗职工平均工资为 58349 元，其中拉萨市在岗职工平均工资最高，为 111009 元；全国 286 个城市城镇居民人均可支配收入为 29809 元，其中苏州市城镇居民人均可支配收入最多，为 54341 元；全国 286 个城市农村居民人均可支配收入为 13358 元，其中嘉兴市农村居民人均可支配收入最多，为 28997 元；全国 286 个城市城乡居民收入比平均值为 2.32，其中鸡西市城乡居民收入比最小为 1.36，城乡收入比差异最小；全国 286 个城市人均道路面积为 17.59 平方米，其中鄂尔多斯市人均道路面积为 55.18 平方米，全国排名第一；全国 286 个城市教育支出占 GDP 比重平均值为 3.69%，其中固原市教育支出占 GDP 比重最大，为 14.86%，全国排名第一；全国 286 个城市万人拥有床位数平均值为 5.64 张，万人拥有医生数为 23 人，其中乌鲁木齐市万人拥有床位数为 99.80 张，双鸭山市万人拥有医生数为 59 人，分别为各项第一。

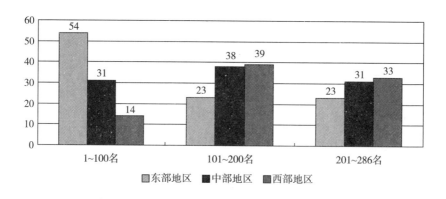

图 4-13　中国 286 个地级市民生共享高质量维度排名东、中、西部分布情况

由图 4-13 可知，东部地区城市整体排名靠前，前 100 名城市中有 54 个，高于中部和西部地区。中国 286 个地级市民生共享高质量评价平均得分为 0.3311，东部地区民生共享高质量评价平均得分最高，其值为 0.3740，明显优于中部地区的 0.3063 和西部地区的 0.3108。中部地区民生共享高质量评价平均得分略低于西部地区。

附表 4 - 1 中国 286 个地级市经济高质量发展 TOP10 城市各评价维度详细数据

中国 286 个地级市经济高质量发展 TOP10 城市各评价维度详细数据（一）

TOP10城市	自然生态高质量发展									社会人文高质量发展					企业发展高质量发展					
	PM2.5年均浓度（微克/立方米）	森林覆盖率（%）	建成区绿化覆盖率（%）	人均公园绿地面积（平方米）	人均水资源量（立方米）	一般工业固体废物综合利用率（%）	生活垃圾无害化处理率（%）	污水处理厂集中处理率（%）	万元GDP电耗（千瓦时/万元）	城镇化率（%）	人口自然增长率（‰）	万人拥有图书馆藏书量（册）	政府城市认可度	社会城市认可度	500强企业及中国500最具价值品牌数量（家）	企业产品质量监督检查合格率（%）	驰名商标地标志数（个）	单位工业产值污染物排放量（吨/万元）	中国质量奖企业数（家）	高质量产业集群数量（个）
深圳	28.50	40.04	45.11	16.45	255.28	40.85	100.00	96.72	432.01	100.00	21.30	30267	4.42	3.15	82	91.35	100	0.40	1	3
杭州	48.90	65.54	40.73	14.42	2319.33	85.12	100.00	94.96	593.73	76.20	7.51	23262	5.04	2.49	89	92.72	102	2.29	3	1
苏州	46.70	20.76	42.05	14.71	768.17	88.80	100.00	83.53	757.95	75.50	4.81	17638	3.59	2.49	38	94.32	82	1.58	5	5
广州	35.40	42.14	41.80	22.09	67.22	96.48	96.10	94.20	421.32	86.06	10.35	17100	5.04	2.52	50	88.99	73	0.99	1	2
长沙	53.70	54.82	34.47	10.75	1822.06	94.00	100.00	100.00	299.95	75.99	10.51	14123	4.17	3.12	18	80.77	100	0.37	3	3
宁波	38.80	50.35	39.77	11.40	1318.58	94.86	100.00	84.42	747.29	71.90	2.83	9617	5.16	3.12	34	88.11	76	1.09	4	2
无锡	53.10	27.28	42.98	19.41	937.97	94.90	100.00	90.70	634.86	75.80	2.79	10875	5.13	3.12	34	95.76	67	1.46	4	3
南京	47.90	30.00	44.74	15.34	831.80	85.80	100.00	65.61	499.66	82.00	6.51	24046	5.16	3.12	26	94.79	52	1.67	2	2
武汉	57.10	22.88	43.70	10.39	926.88	97.45	100.00	95.60	433.13	79.77	6.02	14389	5.89	2.49	19	91.07	64	0.98	3	3
珠海	30.00	32.20	47.74	19.70	1283.35	93.64	100.00	96.29	686.77	88.80	10.93	9163	2.72	2.30	8	89.66	7	1.01	1	2

续表

中国286个地级市经济高质量发展TOP10城市各评价维度详细数据（二）

TOP10城市	经济效率高质量发展								开放创新高质量发展						民生共享高质量发展							
	在岗职工劳动生产率（元/人）	投资产出率（%）	GDP增长率（%）	城镇登记失业率（%）	通货膨胀率（%）	GDP增长波动率（%）	公共财政收入增长率（%）	第三产业占GDP比重（%）	科学技术支出占公共财政支出比重（%）	万人拥有专利授权数（件）	万人普通高校在校生数（人）	实际利用外资占GDP比重（%）	进出口总额占GDP比重（%）	普通高等学校数（所）	在岗职工平均工资（元）	城镇居民人均可支配收入（元）	农村居民人均可支配收入（元）	城乡居民收入比	人均道路面积（平方米）	教育支出占GDP比重（%）	万人拥有有床位数（张）	万人拥有有医生数（人）
深圳	438036	477.97	9.00	2.33	2.40	1.12	15.02	60.05	9.58	63.02	77.16	2.29	134.96	12	89757	48695	20000	2.43	10.01	2.13	32	26
杭州	425328	193.65	9.60	1.72	2.60	5.42	13.66	60.89	5.33	44.68	465.80	4.23	39.92	39	87153	52185	27908	1.87	12.31	2.24	70	42
苏州	864530	273.97	7.50	1.89	2.30	0.00	10.85	51.54	5.89	50.27	205.94	2.58	116.75	22	79870	54341	27691	1.96	34.21	1.70	57	26
广州	628535	342.72	8.20	2.41	2.70	2.38	3.27	69.35	5.81	34.40	752.86	1.94	43.83	82	89096	50941	21449	2.38	8.64	1.65	58	33
长沙	828045	139.79	9.40	2.74	1.90	5.05	3.44	47.80	2.36	19.57	771.75	3.42	7.98	51	77782	43294	25448	1.70	15.36	1.68	85	36
宁波	673371	175.08	7.10	2.01	2.10	11.25	10.74	45.23	4.39	51.77	197.01	3.45	72.59	14	83656	51560	28572	1.80	13.90	2.28	42	29
无锡	969476	192.13	7.50	1.85	2.30	5.63	5.42	51.34	4.29	45.74	174.20	2.46	50.34	12	84931	48628	26158	1.86	26.61	1.49	55	28
南京	549896	189.81	8.00	1.88	2.30	13.98	12.02	58.39	4.53	34.80	1000.93	2.20	31.56	44	90191	49997	21156	2.36	23.36	1.93	55	31
武汉	601647	169.22	7.80	2.94	2.40	11.36	6.14	52.84	5.67	21.29	881.25	4.75	13.18	84	71963	39737	19152	2.07	14.39	1.94	73	32
珠海	332294	160.20	8.50	2.28	1.90	15.00	8.30	49.54	8.45	55.43	797.62	6.85	123.66	10	74931	42537	22889	1.86	33.47	2.57	49	35

附表4-2　全国286个城市经济高质量发展评价各省排名省第一地级市各维度详细数据

中国286个地级市经济高质量发展各省各省第一城市各评价维度详细数据（一）

省	市	自然生态高质量发展									社会人文高质量发展					企业发展高质量发展					
		PM2.5年均浓度（微克/立方米）	森林覆盖率（%）	建成区绿化覆盖率（%）	人均公园绿地面积（平方米）	人均水资源量（立方米）	一般工业固体废物综合利用率（%）	生活垃圾无害化处理率（%）	污水处理厂集中处理率（%）	万元GDP电耗（千瓦时/万元）	城镇化率（%）	人口自然增长率（‰）	万人拥有图书馆藏书量（册）	政府城市认可度	社会城市认可度	500强企业及中国500最具价值品牌数量（家）	企业产品质量监督检查合格率（%）	驰名商标地理标志标识数（个）	中国质量奖企业数（家）	单位工业产值污染物排放量（吨/万元）	高质量产业集群数量（个）
浙江	杭州	48.90	65.54	40.73	14.42	2319.33	85.12	100.00	94.96	593.73	76.20	7.51	23262	5.04	2.49	89	92.72	102	3	2.29	1
广东	深圳	28.50	40.04	45.11	16.45	255.28	40.85	100.00	96.72	432.01	100.00	21.30	30267	4.42	3.15	82	91.35	100	1	0.40	3
江苏	苏州	46.70	20.76	42.05	14.71	768.17	88.80	100.00	83.53	757.95	75.50	4.81	17638	3.59	2.49	38	94.32	82	5	1.58	5
湖南	长沙	53.70	54.82	34.47	10.75	1822.06	94.00	100.00	100.00	299.95	75.99	10.51	14123	4.17	3.12	18	80.77	100	3	0.37	3
湖北	武汉	57.10	22.88	43.70	10.39	926.88	97.45	100.00	95.60	433.13	79.77	6.02	14389	5.89	2.49	19	91.07	64	3	0.98	3
四川	成都	62.90	38.40	41.41	14.23	513.82	77.03	100.00	94.30	372.21	70.60	4.96	10723	5.99	2.49	26	84.00	96	7	0.75	2
山东	青岛	38.40	40.02	38.58	18.55	70.84	93.76	100.00	99.09	372.86	71.53	6.65	7022	5.04	3.12	20	94.05	83	4	0.42	3
安徽	合肥	57.20	14.03	41.78	13.50	1095.82	73.65	100.00	91.63	371.18	72.05	11.54	6679	2.59	3.07	8	97.50	36	4	0.51	1
福建	厦门	26.60	42.80	42.89	11.47	641.05	84.44	98.00	94.00	614.18	47.67	16.14	14985	3.87	3.07	13	92.00	73	1	3.51	0
陕西	西安	73.90	48.03	43.21	11.87	244.11	86.89	96.70	91.93	494.10	73.43	9.03	13673	4.63	2.49	10	96.30	22	0	0.77	1
辽宁	大连	34.20	41.50	44.89	11.02	293.64	95.31	100.00	95.00	690.89	72.00	2.73	31869	5.13	2.44	9	91.18	80	0	4.42	2
河南	郑州	72.00	33.36	40.33	8.43	98.73	83.30	91.81	99.82	811.12	71.02	10.83	6795	5.03	2.49	11	95.08	28	0	0.55	0
吉林	长春	46.50	30.66	38.53	17.78	580.97	98.70	91.81	92.52	329.51	58.11	4.36	6512	3.45	3.07	9	100.00	43	3	0.28	1
云南	昆明	28.00	50.55	39.70	11.06	882.28	37.41	94.84	91.48	307.89	71.05	5.94	8833	3.12	2.44	7	97.83	38	3	1.85	0

续表

中国286个地级市经济高质量发展各省第一城市各评价维度详细数据（二）

省	市	自然生态高质量发展										社会人文高质量发展					企业发展高质量发展					
		PM2.5年均浓度（微克/立方米）	森林覆盖率（%）	建成区绿化覆盖率（%）	人均公园绿地面积（平方米）	人均水资源量（立方米）	一般工业固体废物综合利用率（%）	生活垃圾无害化处理率（%）	污水处理厂集中处理率（%）	万元GDP电耗（千瓦时/万元）	城镇化率（%）	人口自然增长率（‰）	万人拥有图书馆藏书量（册）	政府城市认可度	社会城市认可度	500强企业及中国500最具价值品牌数量（家）	企业产品质量监督检查合格率（%）	驰名商标地标数（个）	单位工业产值污染物排放量（吨/万元）	中国质量奖企业数（家）	高质量产业集群数量（个）
江西	南昌	43.40	21.69	40.88	11.81	1410.62	95.00	100.00	93.50	446.53	72.29	10.40	3146	3.48	2.44	12	85.53	11	1.67	0	0
黑龙江	哈尔滨	57.50	46.00	33.60	9.21	1158.61	99.29	87.30	92.20	390.25	48.60	2.26	9038	4.91	3.07	9	100.00	34	1.10	1	0
海南	海口	20.10	38.40	38.54	12.10	1167.41	89.50	100.00	95.00	559.32	77.73	10.70	2155	3.06	2.93	7	100.00	17	1.01	0	0
贵州	贵阳	37.10	46.50	40.74	16.18	693.03	39.13	97.47	97.56	655.81	74.16	11.47	15845	4.29	2.44	3	100.00	13	1.33	0	0
内蒙古	呼和浩特	43.90	24.90	38.30	19.69	402.23	43.78	100.00	94.64	295.23	68.20	6.07	14723	2.63	2.07	5	100.00	24	1.36	2	0
新疆	乌鲁木齐	75.50	4.90	40.90	11.35	535.10	92.30	96.34	85.94	881.26	81.55	7.56	11229	2.00	2.44	6	100.00	7	2.28	1	0
山西	太原	64.90	22.02	40.85	10.83	162.40	51.30	100.00	86.89	852.45	84.55	9.61	17257	3.73	1.57	8	85.00	19	1.76	0	3
河北	石家庄	82.20	38.30	45.45	15.77	256.66	94.96	99.54	96.09	1335.81	59.96	10.05	3380	3.45	1.57	10	95.92	46	1.35	0	0
广西	南宁	35.60	47.66	42.18	12.07	1725.52	94.44	97.87	78.29	535.23	65.00	6.18	9729	3.70	2.21	4	94.44	5	1.09	0	0
甘肃	兰州	48.70	16.66	35.18	12.71	54.22	96.45	40.40	95.72	634.94	81.00	7.75	2861	2.13	2.44	3	88.89	9	1.59	0	0
西藏	拉萨	19.50	19.49	26.57	4.70	18833.87	35.66	91.85	89.50	980.57	44.18	12.50	19534	4.44	0.00	0	100.00	17	1.82	1	0
甘肃	银川	46.00	16.00	57.71	16.64	88.63	60.02	97.00	95.20	1232.83	75.70	11.58	17904	3.61	1.43	3	100.00	20	1.85	0	0
青海	西宁	40.00	32.00	40.57	12.21	563.05	97.89	95.36	74.05	796.29	70.00	7.08	7349	2.91	2.30	1	90.91	19	8.81	0	1

续表

中国286个地级市经济高质量发展各省第一城市各评价维度详细数据（三）

省	市	经济效率高质量发展								开放创新高质量发展					民生共享高质量发展							
		在岗职工劳动生产率（元/人）	投资产出率（%）	GDP增长率（%）	城镇登记失业率（%）	通货膨胀率（%）	GDP增长波动率（%）	公共财政收入增长率（%）	第三产业占GDP比重（%）	科学技术支出占公共财政支出比重（%）	万人普通高校在校生数（人）	实际利用外资占GDP比重（%）	进出口总额占GDP比重（%）	普通高等学校数（所）	在岗职工平均工资（元）	城镇居民人均可支配收入（元）	农村居民人均可支配收入（元）	民收入比	人均道路面积（平方米）	教育支出占GDP比重（%）	万人拥有床位数（张）	万人拥有医生数（人）
浙江	杭州	425327.91	193.65	9.60	1.72	2.60	5.42	13.66	60.89	5.33	466	4.23	39.92	39	87153	52185	27908	1.87	12.31	2.24	70	42
广东	深圳	438035.98	477.97	9.00	2.33	2.40	1.12	15.02	60.05	9.58	77	2.29	134.96	12	89757	48695	20000	2.43	10.01	2.13	32	26
江苏	苏州	864530.17	273.97	7.50	1.89	2.30	0.00	10.85	51.54	5.89	206	2.58	116.75	22	79870	54341	27691	1.96	34.21	1.70	57	26
湖南	长沙	828045.03	139.79	9.40	2.74	1.90	5.05	3.44	47.80	2.36	772	3.42	7.98	51	77782	43294	25448	1.70	15.36	1.68	85	36
湖北	武汉	601646.97	169.22	7.80	2.94	2.40	11.36	6.14	52.84	5.67	881	4.75	13.18	84	71963	39737	19152	2.07	14.39	1.94	73	32
四川	成都	492722.00	145.71	7.70	3.30	2.20	2.53	1.54	53.11	2.90	497	3.28	22.39	56	74408	35902	18605	1.93	13.89	1.87	76	34
山东	青岛	725455.80	134.29	7.90	3.17	2.50	2.47	9.31	54.73	1.78	370	4.65	43.46	26	76616	43598	17969	2.43	18.24	2.53	51	30
安徽	合肥	482644.44	96.51	9.80	3.03	2.60	6.67	7.58	44.99	11.83	635	3.00	19.78	50	71054	34852	17059	2.04	17.04	1.90	56	25
福建	厦门	286686.83	175.21	7.90	3.36	1.70	9.72	6.90	58.57	2.80	365	3.90	134.55	16	69218	46254	18885	2.45	11.78	2.88	36	28
陕西	西安	332828.72	122.76	8.50	3.33	0.90	3.66	-1.52	61.17	2.92	942	4.78	29.22	63	69611	35630	15191	2.35	18.33	1.91	60	32
辽宁	大连	674277.21	474.13	6.50	2.91	1.90	54.76	7.41	51.36	2.36	487	2.93	49.87	30	73764	38050	15664	2.43	14.28	1.61	71	33
河南	郑州	433901.96	115.94	8.47	1.90	2.30	15.30	7.24	51.28	1.64	915	3.30	45.05	56	61149	33214	18426	1.80	8.59	0.19	83	28
吉林	长春	494745.45	128.49	7.70	3.57	1.40	18.46	7.02	45.20	1.24	577	7.21	15.71	38	68434	31069	12576	2.47	21.65	1.80	63	28
云南	昆明	367528.03	109.69	8.50	3.11	1.70	6.25	5.53	56.73	2.20	692	1.14	10.32	45	68375	36739	12555	2.93	15.42	2.54	79	39

续表

中国286个地级市经济高质量发展各省第一城市各评价维度详细数据（四）

省	市	在岗职工劳动生产率（元/人）	投资率产出率（%）	GDP增长率（%）	城镇登记失业率（%）	通货膨胀率（%）	GDP增长率波动率（%）	公共财政收入增长率（%）	第三产业占GDP比重（%）	科学技术支出占公共财政支出比重（%）	万人普通高校在校生数（人）	万人拥有专利授权数（件）	实际利用外资占GDP比重（%）	进出口总额占GDP比重（%）	普通高等学校数（所）	在岗职工平均工资（元）	城镇居民人均可支配收入（元）	农村居民人均可支配收入（元）	城乡民收入比	人均道路面积（平方米）	教育支出占GDP比重（%）	万人拥有居床位数（张）	万人拥有医生数（人）
江西	南昌	414761.21	95.92	9.00	3.51	2.10	6.25	3.30	42.85	1.74	1139	16.00	4.67	14.19	53	65812	34619	14952	2.32	12.07	2.07	53	24
黑龙江	哈尔滨	500131.93	121.06	7.30	3.76	1.80	2.82	-7.72	57.59	0.87	661	12.73	3.49	4.32	51	62583	33190	14439	2.30	13.51	2.00	74	25
海南	海口	256666.39	98.89	7.75	0.90	3.00	3.33	3.59	76.35	1.41	590	5.66	0.19	20.53	11	62030	30775	12679	2.43	17.10	2.49	59	47
贵州	贵阳	335925.54	93.40	10.10	3.10	1.10	19.20	-2.09	57.06	3.29	861	10.12	2.36	8.26	32	70535	29502	12967	2.28	9.90	3.14	65	34
内蒙古	呼和浩特	755616.67	171.62	7.75	3.66	1.40	6.63	8.99	68.56	1.02	770	0.91	1.84	2.74	24	56213	40220	14517	2.77	14.04	1.66	58	29
新疆	乌鲁木齐	315253.41	152.94	7.60	3.00	1.50	27.62	0.27	70.22	2.27	649	10.92	0.64	13.24	25	73254	34190	16351	2.09	10.71	2.92	100	54
山西	太原	295560.45	145.76	7.50	3.46	1.20	15.73	3.08	62.57	1.96	995	3.54	1.04	29.92	44	64820	29632	14591	2.03	13.32	2.38	84	48
河北	石家庄	651398.82	104.39	6.80	3.43	1.60	9.33	9.51	46.44	1.64	410	6.49	1.37	12.92	49	61189	30459	12345	2.47	19.61	2.69	46	29
广西	南宁	420832.95	98.52	5.90	2.21	1.40	31.40	5.30	50.79	0.88	567	5.84	0.29	11.24	32	68560	30728	11398	2.70	14.73	2.56	57	31
甘肃	兰州	343065.42	113.73	8.30	4.02	0.80	8.79	16.35	62.44	1.06	1147	9.46	0.99	8.11	23	67011	29661	10391	2.85	17.02	3.27	65	35
西藏	拉萨	354125.00	72.98	10.00	2.20	1.90	10.71	-20.49	58.13	0.36	559	2.67	1.09	9.70	6	111009	29383	11448	2.57	17.73	8.13	56	35
宁夏	银川	490214.27	94.70	8.10	3.56	1.70	2.41	1.12	45.34	1.50	451	1.60	0.15	10.22	16	70840	30478	12037	2.53	13.72	1.99	67	38
青海	西宁	390052.41	90.70	9.80	2.49	2.10	10.09	-20.65	49.14	0.52	306	5.66	0.48	6.82	10	61069	27539	9678	2.85	7.89	3.53	77	34

第五章　中国区域经济高质量
发展具体分析

一、区域经济高质量发展排名 TOP10 城市分析

整体来看，前十位的城市总得分平均分为 0.5653，高于全国平均得分 0.3592，说明前十位城市经济高质量发展水平相较于其他城市处于较高水平；从六个评价维度分析，前十位城市绿色生态高质量发展平均得分为 0.5431，略高于全国平均得分 0.5366，说明前十位城市在绿色生态高质量发展中有待提升；前十位城市社会人文高质量发展平均得分为 0.6149，远高于全国平均得分 0.3050，是全国平均分的约 2.02 倍，说明前十位城市在社会人文高质量发展中效果较好，远远领先于大部分城市；前十位城市企业发展高质量发展平均得分为 0.5557，远高于全国平均得分 0.2645，约 2.10 倍，说明前十位城市在企业发展高质量发展中效果较好，远远领先于大部分城市；前十位城市经济效率高质量发展平均得分为 0.6527，略高于全国平均得分 0.5705，说明前十位城市在经济效率高质量发展中与其他城市差异较小；前十位城市开发创新高质量发展平均得分 0.4410，远高于全国平均得分 0.1162，约 3.80 倍。说明前十位城市在开发创新高质量发展中远远领先于其他城市，但平均分低于 0.5000 分，说明前十位城市也需要在开放创新高质量发展中继续提升；前十位城市民生共享高质量发展平均得分

0.5299，高于全国平均得分 0.3311，约 1.60 倍，说明前十位城市在民生共享高质量发展中优于全国大部分城市。

进一步分析，由表 4-6 和图 5-1 可知，排名第一的深圳经济高质量发展水平靠前主要得益于其社会人文（第一位）、经济效率（第一位）、企业发展（第三位）、开放创新（第五位）方面发展较好，但是民生共享、绿色生态方面发展相对较弱，与其整体排名不相匹配。深圳在社会人文高质量发展中以 0.7509 分排名第一，为全国平均值 0.3050 分的 2.46 倍，在社会人文高质量评价的五个评价指标中深圳市以 100% 城镇化、社会城市认可度 3.1514 分位居第一，人口自然增长率 21.30‰位居全国第三，万人拥有图书馆藏书量 30267 册位列全国第四，政府城市认定数 6 个并列第 25 位，少于第一名 2 个。由此可见，在社会人文方面，深圳各项指标均位居前列，领先于全国绝大多数城市。深圳在经济效率高质量发展中以 0.7206 分排名第一，为全国平均值 0.5702 分的 1.26 倍；在经济效率高质量评价的八个评价指标中，深圳市投资产出率高达 477.97%，位列第三；其 GDP 增长波动率、第三产业占 GDP 比重、公共财政收入增长率三个指标也都表现较好，分别位列第 11、第 11、第 15。由此可见，虽然深圳经济效率高质量发展综合评价排名第一，但各分项指标与全国其他城市相比，优势并不明显；深圳市在企业发展高质量发展中以 0.6461 分排名第三，为全国平均值 0.2645 分的 2.44 倍，落后第三的苏州 0.0975 分；在企业发展高质量评价的六个评价指标中，深圳市拥有 82 家 500 强企业及中国 500 最具价值品牌数量，排名全国第二，拥有三个高质量产业集群，排名第五，100 个驰名商标地理标志，排名第八。深圳在开放创新高质量发展中以 0.4543 分排名第五，为全国平均值 0.1162 分的 3.91 倍，落后排名第一的珠海 0.1413 分；在开放创新高质量评价的六个评价指标中，深圳市万人拥有专利授权数 63 件名列全国第二；进出口总额占 GDP 比重 134.96%，排名第三；科学技术支出占公共财政支出比重 9.58%，排名第四。深圳市在民生共享高质量发展中以 0.4288 分排名第 35，为全国平均值 0.3311 分的 1.30 倍，落后排名第一的舟山 0.1814 分；在民生共享高质量评价的八个评价指标中，深圳在岗职工平均工资 89757 元，位列全国第三；城镇居民人均可支配收入 48695 元，位列全国第 8。深圳市在绿色生态高质量发展中以 0.5426 分仅排名第 118，略高于全国平均值 0.5366 分，落后排名第一的南平 0.2919 分。在绿色生态高质量评价的九个评价指标中，深圳生活垃圾无害优化处理率达到 100%，与其他 136 个城市并列第一。

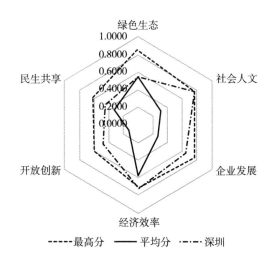

图 5 - 1 深圳高质量发展评价六维度雷达图

由表 4 - 6 和图 5 - 2 可知排名第二的杭州经济高质量发展水平靠前主要得益于其企业发展、经济效率、开放创新、民生共享方面发展较好，但是社会人文、绿色生态方面发展相对较弱，与其整体排名不相匹配。杭州市在民生共享高质量发展中以 0.6063 分排名第二，为全国平均值 0.3311 分的 1.83 倍，仅落后排名第一的舟山 0.0039 分。在民生共享高质量评价的八个评价指标中，杭州城镇居民人均可支配收入 52185 元，位列全国第二；农村居民人均可支配收入 27908 元，名列第四；在岗职工平均工资 87153 元，名列第五；万人拥有医生数 42 人，名列第八。杭州市在经济效率高质量发展中以 0.6713 分排名第三，为全国平均值 0.5702 分的 1.18 倍，低于排名第一的深圳 0.049 分。在经济效率高质量评价的八个评价指标中，杭州城镇登记失业率 1.72%，位列第八；第三产业占 GDP

比重 60.89%，位列第 10；GDP 增长率及公共财政收入增长率均位列第 18。杭州市在企业发展高质量发展中以 0.6312 分排名第四，为全国平均值 0.2645 分的 2.39 倍，落后排名第一的苏州 0.1124 分。在企业发展高质量评价的六个评价指标中，杭州拥有 89 家 500 强企业及中国 500 最具价值品牌，排名第一；102 个驰名商标地理标志，排名第六；三家中国质量奖企业，排名第七。杭州市在开放创新高质量发展中以 0.4289 分排名第十，为全国平均值 0.1162 分的 3.69 倍，落后排名第一的珠海 0.1667 分。在开放创新高质量评价的六个评价指标中，杭州各指标表现较为均衡，排名最高的是万人拥有专利授权数 45 件，位列第九；最低的是万人普通高校在校生人数 466 人，位列第 28。杭州市在社会人文高质量发展中以 0.5479 分排名第 26，为全国平均值 0.3050 分的 1.80 倍，落后排名第一的深圳 0.2030 分。在社会人文高质量评价的五个评价指标中，杭州万人拥有图书馆藏书量 23262 册，排名第七。杭州市在绿色生态高质量发展中以 0.6038 分排名第 57，稍高于全国平均值 0.5366 分，落后排名第一的南平 0.2307 分。在绿色生态高质量评价的九个评价指标中，杭州生活垃圾无害优化处理率达到 100%，与其他 136 个城市并列第一。

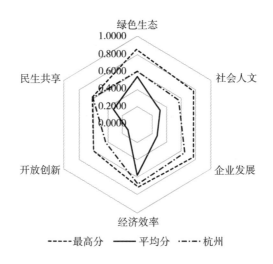

图 5 - 2　杭州高质量发展评价六维度雷达图

由表 4 – 6 和图 5 – 3 可知排名第三的苏州经济高质量发展水平靠前主要得益于其企业发展、经济效率、开放创新、民生共享方面发展较好，但是社会人文、绿色生态方面发展相对较弱，与其整体排名不相匹配。苏州在企业发展高质量发展中以 0.7436 分排名第一，为全国平均值 0.2645 分的 2.81 倍。在企业发展高质量评价的六个评价指标中，苏州拥有五个高质量产业集群，排名第一；五家中国质量奖企业，排名第二；拥有 38 家 500 强企业及中国 500 最具价值品牌，排名第四；82 个驰名商标地理标志，排名第 15。苏州在经济效率高质量发展中以 0.6791 分排名第二，为全国平均值 0.5702 分的 1.19 倍，低于排名第一的深圳 0.0415 分。在经济效率高质量评价的八个评价指标中，苏州 GDP 增长波动率 0.00%，排名第一；在岗职工劳动生产率 864530.17 元/人，排名第七。苏州在民生共享高质量发展中以 0.5994 分排名第三，为全国平均值 0.3311 分的 1.81 倍，仅落后排名第一的舟山 0.0108 分。在民生共享高质量评价的八个评价指标中，苏州城镇居民人均可支配收入 54341 元，位列全国第一；农村居民人均可支配收入 27691 元，名列第六；人均道路面积 34.21 平方米，名列全国第五；在岗职工平均工资 79870 元，名列第 13。苏州市在开放创新高质量发展中以 0.4211

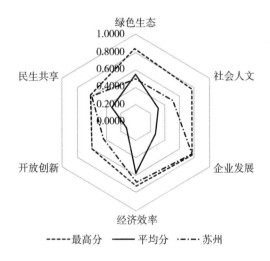

图 5 – 3　苏州高质量发展评价六维度雷达图

分排名第 12，为全国平均值 0.1162 的 3.62 倍，落后排名第一的珠海 0.1745 分。在开放创新高质量评价的六个评价指标中，苏州万人拥有专利授权数 50 件，位列第六；进出口总额占 GDP 比重 116.75%，位列第六；科学支出占公共财政支出比重 5.89%，排名第七。苏州在社会人文高质量发展中以 0.5007 分排名第 39，为全国平均值 0.3050 分的 1.64 倍，落后排名第一的深圳 0.2502 分。在社会人文高质量评价的五个评价指标中，苏州万人拥有图书馆藏书量 17638 册，排名第 12。苏州市在绿色生态高质量发展中以 0.4885 分排名第 192，低于全国平均值 0.5366 分，落后排名第一的南平 0.3460 分。在绿色生态高质量评价的九个评价指标中，苏州生活垃圾无害优化处理率达到 100%，与其他 136 个城市并列第一。

由表 4-6 和图 5-4 可知，排名第四的广州经济高质量发展水平靠前主要得益于其经济效率、开放创新、民生共享、企业发展、社会人文发展较好，但是绿色生态方面发展相对较弱，与其整体排名不相匹配。广州在经济效率高质量发展中以 0.6707 分排名第四，为全国平均值 0.5702 分的 1.18 倍，低于排名第一的深圳 0.0499 分。在经济效率高质量评价的八个评价指标中，广州第三产业占 GDP 比重 63.35%，位列第三；投资产出率 342.72%，排名第十。广州在开放创新高质量发展中以 0.5144 分排名第四，为全国平均值 0.1162 分的 4.43 倍，落后排名第一的珠海 0.0812 分。在开放创新高质量评价的六个评价指标中，广州拥有 82 所普通高等学校，排名全国第二；科学技术支出占财政支出比重 5.81%，排名全国第八；万人普通高校在校生数 753 人，排名第 13；万人拥有专利授权数 34 件，排名全国第 17；进出口总额占 GDP 比重 43.83%，排名第 20。广州市在企业发展高质量发展中以 0.5019 分排名第 14，为全国平均值 0.2645 分的 1.90 倍，落后排名第一的苏州 0.2417 分。在企业发展高质量评价的六个评价指标中，广州拥有 50 家 500 强企业及中国 500 最具价值品牌，排名第三；两个高质量产业集群，并列第 17；73 个驰名商标地理标志，排名第 20。广州市在民生共享高质量发展中以 0.4887 分排名第 18，为全国平均值 0.3311 分的 1.48 倍，落后排名第一的舟山 0.1215 分。在民生共享高质量评价的八个评价指标中，广州在岗职工平均工资 89096 元、城镇居民人均可支配收入 50941 元，均位列全国第四；农村居民人均可支配收入 21449 元，排名全国第 18。广州在社会人文高质量发展中以 0.5652 分排名第 20，为全国平均值 0.3050 分的 1.85 倍，落后排名第一的深圳 0.1857 分。在社会人文高质量评价的五个评价指标中，广州以 86.06% 的城镇化率排名全国第九；万人拥有图书馆藏书量 17100 册，排名第 15。广州在绿色生态高质量发展中以 0.5764 分排名第 79，稍高于全国平均值 0.5366 分，落后排名第一的南平 0.2581 分。在绿色生态高质量评价的九个评价指标中，广州市人均公园绿地面积 22.09 平方米，排名全国第 18。

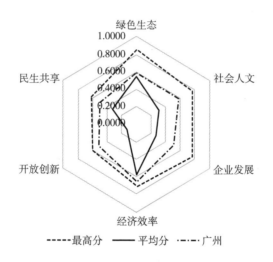

图 5-4　广州高质量发展评价六维度雷达图

由表 4-6 和图 5-5 可知，排名第五的长沙经济高质量发展水平靠前主要得益于其民生共享、社会人文、企业发展、开放创新发展较好，但是经济效率、绿色生态方面发展相对较弱，与其整体排名不相匹配。长沙市在民生共享高质量发展中以 0.5570 分排名第五，为全国平均值 0.3311 分的 1.68 倍，落后排名第一的舟山 0.0532 分。在民生共享高质量评价的八个评价指标中，万人拥有床位数 85 张，排名第二；城乡居民收入比 1.70，排名第八；农村居民可支配收入 25448

元，排名第 11；城镇居民人均可支配收入 43294 元，排名第 18；万人拥有医生数 36 人，排名第 12；在岗职工平均工资 77782 元，排名第 15。长沙在社会人文高质量发展中以 0.6777 分排名第六，为全国平均值 0.3050 分的 2.22 倍，落后排名第一的深圳 0.0732 分。在社会人文高质量评价的五个评价指标中，长沙社会城市认可度为 3.1195 分，并列第二。长沙在企业发展高质量发展中以 0.5638 分排名第八，为全国平均值 0.2645 分的 2.13 倍，落后排名第一的苏州 0.1798 分。在企业发展高质量评价的六个评价指标中，长沙拥有三个高质量产业集群，排名全国第五；三家中国质量奖企业，排名第七；100 个驰名商标地理标志数，排名第八；单位工业产值污染物排放量 0.37 吨/万元，排名第 14；18 家 500 强企业及中国 500 最具价值品牌，排名第 17。长沙在开放创新高质量发展中以 0.3677 分排名第 17，为全国平均值 0.1162 分的 3.16 倍，落后排名第一的珠海 0.2279 分。在开放创新高质量评价的六个评价指标中，长沙拥有 51 所普通高等学校，排名全国第八；万人普通高校在校生数 772 人，排名全国第 11。长沙在经济效率高质量发展中以 0.6145 分排名第 44，略高于全国平均值 0.5702 分，低于排名第一的深圳 0.1061 分。在经济效率高质量评价的八个评价指标中，长沙在岗职工劳动生产率 828045.03 元/人，排名全国第 14。长沙在绿色生态高质量发展

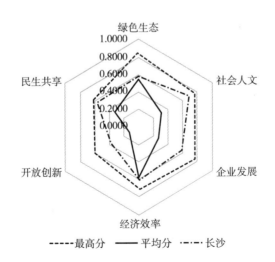

图 5-5　长沙高质量发展评价六维度雷达图

中以 0.5736 分排名第 82，稍高于全国平均值 0.5366 分，落后排名第一的南平 0.2609 分。在绿色生态高质量评价的九个评价指标中，长沙生活垃圾无害化处理率 100%、污水处理厂集中处理率 100%，均并列全国第一；万元 GDP 电耗 299.95 千瓦时/万元，位列全国第十。

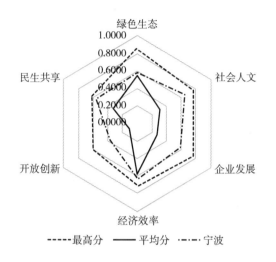

图 5 - 6　宁波高质量发展评价六维度雷达图

由表 4 - 6 和图 5 - 6 可知，排名第六的宁波经济高质量发展水平靠前主要得益于其民生共享、社会人文、企业发展、开放创新、经济效率发展较好，但是绿色生态方面发展相对较弱，与其整体排名不相匹配。宁波在民生共享高质量发展中以 0.5489 分排名第六，为全国平均值 0.3311 分的 1.66 倍，落后排名第一的舟山 0.0613 分。在民生共享高质量评价的八个评价指标中，宁波农村居民可支配收入 28572 元，排名第二；城镇居民人均可支配收入 51560 元，排名第三；在岗职工平均工资 83656 元，排名第十。宁波在社会人文高质量发展中以 0.6400 分排名第十，为全国平均值 0.3050 分的 2.10 倍，落后排名第一的深圳 0.1109 分。在社会人文高质量评价的五个评价指标中，宁波以社会城市认可度 3.1195 分并列第二，政府城市认可度 5.1629 分并列第五。宁波在企业发展高质量发展中以 0.5602 分排名第十，为全国平均值 0.2645 分的 2.12 倍，落后排名第一的苏州 0.1834 分。在企业发展高质量评价的六个评价指标中，宁波拥有四家中国质量奖企业，排名第三；34 家 500 强企业及中国 500 最具价值品牌，排名第五；76 个驰名商标地理标志数，排名第 17。宁波在开放创新高质量发展中以 0.3631 分排名第 18，为全国平均值 0.1162 分的 3.12 倍，落后排名第一的珠海 0.2325 分。在开放创新高质量评价的六个评价指标中，宁波万人拥有专利授权数 52 件，排名全国第五；进出口总额占 GDP 比重 72.59%，排名第十。宁波在经济效率高质量发展中以 0.6360 分排名第 21，稍高于全国平均值 0.5702 分，低于排名第一的深圳 0.0846 分。在经济效率高质量评价的八个评价指标中，宁波整体指标排名较为平均。宁波在绿色生态高质量发展中以 0.5696 分排名第 84，稍高于全国平均值 0.5366 分，落后排名第一的南平 0.2652 分。在绿色生态高质量评价的九个评价指标中，宁波生活垃圾无害优化处理率达到 100%，与其他 136 个城市并列第一。

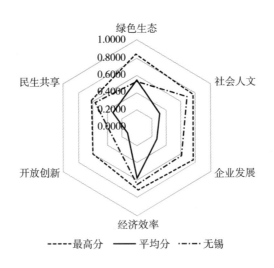

图 5-7 无锡高质量发展评价六维度雷达图

由表 4-6 和图 5-7 可知，排名第七的无锡经济高质量发展水平靠前主要得益于其民生共享、社会人文、企业发展、经济效率、开放创新发展较好，但是绿色生态方面发展相对较弱，与其整体排名不相匹配。无锡在民生共享高质量发展中以 0.5574 分排名第四，为全国平均值 0.3311 分的 1.68 倍，落后排名第一的舟山 0.0528 分。在民生共享高质量评价的八个评价指标中，无锡农村居民可支配收入 26158 元，排名第十；城镇居民人均可支配收入 48628 元，排名第九；在岗职工平均工资 84931 元，排名第九。无锡在社会人文高质量发展中以 0.6781 分排名第五，为全国平均值 0.3050 分的 2.22 倍，落后排名第一的深圳 0.0728 分。在社会人文高质量评价的五个评价指标中，无锡以社会城市认可度 3.1195 分并列第二，政府城市认可度 5.1343 分排名第八。无锡在企业发展高质量发展中以 0.6014 分排名第五，为全国平均值 0.2645 分的 2.27 倍，落后排名第一的苏州 0.1422 分。在企业发展高质量评价的六个评价指标中，无锡拥有四家中国质量奖企业，排名第三；三个高质量产业集群，排名第五；34 家 500 强企业及中国 500 最具价值品牌，排名第五。无锡在开放创新高质量发展中以 0.2988 分排名第 25，为全国平均值 0.1162 分的 2.57 倍，落后排名第一的珠海 0.2958 分。在开放创新高质量评价的六个评价指标中，无锡万人拥有专利授权数 46 件，排名第八；进出口总额占 GDP 比重 50.34%，排名第 15。无锡在经济效率高质量发展中以 0.6509 分排名第 15，稍高于全国平均值 0.5702 分，低于排名第一的深圳 0.0697 分。在经济效率高质量评价的八个评价指标中，无锡在岗职工劳动生产率 969475.79 元/人排名全国第五；城镇登记失业率 1.85%，排名第 14。无锡市在绿色生态高质量发展中以 0.5144 分排名第 154，低于全国平均值 0.5366 分，落后排名第一的南平 0.3201 分。在绿色生态高质量评价的九个评价指标中，无锡生活垃圾无害优化处理率达到 100%，与其他 136 个城市并列第一。

由表 4-6 和图 5-8 可知，排名第八的南京经济高质量发展水平靠前主要得益于其社会人文、开放创新、经济效率、民生共享、企业发展发展较好，但是绿色生态方面发展相对较弱，与其整体排名不相匹配。南京在社会人文高质量发展中以 0.6923 分排名第三，为全国平均值 0.3050 分的 2.27 倍，落后排名第一的深圳 0.0586 分。在社会人文高质量评价的五个评价指标中，南京以社会城市认可度 3.1195 分并列第二，政府城市认可度 5.1629 分并列第五；万人拥有图书馆

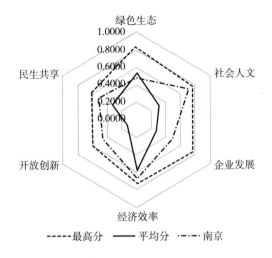

图 5 - 8 南京高质量发展评价六维度雷达图

藏书量 24046 册，排名第六；城镇化率 82.00%，排名第 13。南京在开放创新高质量发展中以 0.4496 分排名第六，为全国平均值 0.1162 分的 3.81 倍，落后排名第一的珠海 0.1460 分。在开放创新高质量评价的六个评价指标中，南京万人普通高校在校生数 1001 人，排名第四；拥有 44 所普通高等学校，排名第 14；万人拥有专利授权数 35 件，排名第 15；科学技术支出占公共财政支出比重 4.53%，排名第 18。南京在经济效率高质量发展中以 0.6629 分排名第七，高于全国平均值 0.5702 分，低于排名第一的深圳 0.0577 分。在经济效率高质量评价的八个评价指标中，南京第三产业占 GDP 比重 58.39%，排名第 14。南京在民生共享高质量发展中以 0.5166 分排名第 12，为全国平均值 0.3311 分的 1.56 倍，落后排名第一的舟山 0.0936 分。在民生共享高质量评价的八个评价指标中，南京在岗职工平均工资 90191 元，排名第二；城镇居民人均可支配收入 49997 元，排名第六；农村居民可支配收入 21156 元，排名第 19。南京在企业发展高质量发展中以 0.4630 分排名第 17，为全国平均值 0.2645 分的 1.75 倍，落后排名第一的苏州 0.2806 分。在企业发展高质量评价的六个评价指标中，南京有 26 家 500 强企业及中国 500 最具价值品牌，排名第十；拥有两家中国质量奖企业，排名并列第 14；两个高质量产业集群，排名并列第 17。南京在绿色生态高质量发展中以 0. 4860 分排名第 199，低于全国平均值 0. 5366 分，落后排名第一的南平 0. 3485 分。在绿色生态高质量评价的九个评价指标中，南京生活垃圾无害优化处理率达到 100%，与其他 136 个城市并列第一。

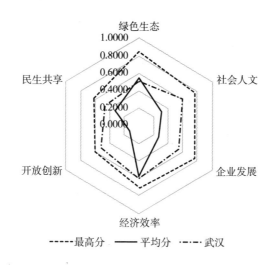

图 5 - 9 武汉高质量发展评价六维度雷达图

由表 4 - 6 和图 5 - 9 可知，排名第九的武汉经济高质量发展水平靠前主要得益于其开放创新、企业发展、社会人文、民生共享发展较好，但是经济效率、绿色生态方面发展相对较弱，与其整体排名不相匹配。武汉在开放创新高质量发展中以 0. 5163 分排名第三，为全国平均值 0. 1162 分的 4. 44 倍，落后排名第一的珠海 0. 0793 分。在开放创新高质量评价的六个评价指标中，武汉拥有 84 所普通高等学校，排名第一；万人普通高校在校生数 881 人，排名第八；科学技术支出占公共财政支出比重 5. 67%，排名第九；实际利用外资占 GDP 比重 4. 75%，排名第 15。武汉在企业发展高质量发展中以 0. 5338 分排名第 12，为全国平均值 0. 2645 分的 2. 02 倍，落后排名第一的苏州 0. 2098 分。在企业发展高质量评价的六个评价指标中，武汉拥有三个高质量产业集群，排名并列第五；拥有三家中国质量奖企业，排名并列第七；19 家 500 强企业及中国 500 最具价值品牌，排名第 15。武汉在社会人文高质量发展中以 0.5944 分排名第 15，为全国平均值 0.3050 分的 1.95 倍，落后排名第一的深圳 0.1565 分。在社会人文高质量评价的五个评价指标中，武汉以政府城市认可度 5.8857 分排名第二，以 79.77% 的城镇化率排名第 18。武汉在民生共享高质量发展中以 0.4574 分排名第 24，为全国平均值 0.3311 分的 1.38 倍，落后排名第一的舟山 0.1528 分。在民生共享高质量评价的八个评价指标中，武汉万人拥有床位数 73 张，排名第 15。武汉在经济效率高质量发展中以 0.5997 分排名第 79，略高于全国平均值 0.5702 分，低于排名第一的深圳 0.1209 分。武汉在绿色生态高质量发展中以 0.4937 分排名第 188，低于全国平均值 0.5366 分，落后排名第一的南平 0.3408 分。在绿色生态高质量评价的九个评价指标中，武汉生活垃圾无害优化处理率达到 100%，与其他 136 个城市并列第一。

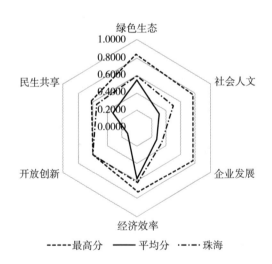

图 5 - 10　珠海高质量发展评价六维度雷达图

由表 4 - 6 和图 5 - 10 可知，排名第十的珠海经济高质量发展水平靠前主要得益于其开放创新、民生共享发展较好，但是经济效率、社会人文、企业发展、绿色生态方面发展相对较弱，与其整体排名不相匹配。珠海在开放创新高质量发展中以 0.5956 分排名第一，为全国平均值 0.1162 分的 5.13 倍。在开放创新高质量评价的六个评价指标中，珠海市万人拥有专利授权数 55 件，排名第四；实际利用外资占 GDP 比重 6.85%，排名第五；科学技术支出占公共财政支出比重 8.45%，排名第五；进出口总额占 GDP 比重 123.66%，排名第五；万人普通高校在校生数 798 人，排名第十。珠海在民生共享高质量发展中以 0.5389 分排名第七，为全国平均值 0.3311 分的 1.63 倍，落后排名第一的舟山 0.0713 分。在民生共享高质量评价的八个评价指标中，珠海人均道路面积 33.47 平方米，排名第 8；农村居民人均可支配收入 22889 元，排名第 16；万人拥有床位数 35 张，排名第 17；在岗职工平均工资 74931 元，排名第 19。珠海在经济效率高质量发展中以 0.6215 分排名第 34，高于全国平均值 0.5702 分，低于排名第一的深圳 0.0991 分。珠海在社会人文高质量发展中以 0.5017 分排名第 37，为全国平均值 0.3050 分的 1.64 倍，落后排名第一的深圳 0.2492 分。在社会人文高质量评价的五个评价指标中，珠海以 88.80% 的城镇化率排名第 7。珠海在企业发展高质量发展中以 0.3408 分排名第 41，稍高于全国平均值 0.2645 分，落后排名第一的苏州 0.4028 分。在企业发展高质量评价的六个评价指标中，珠海拥有两个高质量产业集群，排名并列第 17。珠海在绿色生态高质量发展中以 0.5828 分排名第 74，稍高于全国平均值 0.5366 分，落后排名第一的南平 0.2517 分。在绿色生态高质量评价的九个评价指标中，珠海生活垃圾无害优化处理率达到 100%，与其他 136 个城市并列第一；建成区绿化覆盖率 47.74%，排名第九。

二、区域经济高质量发展排名后 10 城市分析

排在后十位的依次是忻州、临汾、葫芦岛、海东、陇南、吕梁、达州、朔州、昭通、绥化，其得分均低于 0.2608，具体如表 5-1 所示，其中五个属于中部地区，四个属于西部地区，一个属于东部地区。

表 5 –1　中国 286 个地级市经济高质量发展后十城市各维度得分及排名

城市	总得分	排名	绿色生态	排名	社会人文	排名	企业发展	排名	经济效率	排名	开放创新	排名	民生共享	排名
忻州	0.2429	286	0.4232	275	0.1033	265	0.1498	279	0.5110	259	0.0310	243	0.2107	284
临汾	0.2438	285	0.4081	283	0.1890	204	0.1884	265	0.3617	286	0.0453	210	0.2511	257
葫芦岛	0.2507	284	0.5105	161	0.1508	233	0.1805	270	0.3646	285	0.0279	251	0.2582	246
海东	0.2600	283	0.4582	240	0.0604	279	0.2169	187	0.5004	267	0.0188	274	0.2435	265
陇南	0.2618	282	0.4440	258	0.0757	276	0.2021	253	0.6136	47	0.0113	282	0.1837	286
吕梁	0.2656	281	0.4342	268	0.0867	272	0.2165	191	0.5300	240	0.0395	228	0.2118	283
达州	0.2692	280	0.4794	211	0.0546	283	0.2205	171	0.5142	254	0.0189	273	0.2497	259
朔州	0.2707	279	0.4208	277	0.1491	237	0.1627	278	0.5202	250	0.0325	241	0.2689	230
昭通	0.2710	278	0.4546	244	0.0600	280	0.2151	198	0.5636	164	0.0062	286	0.2873	201
绥化	0.2721	277	0.4952	185	0.0485	285	0.1753	273	0.5535	187	0.0322	242	0.2313	272

由表 5 –1 和图 5 –11 可知，忻州经济高质量发展水平靠后是因为六个维度得分均比较低所致，仅经济效率得分接近于全国平均值，其中民生共享得分 0.2107 分、企业发展得分 0.1498 分均位列后十位，绿色生态得分 0.4232 分位列后 20 位。

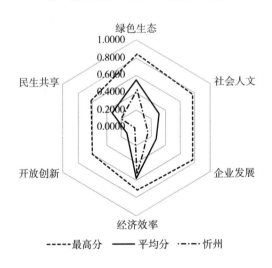

图 5 –11　忻州高质量发展评价六维度雷达图

由表 5 –1 和图 5 –12 可知，临汾经济高质量发展水平靠后是因为六个维度得分均比较低所致，其中经济效率得分 0.3617 分、绿色生态得分 0.4081 分均位列后十位。

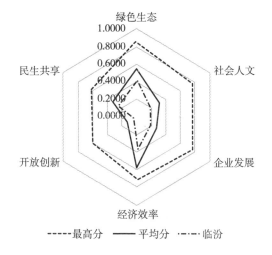

图 5 – 12　临汾高质量发展评价六维度雷达图

由表 5 – 1 和图 5 – 13 可知，葫芦岛经济高质量发展水平靠后是因为六个维度得分均比较低所致，仅绿色生态得分接近于全国平均值，其中经济效率得分 0.3646 分，位列后十位；企业发展得分 0.1805 分，位列后 20 位。

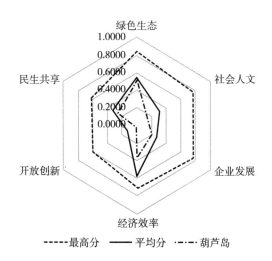

图 5 – 13　葫芦岛高质量发展评价六维度雷达图

由表 5 – 1 和图 5 – 14 可知，海东经济高质量发展水平靠后是因为六个维度得分均比较低所致，其中开放创新和社会人文远低于平均值排名靠后，社会人文得分仅 0.0604 分，位列后十位；开放创新得分 0.0188 分、经济效率得分 0.5004 分，位列后 20 位。

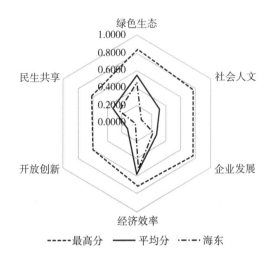

图 5-14　海东高质量发展评价六维度雷达图

由表 5-1 和图 5-15 可知，陇南经济高质量发展水平靠后是因为除经济效率外其他五个维度得分均比较低所致，其中民生共享得分 0.1837 分、开放创新得分 0.0113 分，位列后十位；社会人文得分 0.0757 分，位列后 20 位。

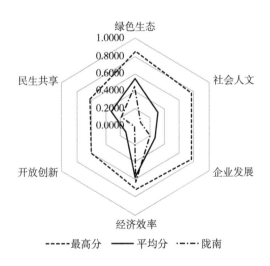

图 5-15　陇南高质量发展评价六维度雷达图

由表 5 - 1 和图 5 - 16 可知，吕梁经济高质量发展水平靠后是因为六个维度得分均比较低所致，仅经济效率得分接近平均值但排名也较后，其中民生共享 0.2118 分，位列后十位；社会人文得分 0.0867 分、绿色生态得分 0.4342 分，位列后 20 位。

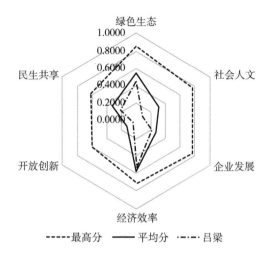

图 5 - 16　吕梁高质量发展评价六维度雷达图

由表 5 - 1 和图 5 - 17 可知，达州经济高质量发展水平靠后是因为六个维度得分均低于全国平均值所致，其中社会人文得分 0.0546 分，位列后十位；开放创新得分 0.0189 分，位列后 20 位。

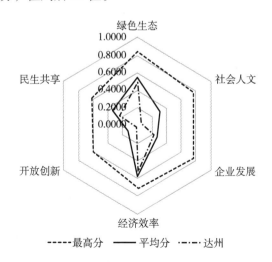

图 5 - 17　达州高质量发展评价六维度雷达图

由表 5-1 和图 5-18 可知，朔州经济高质量发展水平靠后是因为六个维度得分均比较低所致，仅经济效率得分接近平均值，但排名也较后，其中社会人文得分 0.1491 分，位列后十位；开放创新得分 0.0325 分，位列后 20 位。

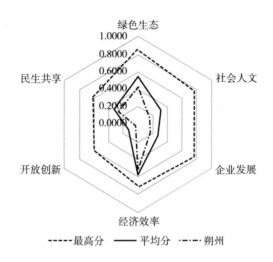

图 5-18　朔州高质量发展评价六维度雷达图

由表 5-1 和图 5-19 可知，昭通经济高质量发展水平靠后是因为六个维度得分均比较低所致，仅经济效率得分接近平均值但排名也较后，其中企业发展得分 0.2151 分、绿色生态得分 0.4546 分，位列后十位。

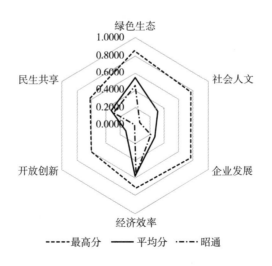

图 5-19　昭通高质量发展评价六维度雷达图

由表 5-1 和图 5-20 可知，绥化经济高质量发展水平靠后是因为六个维度得分均比较低所致，仅经济效率、绿色生态得分接近平均值，其中社会人文得分 0.0485 分，位列后十位；企业发展得分 0.1753 分、民生共享得分 0.2313 分，位列后 20 位。

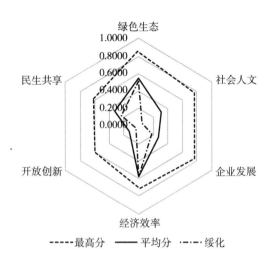

图 5-20　绥化高质量发展评价六维度雷达图

三、区域经济高质量发展省域 TOP1 城市分析

这里列出各省份经济高质量发展总分排名第一城市（见表 5-2）。

表 5-2　各省份经济高质量发展总分排名第一城市情况

省份	市	总得分	排名	省份	市	总得分	排名	省份	市	总得分	排名
广东	深圳	0.6027	1	陕西	西安	0.4786	22	内蒙古	呼和浩特	0.4216	47
浙江	杭州	0.5935	2	辽宁	大连	0.4785	23	新疆	乌鲁木齐	0.4155	49
江苏	苏州	0.5885	3	河南	郑州	0.4596	27	山西	太原	0.4127	52
湖南	长沙	0.5594	5	吉林	长春	0.4484	33	河北	石家庄	0.4106	54
湖北	武汉	0.5437	9	云南	昆明	0.4430	35	广西	南宁	0.3991	62
四川	成都	0.5332	11	江西	南昌	0.4405	37	甘肃	兰州	0.3969	63
山东	青岛	0.5230	12	黑龙江	哈尔滨	0.4332	41	西藏	拉萨	0.3834	75
安徽	合肥	0.4913	19	海南	海口	0.4299	44	宁夏	银川	0.3652	99
福建	厦门	0.4874	20	贵州	贵阳	0.4240	46	青海	西宁	0.3545	123

进一步分析各省份经济高质量发展情况，由表中数据可知，除广东、江苏、山东、福建、辽宁五省外，其余 22 省份经济高质量发展排名第一城市均为省会城市。广东省省会广州（0.5650 分，全国排名第四），省内排名第二；江苏省省会南京（0.5488 分，全国排名第八），省内排名第三，低于无锡（0.5549 分，全国排名第七）、苏州（0.5885 分，全国排名第三）；山东省省会济南（0.5080 分，全国排名第 15），省内第二；福建省省会福州（0.4597 分，全国排名第 26），省内排名第三，低于泉州（0.4823 分，全国排名第 21）、厦门（0.4874 分，全国排名第 20）；辽宁省省会沈阳（0.4328 分，全国排名第 40），省内第二。由此可见，各省份省会城市的经济高质量发展程度优于各省份其他城市或排名前列。其中，7 个省份经济高质量发展排名第一城市位于经济高质量发展第一方阵、13 个省份经济高质量发展排名第一城市位于经济高质量发展第二方阵、6 个省份经济高质量发展排名第一城市位于经济高质量发展第三方阵，1 省经济高质量发展排名第一城市位于经济高质量发展第四方阵。

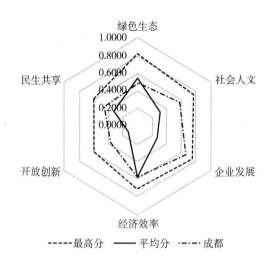

图 5 - 21　成都高质量发展评价六维度雷达图

对省域排名第一的城市具体分析如下（深圳、杭州、苏州、长沙、武汉的具体分析见本章第一部分）：

由表 5 - 2 和图 5 - 21 可知，在四川排名第一的成都经济高质量发展水平靠
前主要得益于其企业发展（排名第二）、开放创新（排名第 16）、社会人文（排
名第 18）、民生共享（排名第 26）方面发展较好，但是经济效率（排名第 139）、
绿色生态（排名第 184）方面发展相对较弱，与其整体排名不相匹配。成都在绿
色生态高质量发展中以 0.4958 分仅排名第 184，比全国平均值低 0.0408 分，比
排名第一的南平低 0.3387 分。在绿色生态高质量评价的九个评价指标中，其中
生活垃圾无害化处理率为 100%，排名第一；万元 GDP 电耗为 372.21 千瓦时/万
元，排名第 21。成都在社会人文高质量发展中以 0.5684 分排名第 18，高出全国
平均值 0.2634 分，比排名第一的深圳低 0.1826 分。在社会人文高质量评价的五
个评价指标中，万人拥有公共图书馆藏书量为 10723.08 册，排名第 36；政府城
市认可度为 5.99 分，排名第一；社会城市认可度 2.49 分，排名并列第 22。成都
在企业发展高质量发展中以 0.6518 分排名第二，高出全国平均值 0.3872 分，比
排名第一的苏州低 0.0919 分。在企业发展高质量评价的六个评价指标中，深圳
市拥有七个企业获得中国质量奖排名第一，拥有三个高质量产业集群排名第五，
96 个驰名商标与地理标志位列全国第十，26 个 500 强企业及中国 500 最具价值
品牌位列全国第十，2 个产业集群排名第 17。成都在经济效率高质量发展中以
0.5743 分仅排名第 139，高出全国平均值 0.0040 分，比排名第一的深圳低
0.1464 分。在经济效率高质量评价的八个评价指标中，GDP 增长波动率为
2.53%，排名第 38；第三产业产值占 GDP 比重为 53.11%，排名第 29。成都在
开放创新高质量发展中以 0.3698 分排名第 16，高出全国平均值 0.2536 分，比排
名第一的珠海低 0.2258 分。在开放创新高质量评价的六个评价指标中，万人拥
有专利授权数 25.83 件，排名第 26；万人普通高校在校生 497.29 人，排名第 25；
有 56 所普通高等学校，排名第五。成都在民生共享高质量发展中以 0.4545 分排
名第 26，高出全国平均值 0.1234 分，比排名第一的舟山低 0.1558 分。在民生共
享新高质量评价的六个评价指标中，在岗职工平均工资 74408 元，排名第 21；万
人拥有床位 76.26 张，排名第九；万人拥有医生 34.37 人，排名第 18。

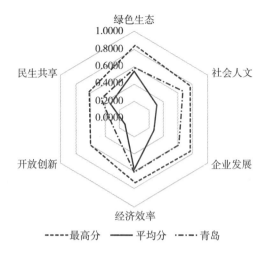

图 5 - 22　青岛高质量发展评价六维度雷达图

由表 5 - 2 和图 5 - 22 可知，在山东排名第一的青岛经济高质量发展水平靠前主要得益于其企业发展（排名第六）、开放创新（排名第 32）、社会人文（排名第九）、民生共享（排名第 32）方面发展较好，但是经济效率（排名第 69）、绿色生态（排名第 89）方面发展相对较弱，与其整体排名不相匹配。青岛在绿色生态高质量发展中以 0.5673 分排名第 89，比全国平均值高 0.0307 分，比排名第一的南平低 0.2673 分。在绿色生态高质量评价的九个评价指标中，人均公园绿地面积 18.55 平方米/人，排名第 40；生活垃圾无害化处理率为 100%，排名第一；污水处理厂集中处理率为 99.09%，排名第 11；万元 GDP 电耗为 372.86 千瓦时/万元，排名第 22。青岛在社会人文高质量发展中以 0.6467 分排名第九，高出全国平均值 0.3417 分，比排名第一的深圳低 0.1042 分。在社会人文高质量评价的五个评价指标中，社会城市认可度为 3.12 分，并列第二；政府城市认可度为 5.04 分，排名第 13；城镇化率为 71.53%，排名第 37。青岛在企业发展高质量发展中以 0.5911 分排名第六，高出全国平均值 0.3266 分，比排名第一的苏州低 0.1525 分。在企业发展高质量评价的六个评价指标中，拥有 500 强企业及中国 500 最具价值品牌 20 个，排名第 14；地理标志及驰名商标数量有 83 个，排名第 14；单位工业产值污染物排放量为 0.42 吨/万元，排名第 18；中国质量奖企业数量有四个，位列第三；有三个高质量产业集群，排名第五。青岛在经济效率高质量发展中以 0.6030 分排名第 69，高出全国平均值 0.0327 分，比排名第一的深圳低 0.1177 分。在经济效率高质量评价的八个评价指标中，在岗职工劳动生产率为 725455.80 元/人，排名第 25；GDP 增长波动率 2.47%，排名第 37；第三产业产值占 GDP 比重为 54.73%，排名第 25。青岛在开放创新高质量发展中以 0.2660 分排名第 32，高出全国平均值 0.1498 分，比排名第一的珠海低 0.3296 分。在开放创新高质量评价的六个评价指标中，实际利用外资占 GDP 比重为 4.65%，排名第 18；进出口总额占 GDP 比重为 43.46%，排名第 21；有 26 所普通高等学校，排名第 22。青岛在民生共享高质量发展中以 0.4396 分排名第 32，高出全国平均值 0.1085 分，比排名第一的舟山低 0.1707 分。在民生共享高质量评价的八个评价指标中，在岗职工平均工资 76616 元，排名第 17；城镇居民人均可支配收入 43598 元，排名第 17；农村居民人均可支配收入 17969 元，排名第 30。

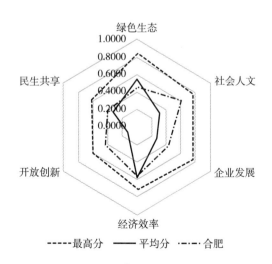

图 5−23　合肥高质量发展评价六维度雷达图

由表 5-2 和图 5-23 可知，在安徽排名第一的合肥经济高质量发展水平靠前主要得益于其企业发展（排名第 21）、开放创新（排名第八）、社会人文（排名第 14）、民生共享（排名第 52）方面发展较好，但是经济效率（排名第 151）、绿色生态（排名第 241）方面发展相对较弱，与其整体排名不相匹配。合肥在绿色生态高质量发展中以 0.4572 分排名第 241，比全国平均值低 0.0793 分，比排名第一的南平低 0.3773 分。在绿色生态高质量评价的九个评价指标中，生活垃圾无害化处理率为 100%，排名第一；万元 GDP 电耗为 371.18 千瓦时/万元，排名第 20。合肥在社会人文高质量发展中以 0.6038 分排名第 14，高出全国平均值 0.2988 分，比排名第一的深圳低 0.1472 分。在社会人文高质量评价的五个评价指标中，城镇化率为 72.05%，排名第 34；社会城市认可度为 3.07 分，并列第九。合肥在企业发展高质量发展中以 0.4269 分排名第 21，高出全国平均值 0.1624 分，比排名第一的苏州低 0.3167 分。在企业发展高质量评价的六个评价指标中，拥有八个 500 强企业及中国 500 最具价值品牌，位列全国第 38；单位工业产值污染物排放量为 0.51 吨/万元，排名第 25；中国质量奖企业有四个，排名第三。合肥在经济效率高质量发展中以 0.5683 分排名第 151，略低于全国平均值 0.0019 分，比排名第一的深圳低 0.1523 分。在经济效率高质量评价的八个评价指标中，GDP 增长率 9.8%，排名第 15。合肥在开放创新高质量发展中以 0.4301 分排名第八，高出全国平均值 0.3139 分，比排名第一的珠海低 0.1656 分。在开放创新高质量评价的六个评价指标中，科学技术支出占公共财政支出比重为 11.83%，排名第三；万人拥有专利授权数为 23.5 件/万人，排名第 27；万人普通高校在校生数为 634.79 人，排名第 18；50 所普通高等学校，排名第十。合肥在民生共享高质量发展中以 0.3920 分排名第 52，高出全国平均值 0.0610 分，比排名第一的舟山低 0.2182 分。在民生共享高质量评价的八个评价指标中，在岗职工平均工资 71054 元，排名第 32。

由表 5-2 和图 5-24 可知，在福建排名第一的厦门经济高质量发展水平靠前主要得益于其企业发展（排名第 43）、开放创新（排名第 14）、社会人文（排名第 16）、民生共享（排名第 37）方面发展较好，但是经济效率（排名第 60）、

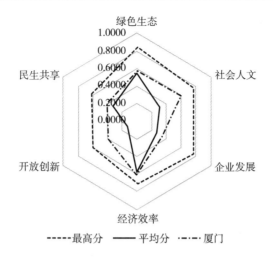

图 5 - 24　厦门高质量发展评价六维度雷达图

绿色生态（排名第 81）方面发展相对较弱，与其整体排名不相匹配。厦门在绿色生态高质量发展中以 0.5753 分排名第 81，比全国平均值高 0.0388 分，比排名第一的南平低 0.2592 分。在绿色生态高质量评价的九个评价指标中，PM2.5 年均浓度为 26.60 微克/立方米，排名 19。厦门在社会人文高质量发展中以 0.5850 分排名第 16，高出全国平均值 0.2800 分，比排名第一的深圳低 0.1660 分。在社会人文高质量评价的五个评价指标中，人口自然增长率为 16.14‰，排名第 13；万人拥有公共图书馆藏书量为 14984.69 册，排名第 21；社会城市认可度 3.07 分，并列第九。厦门在企业发展高质量发展中以 0.3364 分排名第 43，高出全国平均值 0.0718 分，比排名第一的苏州低 0.4073 分。在企业发展高质量评价的六个评价指标中，拥有 13 个 500 强企业及中国 500 最具价值品牌，排名第 22；地理标志及驰名商标有 73 个，排名第 20。厦门在经济效率高质量发展中以 0.6090 分排名第 60，高于全国平均值 0.0388 分，比排名第一的深圳低 0.1116 分。在经济效率高质量评价的八个评价指标中，第三产业产值占 GDP 比重为 58.57%，排名第 13。厦门在开放创新高质量发展中以 0.3964 分排名第 14，高出全国平均值 0.2802 分，比排名第一的珠海低 0.1992 分。在开放创新高质量评价的六个评价指标中，万人拥有专利授权数为30.89件，排名第22；进出口总额占GDP比重为134.55%，排名第四。厦门在民生共享高质量发展中以0.4101分排名第37，高出全国平均值0.0790分，比排名第一的舟山低0.2001分。在民生共享高质量评价的八个评价指标中，城镇居民人均可支配收入46254元，排名第14；农村居民人均可支配收入18885元，排名第24。

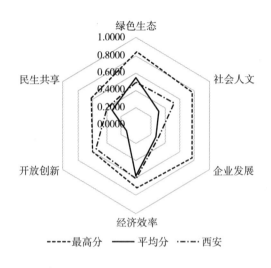

图5-25　西安高质量发展评价六维度雷达图

由表5-2和图5-25可知，在陕西排名第一的西安经济高质量发展水平位列全国第22，主要得益于其企业发展（排名第58）、开放创新（排名第二）、社会人文（排名第36）、民生共享（排名第50）方面发展较好，但是经济效率（排名第58）、绿色生态（排名第194）方面发展相对较弱，与其整体排名不相匹配。西安在绿色生态高质量发展中以0.4881分仅排名第194，比全国平均值低0.0484分，比排名第一的南平低0.3464分。西安在社会人文高质量发展中以0.5033分排名第36，高出全国平均值0.1983分，比排名第一的深圳低0.2476分。在社会人文高质量评价的五个评价指标中，城镇化率为73.43%，排名第30；万人拥有公共图书馆藏书量为13672.85册，排名第26；社会城市认可度为

2.49 分，并列第 22。西安在企业发展高质量发展中以 0.2952 分排名第 58，高出全国平均值 0.0307 分，比排名第一的苏州低 0.4484 分。西安在经济效率高质量发展中以 0.6093 分排名第 58，高于全国平均值 0.0391 分，比排名第一的深圳低 0.1113 分。在经济效率高质量评价的八个评价指标中，第三产业产值占 GDP 比重为 61.17%，排名第九；通货膨胀率 0.9%，排名第 14。西安在开放创新高质量发展中以 0.5346 分排名第二，高出全国平均值 0.4184 分，比排名第一的珠海低 0.0610 分。在开放创新高质量评价的六个评价指标中，万人拥有专利授权数为 43.34 件，排名第 11；万人普通高校在校生数为 941.53 人，排名第六；实际利用外资占 GDP 比重为 4.78%，排名第 14；63 所普通高等学校，排名第四。西安在民生共享高质量发展中以 0.3927 分排名第 50，高出全国平均值 0.0616 分，比排名第一的舟山低 0.2175 分。在民生共享高质量评价的八个评价指标中，万人拥有医生 31.55 人，排名第 28。

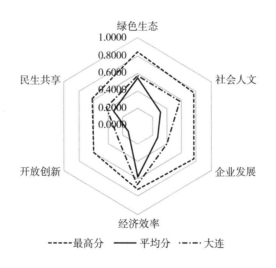

图 5 - 26 大连高质量发展评价六维度雷达图

由表 5 - 2 和图 5 - 26 可知，在辽宁排名第一的大连经济高质量发展水平位列全国第 23，主要得益于其经济效率（排名第五）、企业发展（排名第 25）、开放创新（排名第31）、社会人文（排名第19）、民生共享（排名第38）方面发展较好，但是绿色生态（排名第92）方面发展相对较弱，与其整体排名不相匹配。大连在绿色生态高质量发展中以0.5661分仅排名第92，比全国平均值高0.0295分，比排名第一的南平低0.2684分。在绿色生态高质量评价的九个评价指标中，建成区绿化覆盖率为44.89%，排名第34；生活垃圾无害化处理率为100%，排名第一。大连在社会人文高质量发展中以0.5681分排名第19，高出全国平均值0.2630分，比排名第一的深圳低0.1829分。在社会人文高质量评价的五个评价指标中，城镇化率为72%，排名第35；万人拥有公共图书馆藏书量为31868.78册，排名第三；政府城市认可度为5.13分，并列第九。大连在企业发展高质量发展中以0.3934分排名第25，高出全国平均值0.1289分，比排名第一的苏州低0.3502分。在企业发展高质量评价的六个评价指标中，拥有80个地理标志及驰名商标，排名第16；两个高质量产业集群，排名第17。大连在经济效率高质量发展中以0.6693分排名第五，高于全国平均值0.0990分，比排名第一的深圳低0.0514分。在经济效率高质量评价的八个评价指标中，投资产出率474.13%，排名第四；第三产业产值占GDP比重为51.36%，排名第34。大连在开放创新高质量发展中以0.2676分排名第31，高出全国平均值0.1514分，比排名第一的珠海低0.3281分。在开放创新高质量评价的六个评价指标中，万人普通高校在校生数为487.24人，排名第26；进出口总额占GDP比重49.87%，排名第16。大连在民生共享高质量发展中以0.4085分排名第38，高出全国平均值0.0775分，比排名第一的舟山低0.2017分。在民生共享高质量评价的八个评价指标中，在岗职工平均工资73764元，排名第23；万人拥有床位71.02张，排名第19；万人拥有医生32.71人，排名第23。

由表5-2和图5-27可知，在河南排名第一的郑州经济高质量发展水平位列全国第27，主要得益于其经济效率（排名第40）、开放创新（排名第九）、社会人文（排名第25）、民生共享（排名第47）方面发展较好，但是企业发展（排名第105）、绿色生态（排名第236）方面发展相对较弱，与其整体排名不相匹配。郑州在绿色生态高质量发展中以0.4607分仅排名第236，比全国平均值低

0.0759 分，比排名第一的南平低 0.3738 分。在绿色生态高质量评价的九个评价指标中，生活垃圾无害化处理率为 100%，排名第一，污水处理厂集中处理率为 100%，排名第九。郑州在社会人文高质量发展中以 0.5516 分排名第 25，高出全国平均值 0.2466 分，比排名第一的深圳低 0.1993 分。在社会人文高质量评价的五个评价指标中，城镇化率为 71.02%，排名第 40；政府城市认可度为 5.03 分，排名第 16；社会城市认可度为 2.49 分，并列第 22。郑州在企业发展高质量发展中以 0.2588 分排名第 105，比全国平均值略低 0.0057 分，比排名第一的苏州低 0.4848 分。在企业发展高质量评价的六个评价指标中，500 强企业及中国 500 最具价值品牌 11 个，排名第 25；单位工业产值污染物排放量为 0.55 吨/万元，排名第 32。郑州在经济效率高质量发展中以 0.6161 分排名第 40，高于全国平均值 0.0459 分，比排名第一的深圳低 0.1045 分。在经济效率高质量评价的八个评价指标中，城镇登记失业率 1.9%，排名第 28；第三产业产值占 GDP 比重为 51.28%，排名第 37。郑州在开放创新高质量发展中以 0.4292 分排名第九，高出全国平均值 0.3130 分，比排名第一的珠海低 0.1664 分。在开放创新高质量评价的六个评价指标中，万人普通高校在校生 914.57 人，排名第 7；有 56 所普通高等学校，排名第五。郑州在民生共享高质量发展中以 0.3937 分排名第 47，高出

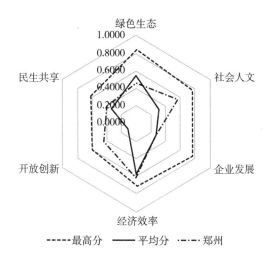

图 5－27　郑州高质量发展评价六维度雷达图

全国平均值 0.0626 分，比排名第一的舟山低 0.2166 分。在民生共享高质量评价的八个评价指标中，农村居民人均可支配收入 18426 元，排名第 27；城乡居民收入比为 1.8，排名第 25；万人拥有床位 83.22 张。

由表 5-2 和图 5-28 可知，在吉林排名第一的长春经济高质量发展水平位列全国第 33，主要得益于其经济效率（排名第 121）、开放创新（排名第 20）、社会人文（排名第 23）、企业发展（排名第 47）方面发展较好，但是民生共享（排名第 79）、绿色生态（排名第 143）方面发展相对较弱，与其整体排名不相匹配。长春在绿色生态高质量发展中以 0.5238 分仅排名第 143，比全国平均值低 0.0127 分，比排名第一的南平低 0.3107 分。在绿色生态高质量评价的九个评价指标中，人均公园绿地面积为 17.78 平方米/人，排名第 49；一般工业固体废物综合利用率为 98.70%，排名第 34；万元 GDP 电耗为 329.51 千瓦时/万元，排名第 14。长春在社会人文高质量发展中以 0.5559 分排名第 23，比全国平均值高 0.2509 分，比排名第一的深圳低 0.1950 分。在社会人文高质量评价的五个评价指标中，社会城市认可度 3.07 分，并列第九。长春在企业发展高质量发展中以 0.3218 分排名第 47，比全国平均值高 0.0573 分，比排名第一的苏州低 0.4218 分。在企业发展高质量评价的六个评价指标中，企业产品质量监督检查合格率 100%，

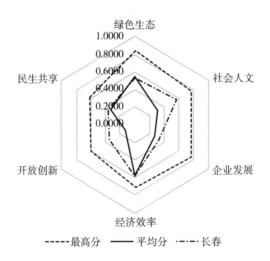

图 5-28　长春高质量发展评价六维度雷达图

排名第一；单位工业产值污染物排放量为 0.28 吨/万元，排名第九。长春在经济效率高质量发展中以 0.5835 分排名第 121，高于全国平均值 0.0133 分，比排名第一的深圳低 0.1371 分。长春在开放创新高质量发展中以 0.3407 分排名第 20，高出全国平均值 0.2245 分，比排名第一的珠海低 0.2549 分。在开放创新高质量评价的六个评价指标中，万人普通高校在校生 576.54 人，排名第 20；实际利用外资占 GDP 比重 7.21%，排名第三；38 所普通高等学校，排名第 17。长春在民生共享高质量发展中以 0.3533 分排名第 79，高出全国平均值 0.0222 分，比排名第一的舟山低 0.2569 分。

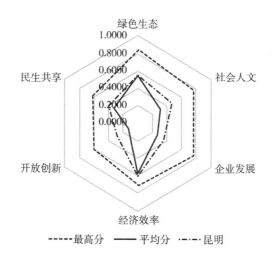

图 5-29 昆明高质量发展评价六维度雷达图

由表 5-2 和图 5-29 可知，在云南排名第一的昆明经济高质量发展水平位列全国第 35，主要得益于其开放创新（排名第 29）、企业发展（排名第 36）方面发展较好，但是民生共享（排名第 53）、社会人文（排名第 60）、经济效率（排名第 72）、绿色生态（排名第 116）方面发展相对较弱，与其整体排名不相匹配。昆明在绿色生态高质量发展中以 0.5457 分仅排名第 116，比全国平均值高0.0092 分，比排名第一的南平低 0.2888 分。在绿色生态高质量评价的九个评价指标中，PM2.5 年均浓度为 28 微克/立方米，排名第 27；万元 GDP 电耗为 307.89 千瓦时/万元，排名第 11。昆明在社会人文高质量发展中以 0.4530 分排名第 60，比全国平均值高 0.1480 分，比排名第一的深圳低 0.2979 分。在社会人文高质量评价的五个评价指标中，城镇化率为 71.05%，排名第 39。昆明在企业发展高质量发展中以 0.3514 分排名第 36，比全国平均值高 0.0868 分，比排名第一的苏州低 0.3923 分。在企业发展高质量评价的六个评价指标中，中国质量奖企业拥有三个，排名第七。昆明在经济效率高质量发展中以 0.6018 分排名第 72，高于全国平均值 0.0316 分，比排名第一的深圳低 0.1188 分。在经济效率高质量评价的八个评价指标中，第三产业产值占 GDP 比重为 56.73%，排名第 21。昆明在开放创新高质量发展中以 0.2818 分排名第 29，高出全国平均值 0.1656 分，比排名第一的珠海低 0.3138 分。在开放创新高质量评价的六个评价指标中，万人普通高校在校生 691.83 人，排名第 14；有 45 所普通高等学校，排名第 13。昆明在民生共享高质量发展中以 0.3909 分排名第 53，高出全国平均值 0.0598 分，比排名第一的舟山低 0.2194 分。在民生共享高质量评价的八个评价指标中，万人拥有床位 78.95 张，排名第六；万人拥有医生 38.72 人，排名第九。

由表 5-2 和图 5-30 可知，在江西排名第一的南昌经济高质量发展水平位列全国第 37，主要得益于其开放创新（排名第 7）、社会人文（排名第 32）方面发展较好，但是民生共享（排名第 96）、经济效率（排名第 209）、企业发展（排名第 145）、绿色生态（排名第 147）方面发展相对较弱，与其整体排名不相匹配。南昌在绿色生态高质量发展中以 0.5194 分仅排名第 147，比全国平均值低 0.0172 分，比排名第一的南平低 0.3152 分。在绿色生态高质量评价的九个评价指标中，生活垃圾无害化处理率为 100%，排名第一；万元 GDP 电耗为 446.53 千瓦时/万元，排名第 39。南昌在社会人文高质量发展中以 0.5180 分排名第 32，比全国平均值高 0.2130 分，比排名第一的深圳低 0.2329 分。在社会人文高质量评价的五个评价指标中，城镇化率为 72.29%，排名第 32。南昌在企业发展高质量发展中以 0.2300 分排名第 145，比全国平均值低 0.0346 分，比排名第一的苏州低 0.5137 分。在企业发展高质量评价的六个评价指标中，500 强企业及中国

500 最具价值品牌 12 个，排名第 23。南昌在经济效率高质量发展中以 0.5468 分排名第 209，比全国平均值低 0.0234 分，比排名第一的深圳低 0.1738 分。在经济效率高质量评价的八个评价指标中，GDP 增长率为 9%，排名第 38；南昌在开放创新高质量发展中以 0.4421 分排名第七，高出全国平均值 0.3259 分，比排名第一的珠海低 0.1536 分。在开放创新高质量评价的六个评价指标中，万人普通高校在校生 1139.03 人，排名第三；实际利用外资占 GDP 比重 4.67%，排名第 17；53 所普通高等学校，排名第七。南昌在民生共享高质量发展中以 0.3440 分排名第 96，高出全国平均值 0.0129 分，比排名第一的舟山低 0.2662 分。

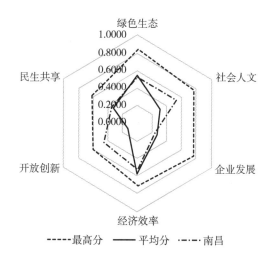

图 5 - 30　南昌高质量发展评价六维度雷达图

由表 5 - 2 和图 5 - 31 可知，在黑龙江排名第一的哈尔滨经济高质量发展水平位列全国第 41，主要得益于其开放创新（排名第 22）、社会人文（排名第 21）方面发展较好，但是民生共享（排名第 71）、经济效率（排名第 204）、企业发展（排名第 59）、绿色生态（排名第 150）方面发展相对较弱，与其整体排名不相匹配。哈尔滨在绿色生态高质量发展中以 0.5171 分仅排名第 150，比全国平均值低 0.0195 分，比排名第一的南平低 0.3175 分。在绿色生态高质量评价的九个评价指标中，一般工业固体废物综合利用率为99.29%，排名第21；万元GDP电耗为390.25千瓦时/万元，排名第24。哈尔滨在社会人文高质量发展中以0.5648分排名第21，比全国平均值高0.2598分，比排名第一的深圳低0.1861分。在社会人文高质量评价的五个评价指标中，政府城市认可度为4.91分，排名第17。哈尔滨在企业发展高质量发展中以0.2952分排名第59，比全国平均值高0.0307分，比排名第一的苏州低0.4484分。在企业发展高质量评价的六个评价指标中，企业产品质量监督检查合格率100%，排名第一。哈尔滨在经济效率高质量发展中以0.5486分排名第204，比全国平均值低0.0216分，比排名第一的深圳低0.1720分。在经济效率高质量评价的八个评价指标中，第三产业产值占GDP比重为57.59%，排名第18；有51所普通高等学校，排名第八。哈尔滨在开放创新高质量发展中以0.3181分排名第22，高出全国平均值0.2019分，比排名第一的珠海低0.2775分。在开放创新高质量评价的六个评价指标中，万人普通高校在校生661.3人，排名第15。哈尔滨在民生共享高质量发展中以0.3610分排名第71，高出全国平均值0.0299分，比排名第一的舟山低0.2493分。在民生共享高质量评价的八个评价指标中，万人拥有床位73.99张，排名第14。

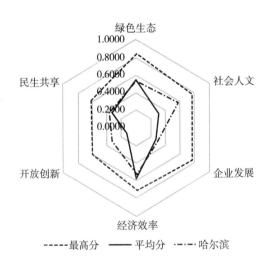

图5-31 哈尔滨高质量发展评价六维度雷达图

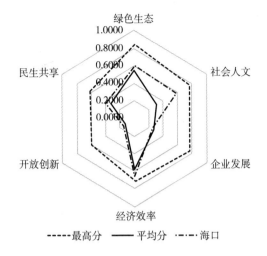

图 5 - 32　海口高质量发展评价六维度雷达图

由表 5 - 2 和图 5 - 32 可知，在海南排名第一的海口经济高质量发展水平位列全国第 44，主要得益于其经济效率（排名第 16）、社会人文（排名第 17）方面发展较好，但是民生共享（排名第 58）、开放创新（排名第 59）、绿色生态（排名第 65）、企业发展（排名第 126）方面发展相对较弱，与其整体排名不相匹配。海口在绿色生态高质量发展中以 0.5916 分仅排名第 65，比全国平均值高 0.0550 分，比排名第一的南平低 0.2430 分。在绿色生态高质量评价的九个评价指标中，PM2.5 年均浓度为 20.1 微克/立方米，排名第六；生活垃圾无害化处理率为 100%，排名第一。海口在社会人文高质量发展中以 0.5758 分排名第 17，比全国平均值高 0.2708 分，比排名第一的深圳低 0.1752 分。在社会人文高质量评价的五个评价指标中，城镇化率为 77.73%，排名第 19；社会城市认可度以 2.93 分排名第 19。海口在企业发展高质量发展中以 0.2422 分排名第 126，比全国平均值低 0.0223 分，比排名第一的苏州低 0.5014 分。在企业发展高质量评价的六个评价指标中，企业产品质量监督检查合格率 100%，排名第一。海口在经济效率高质量发展中以 0.6502 分排名第 16，比全国平均值高 0.0800 分，比排名第一的深圳低 0.0704 分。在经济效率高质量评价的八个评价指标中，城镇登记失业率 0.9%，排名第一；第三产业产值占 GDP 比重为 76.35%，排名第一。海口在开放创新高质量发展中以 0.1634 分排名第 59，高出全国平均值 0.0472 分，比排名第一的珠海低 0.4323 分。在开放创新高质量评价的六个评价指标中，万人普通高校在校生 590 人，排名第 19；11 所普通高等学校，排名第 38。海口在民生共享高质量发展中以 0.3825 分排名第 58，高出全国平均值 0.0514 分，比排名第一的舟山低 0.2277 分。在民生共享高质量评价的八个评价指标中，万人拥有医生 46.83 人，排名第七。

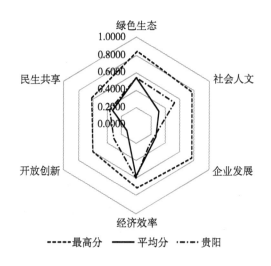

图 5 - 33　贵阳高质量发展评价六维度雷达图

由表 5 - 2 和图 5 - 33 可知，在贵州排名第一的贵阳经济高质量发展水平位列全国第 46，主要得益于其开放创新（排名第 24）、社会人文（排名第 34）方面发展较好，但是民生共享（排名第 72）、经济效率（排名第 84）、绿色生态（排名第 129）、企业发展（排名第 148）方面发展相对较弱，与其整体排名不相匹配。贵阳在绿色生态高质量发展中以 0.5349 分仅排名第 129，比全国平均值低 0.0016 分，比排名第一的南平低 0.2996 分。在绿色生态高质量评价的九个评价指标中，污水处理厂集中处理率为 97.56%，排名第 20。贵阳在社会人文高质量发展中以 0.5154 分排名第 34，比全国平均值高 0.2104 分，比排名第一的深圳低 0.2356 分。在社会人文高质量评价的五个评价指标中，城镇化率为 74.16%，排名为第 27；万人拥有公共图书馆藏书量为 15844.83 册，排名第 19。贵阳在企业发展高质量发展中以 0.2289 分排名第 148，比全国平均值低 0.0356 分，比排名第一的苏州低 0.5147 分。在企业发展高质量评价的六个评价指标中，企业产品质量监督检查合格率 100%，排名第一。贵阳在经济效率高质量发展中以 0.5975 分排名第 84，比全国平均值高 0.0273 分，比排名第一的深圳低 0.1231 分。在经济效率高质量评价的八个评价指标中，GDP 增长率 10.10%，排名第 11；第三产业产值占 GDP 比重为 57.06%，排名第 20。贵阳在开放创新高质量发展中以 0.3024 分排名第 24，高出全国平均值 0.1862 分，比排名第一的珠海低 0.2932 分。在开放创新高质量评价的六个评价指标中，万人普通高校在校生 861.03 人，排名第九；32 所普通高等学校，排名第 18。贵阳在民生共享高质量发展中以 0.3607 分排名第 72，高出全国平均值 0.0297 分，比排名第一的舟山低 0.2495 分。在民生共享高质量评价的八个评价指标中，在岗职工平均工资 70535 元，排名第 34；万人拥有床位 65.02 张，排名第 28；万人拥有医生 33.71 人，排名第 20。

由表 5-2 和图 5-34 可知，在内蒙古排名第一的呼和浩特经济高质量发展水平位列全国第 47，主要得益于其经济效率（排名第 13）、社会人文（排名第 43）开放创新（排名第 46）方面发展较好，但是企业发展（排名第 54）、民生共享（排名第 87）、绿色生态（排名第 200）方面发展相对较弱，与其整体排名不相匹配。呼和浩特在绿色生态高质量发展中以 0.4852 分仅排名第 200，比全国平均值低 0.0513 分，比排名第一的南平低 0.3493 分。在绿色生态高质量评价的九个评价指标中，人均公园绿地面积为 19.69 平方米/人，排名第 30，生活垃圾无害化处理率为 100%，排名第一；万元 GDP 电耗为 295.23 千瓦时/万元，排名第八。呼和浩特在社会人文高质量发展中以 0.4863 分排名第 43，比全国平均值高 0.1813 分，比排名第一的深圳低 0.2647 分。在社会人文高质量评价的五个评价指标中，万人拥有公共图书馆藏书量为 14723.21 册，排名第 22。呼和浩特在企业发展高质量发展中以 0.3046 分排名第 54，比全国平均值高 0.0401 分，比排名第一的苏州低 0.4390 分。在企业发展高质量评价的六个评价指标中，企业产品质量监督检查合格率 100%，排名第一；中国质量奖企业 2 个，排名第 14。呼和浩特在经济效率高质量发展中以 0.6542 分排名第 13，比全国平均值高 0.0840 分，比排名第一的深圳低 0.0664 分。在经济效率高质量评价的八个评价指标中，在岗职工劳动生产率 755616.67 元/人，排名第 18；第三产业产值占 GDP 比重为 68.56%，排名第四。呼和浩特在开放创新高质量发展中以 0.2138 分排名第 46，高出全国平均值 0.0976 分，比排名第一的珠海低 0.3818 分。在开放创新高质量评价的六个评价指标中，万人普通高校在校生 769.61 人，排名第 12；有 24 所普通高等学校，排名第 24。呼和浩特在民生共享高质量发展中以 0.3486 分排名第 87，高出全国平均值 0.0176 分，比排名第一的舟山低 0.2616 分。在民生共享高质量评价的八个评价指标中，城镇居民人均可支配收入 40220 元，排名第 28。

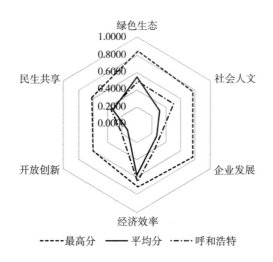

图 5-34　呼和浩特高质量发展评价六维度雷达图

由表 5-2 和图 5-35 可知，在新疆排名第一的乌鲁木齐经济高质量发展水平位列全国第 49，主要得益于其民生共享（排名第 16）、经济效率（排名第

36)、开放创新（排名第41）、社会人文（排名第46）方面发展较好，但是企业发展（排名第110）、绿色生态（排名第285）方面发展相对较弱，与其整体排名不相匹配。乌鲁木齐在绿色生态高质量发展中以0.3914分仅排名第285，比全国平均值低0.1451分，比排名第一的南平低0.4431分。乌鲁木齐在社会人文高质量发展中以0.4812分排名第46，比全国平均值高0.1762分，比排名第一的深圳低0.2697分。在社会人文高质量评价的五个评价指标中，城镇化率为81.55%，排名第15；万人拥有公共图书馆藏书量为11229.33册，排名为31。乌鲁木齐在企业发展高质量发展中以0.2562分排名第110，比全国平均值低0.0084分，比排名第一的苏州低0.4875分。在企业发展高质量评价的六个评价指标中，企业产品质量监督检查合格率100%，排名第一。乌鲁木齐在经济效率高质量发展中以0.6205分排名第36，比全国平均值高0.0502分，比排名第一的深圳低0.1002分。在经济效率高质量评价的八个评价指标中，第三产业产值占GDP比重为70.22%，排名第二。乌鲁木齐在开放创新高质量发展中以0.2251分排名第41，高出全国平均值0.1089分，比排名第一的珠海低0.3705分。在开放创新高质量评价的六个评价指标中，万人普通高校在校生649人，排名第16；25所普通高等学校，排名第23。乌鲁木齐在民生共享高质量发展中以0.5018分排

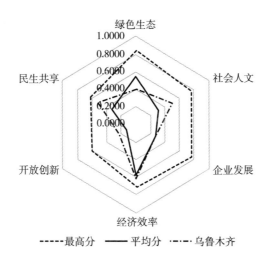

图 5-35 乌鲁木齐高质量发展评价六维度雷达图

名第16，高出全国平均值0.1707分，比排名第一的舟山低0.1084分。在民生共
享高质量评价的八个评价指标中，在岗职工平均工资73254元，排名第24；万人
拥有床位99.8张，排名第一；万人拥有医生53.79人，排名第三。

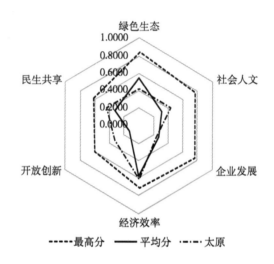

图5-36 太原高质量发展评价六维度雷达图

由表5-2和图5-36可知，在山西排名第一的太原经济高质量发展水平位
列全国第52，主要得益于其民生共享（排名第34）、经济效率（排名第59）、开
放创新（排名第21）、社会人文（排名第69）方面发展较好，但是企业发展
（排名第142）、绿色生态（排名第280）方面发展相对较弱，与其整体排名不相
匹配。太原在绿色生态高质量发展中以0.4137分仅排名第280，比全国平均值低
0.1228分，比排名第一的南平低0.4208分。在绿色生态高质量评价的九个评价
指标中，生活垃圾无害化处理率为100%，排名第一。太原在社会人文高质量发
展中以0.4251分排名第69，比全国平均值高0.1200分，比排名第一的深圳低
0.3259分。在社会人文高质量评价的五个评价指标中，城镇化率为84.55%，排
名第11；万人拥有公共图书馆藏书量为17256.70册/万人，排名第13。太原在
企业发展高质量发展中以0.2303分排名第142，比全国平均值低0.0342分，比

排名第一的苏州低 0.5133 分。太原在经济效率高质量发展中以 0.6090 分排名第 59，比全国平均值高 0.0388 分，比排名第一的深圳低 0.1116 分。在经济效率高质量评价的八个评价指标中，第三产业产值占 GDP 比重为 62.57%，排名第七。太原在开放创新高质量发展中以 0.3239 分排名第 21，高出全国平均值 0.2077 分，比排名第一的珠海低 0.2717 分。在开放创新高质量评价的六个评价指标中，万人普通高校在校生 994.92 人，排名第五；44 所普通高等学校，排名第 14。太原在民生共享高质量发展中以 0.4334 分排名第 34，高出全国平均值 0.1024 分，比排名第一的舟山低 0.1768 分。在民生共享高质量评价的八个评价指标中，万人拥有床位 84.15 张，排名第三；万人拥有医生 47.96 人，排名第四。

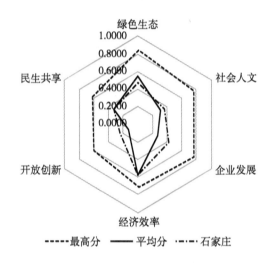

图 5－37 石家庄高质量发展评价六维度雷达图

由表 5－2 和图 5－37 可知，在河北排名第一的石家庄经济高质量发展水平位列全国第 54，主要得益于其企业发展（排名第 23）、开放创新（排名第 37）方面发展较好，但是经济效率（排名第 95）、社会人文（排名第 103）、民生共享（排名第 117）、绿色生态（排名第 231）方面发展相对较弱，与其整体排名不相匹配。石家庄在绿色生态高质量发展中以 0.4667 分仅排名第 231，比全国平均值低 0.0698 分，比排名第一的南平低 0.3678 分。在绿色生态高质量评价的九个评价指标中，建成区绿化覆盖率为 45.45%，排名第 23；污水处理厂集中处理率为 96.09%，排名第 49。石家庄在社会人文高质量发展中以 0.3589 分排名第 103，比全国平均值高 0.0539 分，比排名第一的深圳低 0.3920 分。石家庄在企业发展高质量发展中以 0.4105 分排名第 23，比全国平均值高 0.1459 分，比排名第一的苏州低 0.3332 分。在企业发展高质量评价的六个评价指标中，500 强企业及中国 500 最具价值品牌 10 个，排名第 27；三个高质量产业集群，排名第五。石家庄在经济效率高质量发展中以 0.5915 分排名第 95，比全国平均值高 0.0213 分，比排名第一的深圳低 0.1291。石家庄在开放创新高质量发展中以 0.2372 分排名第 37，高出全国平均值 0.1210 分，比排名第一的珠海低 0.3584 分。在开放创新高质量评价的六个评价指标中，万人普通高校在校生 409.67 人，排名第 34；有 49 所普通高等学校，排名第 11。石家庄在民生共享高质量发展中以 0.3283 分排名第 117，比全国平均值低 0.0028 分，比排名第一的舟山低 0.2819 分。在民生共享高质量评价的八个评价指标中，万人拥有医生 29.47 人，排名第 42。

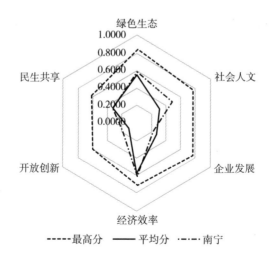

图 5-38　南宁高质量发展评价六维度雷达图

由表 5 - 2 和图 5 - 38 可知，在广西排名第一的南宁经济高质量发展水平位列全国第 62，主要得益于其开放创新（排名第 48）、社会人文（排名第 49）、经济效率（排名第 55）方面发展较好，但是绿色生态（排名第 85）、民生共享（排名第 123）、企业发展（排名第 189）方面发展相对较弱，与其整体排名不相匹配。南宁在绿色生态高质量发展中以 0.5693 分仅排名第 85，比全国平均值高 0.0328 分，比排名第一的南平低 0.2652 分。南宁在社会人文高质量发展中以 0.4729 分排名第 49，比全国平均值高 0.1679 分，比排名第一的深圳低 0.2780 分。在社会人文高质量评价的五个评价指标中，万人拥有公共图书馆藏书量为 9729.26 册，排名第 42。南宁在企业发展高质量发展中以 0.2166 分排名第 189，比全国平均值低 0.0480 分，比排名第一的苏州低 0.5271 分。南宁在经济效率高质量发展中以 0.6097 分排名第 55，比全国平均值高 0.0395 分，比排名第一的深圳低 0.1109 分。在经济效率高质量评价的八个评价指标中，第三产业产值占 GDP 比重为 50.79%，排名第 41。南宁在开放创新高质量发展中以 0.1964 分排名第 48，高出全国平均值 0.0802 分，比排名第一的珠海低 0.3992 分。在开放创新高质量评价的六个评价指标中，万人普通高校在校生 567.15 人，排名第 21；32 所普通高等学校，排名第 18。南宁在民生共享高质量发展中以 0.3240 分排名第 123，比全国平均值低 0.0071 分，比排名第一的舟山低 0.2863 分。在民生共享高质量评价的八个评价指标中，万人拥有医生 31.02 人，排名第 31。

由表 5 - 2 和图 5 - 39 可知，在甘肃排名第一的兰州的经济高质量发展水平位列全国第 63，主要得益于其经济效率（排名第 20）、开放创新（排名第 28）、社会人文（排名第 54）方面发展较好，但是民生共享（排名第 109）、企业发展（排名第 208）、绿色生态（排名第 279）方面发展相对较弱，与其整体排名不相匹配。兰州在绿色生态高质量发展中以 0.4158 分仅排名第 279，比全国平均值低 0.1208 分，比排名第一的南平低 0.4187 分。兰州在社会人文高质量发展中以 0.4678 分排名第 54，比全国平均值高 0.1628 分，比排名第一的深圳低 0.2832 分。在社会人文高质量评价的五个评价指标中，城镇化率为 81%，排名第 16。兰州在企业发展高质量发展中以 0.2128 分排名第 208，比全国平均值低 0.0518 分，

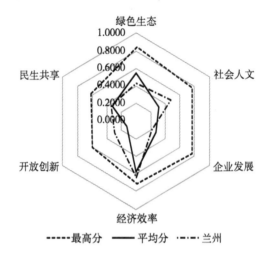

图 5 - 39　兰州高质量发展评价六维度雷达图

比排名第一的苏州低 0.5309 分。兰州在经济效率高质量发展中以 0.6416 分排名第 20，比全国平均值高 0.0713 分，比排名第一的深圳低 0.0791 分。在经济效率高质量评价的八个评价指标中，通货膨胀率 0.8%，排名第 11；公共财政收入增长率 16.35%，排名第 10；第三产业产值占 GDP 比重为 62.44%，排名第八。兰州在开放创新高质量发展中以 0.2859 分排名第 28，高出全国平均值 0.1697 分，比排名第一的珠海低 0.3097 分。在开放创新高质量评价的六个评价指标中，万人普通高校在校生 1146.52 人，排名第一；23 所普通高等学校，排名第 25。兰州在民生共享高质量发展中以 0.3382 分排名第 109，比全国平均值高 0.0071 分，比排名第一的舟山低 0.2720 分。在民生共享高质量评价的八个评价指标中，万人拥有床位 64.85 张，排名第 31；万人拥有医生 35.44 人，排名第 14。

由表 5 - 2 和图 5 - 40 可知，在西藏排名第一的拉萨的经济高质量发展水平位列全国第 75，主要得益于其绿色生态（排名第 25）、民生共享（排名第 27）、开放创新（排名第 77）方面发展较好，但是企业发展（排名第 111）、社会人文（排名第 140）、经济效率（排名第 205）方面发展相对较弱，与其整体排名不相匹配。拉萨在绿色生态高质量发展中以 0.6688 分仅排名第 25，比全国平均值高 0.1322 分，比排名第一的南平低 0.1657 分。在绿色生态高质量评价的九个评价

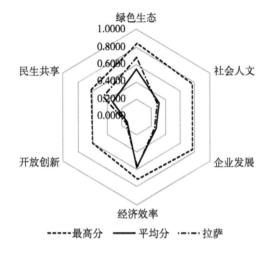

图 5 – 40 拉萨高质量发展评价六维度雷达图

指标中，PM2.5 年均浓度为 19.5 微克/立方米，排名第三；人均水资源量为 18833.87 立方米/人，排名第一。拉萨在社会人文高质量发展中以 0.2846 分排名第 140，比全国平均值低 0.0204 分，比排名第一的深圳低 0.4664 分。在社会人文高质量评价的五个评价指标中，人口自然增长率为 12.5‰，排名第 42；万人拥有公共图书馆藏书量为 19534.18 册，排名第九；政府城市认可度 4.44，排名第 21。拉萨在企业发展高质量发展中以 0.2561 分排名第 111，比全国平均值低 0.0084 分，比排名第一的苏州低 0.4875 分。在企业发展高质量评价的六个评价指标中，企业产品质量监督检查合格率 100%，排名第一。拉萨在经济效率高质量发展中以 0.5483 分排名第 205，比全国平均值低 0.0219 分，比排名第一的深圳低 0.1723 分。在经济效率高质量评价的八个评价指标中，GDP 增长率 10%，排名第 12；第三产业产值占 GDP 比重为 58.13%，排名第 15。拉萨在开放创新高质量发展中以 0.1347 分排名第 77，高出全国平均值 0.0185 分，比排名第一的珠海低 0.4609 分。在开放创新高质量评价的六个评价指标中，万人普通高校在校生 559.05 人，排名第 22。拉萨在民生共享高质量发展中以 0.4539 分排名第 27，比全国平均值高 0.1228 分，比排名第一的舟山低 0.1563 分。在民生共享高质量评价的八个评价指标中，在岗职工平均工资 111009 元，排名第一；教育支出占 GDP 比重 8.13%，排名第 10；万人拥有医生 35.49 人，排名第 14。

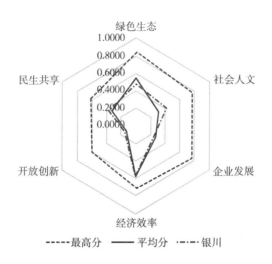

图 5 - 41　银川高质量发展评价六维度雷达图

由表 5 - 2 和图 5 - 41 可知，在宁夏排名第一的银川的经济高质量发展水平位列全国第 99，主要得益于其社会人文（排名第 74）、民生共享（排名第 76）、开放创新（排名第 80）方面发展较好，但是企业发展（排名第 132）、经济效率（排名第 177）、绿色生态（排名第 228）方面发展相对较弱，与其整体排名不相匹配。银川在绿色生态高质量发展中以 0.4687 分排名第 228，比全国平均值低 0.0678 分，比排名第一的南平低 0.3658 分。在绿色生态高质量评价的九个评价指标中，建成区绿化覆盖率为 57.71%，排名第一。银川在社会人文高质量发展中以 0.4155 分排名第 74，比全国平均值高 0.1104 分，比排名第一的深圳低 0.3355 分。在社会人文高质量评价的五个评价指标中，城镇化率为 75.70%，排名第 23；万人拥有公共图书馆藏书量为 17904.25 册，排名第 10。银川在企业发展高质量发展中以 0.2361 分排名第 132，比全国平均值低 0.0284 分，比排名第一的苏州低 0.5075 分。在企业发展高质量评价的六个评价指标中，企业产品质量监督检查合格率 100%，排名第一。银川在经济效率高质量发展中以 0.5562 分排名第 177，比全国平均值低 0.0140 分，比排名第一的深圳低 0.1644 分。在经济效率高质量评价的八个评价指标中，GDP 增长波动率 2.41%，排名第 35。银川在开放创新高质量发展中以 0.1314 分排名第 80，高出全国平均值 0.0152 分，比排名第一的珠海低 0.4643 分。在开放创新高质量评价的六个评价指标中，万人普通高校在校生 451.43 人，排名第 31；有 16 所普通高等学校，排名第 28。银川在民生共享高质量发展中以 0.3575 分排名第 76，比全国平均值高 0.0264 分，比排名第一的舟山低 0.2527 分。在民生共享高质量评价的八个评价指标中，万人拥有床位 67.22 张，排名第 24；万人拥有医生 37.91 人，排名第 11。

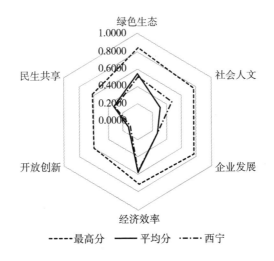

图 5 - 42　西宁高质量发展评价六维度雷达图

由表 5 - 2 和图 5 - 42 可知，在青海排名第一的西宁的经济高质量发展水平位列全国第 123，主要得益于其社会人文（排名第 61）方面发展较好，但是开放创新（排名第 105）、企业发展（排名第 115）、民生共享（排名第 155）、绿色生态（排名第 168）、经济效率（排名第 248）方面发展相对较弱，与其整体排名不相匹配。西宁在绿色生态高质量发展中以 0.5072 分排名第 168，比全国平均值低 0.0294 分，比排名第一的南平低 0.3273 分，在绿色生态高质量评价的九个评价指标中，一般工业固体废物综合利用率为97.89%，排名第46。西宁在社会人文高质量发展中以0.4522分排名第61，比全国平均值高0.1472分，比排名第一的深圳低0.2987分。西宁在企业发展高质量发展中以0.2553分排名第115，比全国平均值低0.0093分，比排名第一的苏州低0.4884分。在企业发展高质量评价的六个评价指标中，高质量产业集群1个，排名第36。西宁在经济效率高质量发展中以0.5211分排名第248，比全国平均值低0.0491分，比排名第一的深圳低0.1995分。在经济效率高质量评价的八个评价指标中，GDP增长率9.8%，排名第15。西宁在开放创新高质量发展中以0.1007分排名第105，比全国平均值低0.0155分，比排名第一的珠海低0.4949分。西宁在民生共享高质量发展中以0.3086分排名第155，比全国平均值低0.0225分，比排名第一的舟山低0.3017分。在民生共享高质量评价的八个评价指标中，万人拥有床位77.43张，排名第7；万人拥有医生33.77人，排名第19。

四、区域经济高质量发展各省副省域中心城市分析

接着，我们比较各省省域副中心城市高质量发展水平，具体如表5-3所示。

表5-3　各省省域副中心城市经济高质量发展情况

省份	市	总得分	排名	省份	市	总得分	排名	省份	市	总得分	排名
广东	深圳	0.6027	1	海南	三亚	0.4028	61	湖南	衡阳	0.3528	124
江苏	苏州	0.5885	3	贵州	遵义	0.3834	76	辽宁	鞍山	0.3367	154
浙江	宁波	0.5582	6	内蒙古	包头	0.3817	78	湖北	襄阳	0.3363	155
江苏	无锡	0.5549	7	广东	韶关	0.3756	82	云南	曲靖	0.3324	165
广东	珠海	0.5383	10	江西	九江	0.3730	84	吉林	吉林	0.3296	169
山东	青岛	0.5230	12	湖南	岳阳	0.3707	87	宁夏	固原	0.3214	184
浙江	温州	0.4965	16	河北	唐山	0.3670	93	山西	长治	0.3187	192
福建	厦门	0.4874	20	湖南	常德	0.3668	94	山西	大同	0.3100	223
福建	泉州	0.4823	21	广东	汕头	0.3648	100	陕西	宝鸡	0.3090	227
辽宁	大连	0.4785	23	江西	赣州	0.3647	101	山西	运城	0.2946	254
山东	烟台	0.4675	25	湖北	宜昌	0.3629	103	黑龙江	齐齐哈尔	0.2945	255
安徽	芜湖	0.4304	43	广东	湛江	0.3613	106				

由表中数据可知，各省省域副中心城市经济高质量发展情况差异较大，广东深圳、江苏苏州和无锡、浙江宁波、山东青岛属于经济高质量发展第一方阵；广东珠海、浙江温州、福建厦门和泉州、辽宁大连、山东烟台属于经济高质量发展第二方阵；安徽芜湖、海南三亚、贵州遵义、内蒙古包头、广东韶关属于经济高质量发展第三方阵。

　　对各省省域副中心城市具体分析如下（深圳、苏州、宁波、珠海具体分析见本章第一部分；青岛、厦门、大连具体分析见本章第二部分）：

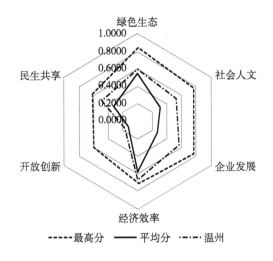

图 5 – 43　温州高质量发展评价六维度雷达图

　　温州市经济高质量发展水平在浙江省排名第三，仅次于全国排名第二的杭州市和排名第六的宁波市。由表 5 – 3 和图 5 – 43 可知，温州经济高质量发展水平排名第 16，主要得益于其经济效率、企业发展、民生共享发展较好，但是社会人文、开放创新、绿色生态方面发展相对较弱，与其整体排名不相匹配。温州市在经济效率高质量发展中以 0.6627 分排名第八，是全国平均值 0.5720 分的 1.16 倍，低于排名第一的深圳 0.0579 分，在经济效率高质量发展评价的九个指标中，温州市在 GDP 增长波动率、第三产业占 GDP 比重、城镇登记失业率三项中排名较为靠前。温州市在企业发展高质量发展中以 0.5459 分排名第 11，为全国平均值 0.2645 的 2.06 倍，落后排名第一的苏州 0.1822 分，在企业发展高质量评价的六个评价指标中，温州市拥有三个高质量产业集群排名，并列第五，拥有三家中国质量奖企业排名，并列第七，24 家 500 强企业及中国 500 最具价值品牌，排名第 12。温州市在民生共享高质量发展中以 0.4739 分排名第 21，为全国平均值 0.3311 分的 1.43 倍，落后排名第一的舟山 0.1363 分。在民生共享高质量评价的八个评价指标中，温州市城镇居民人均可支配收入 47785 元，排名第 11；农村居民人均可支配 22985 元，排名第 15。温州市在社会人文高质量发展中以 0.5186 分排名第 31，为全国平均值 0.3050 分的 1.70 倍，落后排名第一的深圳 0.2323 分。在社会人文高质量评价的五个评价指标中，温州市政府城市认定为 4.41 分，排名第 24。温州市在开放创新高质量发展中以 0.1689 分排名第 55，为全国平均值 0.1162 分的 1.45 倍，但远远落后排名第一的珠海 0.4267 分。在开放创新高质量评价的六个评价指标中，温州市万人拥有专利授权数 33 件，排名第 20，拥有 11 所普通高等学校，排名第 38。温州市在绿色生态高质量发展中以 0.5875 分排名第 69，稍高于全国平均值 0.5366，落后排名第一的南平 0.2470 分。在绿色生态高质量评价的九个评价指标中，温州生活垃圾无害优化处理率达到 100%，与其他 136 个城市并列第一。

泉州市经济高质量发展水平在福建省排名第二，仅次于全国排名第 20 的厦门市。由表 5-3 和图 5-44 可知，泉州经济高质量发展水平排名第 21 位，主要得益于其企业发展、经济效率、社会人文、绿色生态发展较好，但是开放创新、民生共享方面发展相对较弱，与其整体排名不相匹配。泉州市在企业发展高质量发展中以 0.4631 分排名第 15，为全国平均值 0.2645 分的 1.75 倍，落后排名第一的苏州 0.2805 分。在企业发展高质量评价的六个评价指标中，泉州市拥有 132 个驰名商标地理标志数，排名全国第三，拥有两个高质量产业集群，排名并列第 17，拥有 15 家 500 强企业及中国 500 最具价值品牌，排名第 21。泉州市在经济效率高质量发展中以 0.6470 分排名第 17，是全国平均值 0.5720 分的 1.13 倍，低于排名第一的深圳 0.0736 分。在经济效率高质量发展评价的九个指标中，泉州市城镇登记失业率 1.28%，排名全国第四。泉州市在社会人文高质量发展中以 0.5517 分排名第 24，为全国平均值 0.3050 分的 1.81 倍，落后排名第一的深圳 0.1992 分。在社会人文高质量评价的五个评价指标中，泉州市政府城市认定 4.43 分，排名第 22 位，人口自然增长率 13.99‰，排名第 22。泉州市在绿色生态高质量发展中以 0.6311 分排名第 35，是全国平均值 0.5366 分的 1.18 倍，落后排名第一的南平 0.2034 分。在绿色生态高质量评价的九个评价指标中，泉州市 PM2.5 年均浓度为 26.40 微克/立方米，排名全国第 18。泉州市在开放创新高质量发展中以 0.2119 分排名第 47，为全国平均值 0.1162 分的 1.89 倍，但远远落后排名第一的珠海 0.3757 分。在开放创新高质量评价的六个评价指标中，泉州市万人拥有专利授权数 31 件，排名第 21，拥有 18 所普通高等学校，排名第 27。泉州市在民生共享高质量发展中以 0.3423 分排名第 102，略高于全国平均值 0.3311 分，落后排名第一的舟山 0.2679 分。在民生共享高质量评价的八个评价指标中，泉州市城镇居民人均可支配收入 39656 元，排名第 30，农村居民人均可支配 17179 元，排名第 36。

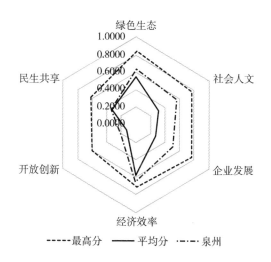

图 5-44　泉州高质量发展评价六维度雷达图

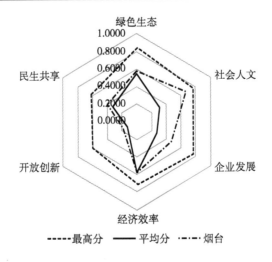

图 5 - 45　烟台高质量发展评价六维度雷达图

烟台市经济高质量发展水平在山东省排名第三，仅次于全国排名第 12 的青岛市和第 15 的济南市。由表 5 - 3 和图 5 - 45 可知，烟台经济高质量发展水平排名第 25，主要得益于其社会人文、企业发展表现较好，但是在民生共享、开放创新、绿色生态、经济效率方面发展相对较弱，与其整体排名不相匹配。烟台市在社会人文高质量发展中以 0.6522 分排名第 8，为全国平均值 0.3050 分的 2.14 倍，落后排名第一的深圳 0.0987 分。在社会人文高质量评价的五个评价指标中，烟台市政府城市认定为 5.87 分，排名第三，社会城市认定为 3.07 分，并列第九。烟台市在企业发展高质量发展中以 0.4616 分排名第 18，为全国平均值 0.2645 的 1.75 倍，落后排名第一的苏州 0.220 分。在企业发展高质量评价的六个评价指标中，烟台市以三个高质量产业集群并列全国第五，以 92 个驰名商标地理标志数排名第 11。烟台市在民生共享高质量发展中以 0.3948 分排名第 45，略高于全国平均值 0.3311 分，落后排名第一的舟山 0.2145 分。在民生共享高质量评价的八个评价指标中，烟台市各指标排名较为均衡，但教育支出占 GDP 比重仅 1.90%，位列全国第 262。烟台市在开放创新高质量发展中以 0.1719 分排名第 54，为全国平均值 0.1162 分的 1.48 倍，但远远落后排名第一的珠海 0.4237

分。在开放创新高质量评价的六个评价指标中，烟台市进出口总额占 GDP 比重为 41.94%，排名全国第 22；科学技术支出占公共财政支出比重为 3.70%，排名全国第 26。烟台市在绿色生态高质量发展中以 0.5664 分排名第 91，略高于全国平均值 0.5366 分，落后排名第一的南平 0.2681 分。在绿色生态高质量评价的九个评价指标中，芜湖市生活垃圾无害化处理率 100%，与其他 136 个城市并列第一，人均公园绿地面积为 22.48 平方米，位列全国第 17。烟台市在经济效率高质量发展中以 0.5890 分排名第 102，略高于全国平均值 0.5720 分，低于排名第一的深圳 0.1316 分。在经济效率高质量发展评价九个指标中，烟台市在岗职工劳动生产率为 685708.78 元/人，排名全国第 32。

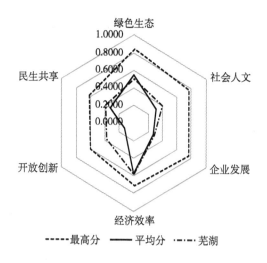

图 5 - 46　芜湖高质量发展评价六维度雷达图

芜湖市经济高质量发展水平在安徽省排名第二，仅次于全国排名第 19 的合肥市。由表 5 - 3 和图 5 - 46 可知，芜湖经济高质量发展水平排名第 43，主要得益于其开放创新、民生共享发展较好，但是企业发展、社会人文、经济效率、绿色生态方面发展相对较弱，与其整体排名不相匹配。芜湖市在开放创新高质量发展中以 0.3721 分排名第 15，为全国平均值 0.1162 分的 3.20 倍，落后排名第一的珠海 0.2235 分。在开放创新高质量评价的六个评价指标中，芜湖市科学技术支出占公共财政支出比重为 12.65%，排名全国第二；实际利用外资占 GDP 比重为 6.18%，排名第六，万人拥有专利授权数 27 件，排名第 24。芜湖市在民生共享高质量发展中以 0.3936 分排名第 49，略高于全国平均值 0.3311 分，落后排名第一的舟山 0.2166 分。在民生共享高质量评价的八个评价指标中，芜湖市农村居民人均可支配 17308 元，排名第 35；人均道路面积为 26.34 平方米，排名第 37。芜湖市在企业发展高质量发展中以 0.2836 分排名第 66，略高于全国平均值 0.2645 分，但远远落后排名第一的苏州 0.4600 分。在企业发展高质量评价的六个评价指标中，芜湖市企业产品质量监督检查合格率为 100%，并列全国第一；单位工业产值污染物排放量为 0.52 吨/万元，排名第 28。芜湖市在社会人文高质量发展中以 0.3899 分排名第 87，为全国平均值 0.3050 分的 1.28 倍，落后排名第一的深圳 0.3610 分。芜湖市在经济效率高质量发展中以 0.5867 分排名第 107，略高于全国平均值 0.5720 分，低于排名第一的深圳 0.1339 分。在经济效率高质量发展评价的九个指标中，芜湖市 GDP 增长率 9.70%，排名全国第 17；公共财政收入增长率 13.38%，排名全国第 20。芜湖市在绿色生态高质量发展中以 0.5017 分排名第 172，低于全国平均值 0.5366 分，落后排名第一的南平 0.3328 分。在绿色生态高质量评价的九个评价指标中，芜湖市各指标均在 100 名之后，其中 PM2.5 年均浓度及森林覆盖率分列第 201 和第 246。

三亚市经济高质量发展水平在海南省排名第二，仅次于全国排名第 44 的海口市。由表 5-3 和图 5-47 可知，三亚市经济高质量发展水平排名第 61，主要得益于其绿色生态、开放创新、经济效率发展较好，但是民生共享、社会人文、企业发展方面发展相对较弱，与其整体排名不相匹配。三亚市在绿色生态高质量发展中以 0.6779 分排名第 18，为全国平均值 0.5366 分的 1.26 倍，低于排名第一的南平 0.1566 分。在绿色生态高质量评价的九个评价指标中，三亚市 PM2.5 年均浓度为 15.20 微克/立方米；生活垃圾无害化处理率为 100%，和一般工业固体废物综合利用率（100%）均为全国第一；森林覆盖率 68.00%，全国排名第 25。三亚市在开放创新高质量发展中以 0.1916 分排名第 49，为全国平均值

0.1162 分的 1.65 倍，落后排名第一的珠海 0.4040 分。在开放创新高质量评价的六个评价指标中，三亚市万人普通高校在校生人数 644 人，排名第 17；科学技术支出占公共财政支出比重 3.31%，排名全国第 29。三亚市在经济效率高质量发展中以 0.6124 分排名第 49，略高于全国平均值 0.5720 分，低于排名第一的深圳 0.1082 分。在经济效率高质量发展评价九个指标中，三亚市第三产业占 GDP 比重为 66.09%，排名全国第六，城镇失业登记率为 1.60%，排名第七。三亚市在民生共享高质量发展中以 0.3480 分排名第 88，略高于全国平均值 0.3311 分，落后排名第一的舟山 0.2622 分。在民生共享高质量评价的八个评价指标中，三亚市整体表现较为平均。三亚市在社会人文高质量发展中以 0.3682 分排名第 95，稍高于全国平均值 0.3050 分，落后排名第一的深圳 0.3827 分。三亚市在企业发展高质量发展中以 0.2132 分排名第 204，低于全国平均值 0.2645 分，远远落后排名第一的苏州 0.5304 分。在企业发展高质量评价的六个评价指标中，三亚市虽然企业产品质量监督检查合格率达 100%，并列第一，单位工业产值污染物排放量为 0.12 吨/万元，排名第三，但其中国质量奖企业数、高质量产业集群数量、500 强企业及中国 500 最具价值品牌数量均为 0。

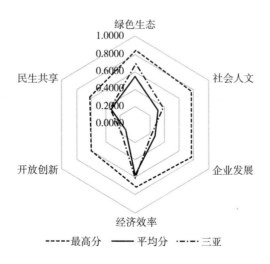

图 5-47 三亚高质量发展评价六维度雷达图

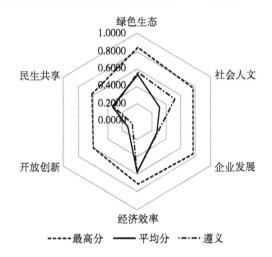

图 5 - 48　遵义高质量发展评价六维度雷达图

　　遵义市经济高质量发展水平在贵州省排名第二，仅次于全国排名第 46 的贵阳市。由表 5 - 3 和图 5 - 48 可知，遵义市经济高质量发展水平排名第 76，主要得益于其社会人文、企业发展两方面发展较好，但是绿色生态、经济效率、民生共享、开放创新方面发展相对较弱，与其整体排名不相匹配。遵义市在社会人文高质量发展中以 0.5074 分排名第 35，为全国平均值 0.3050 分的 1.66 倍，落后排名第一的深圳 0.2435 分。遵义市在企业发展高质量发展中以 0.2716 分排名第 82，略高于全国平均值 0.2645 分，但远远落后排名第一的苏州 0.4720 分。在企业发展高质量评价的六个评价指标中，遵义市中国质量奖企业数为 2 家，并列第 14 位。遵义市在绿色生态高质量发展中以 0.5615 分排名第 97，略高于全国平均值 0.5366 分，落后排名第一的南平 0.2670 分。在绿色生态高质量评价的九个评价指标中，遵义市森林覆盖率、建成区绿化覆盖率、人均公园绿地面积、人均水资源量、污水处理厂集中处理率均位列前 100。遵义市在经济效率高质量发展中以 0.5828 分排名第 123，略高于全国平均值 0.5720 分，低于排名第一的深圳 0.1378 分。在经济效率高质量发展评价的九个指标中，遵义市 GDP 增长率为 12.40%，排名全国第一。遵义市在民生共享高质量发展中以 0.3136 分排名第

143，低于全国平均值 0.3311 分，落后排名第一的舟山 0.2966 分。在民生共享高质量评价的八个评价指标中，遵义市在岗职工平均工资 75480 元，排名全国第 18；万人拥有床位数 64 张，排名第 36。遵义市在开放创新高质量发展中以 0.0680 分排名第 158，大大低于全国平均值 0.1162，更远远落后排名第一的珠海 0.5276 分。在开放创新高质量评价的六个评价指标中，遵义市除普通高等学校数排在前 100 外，其他五项指标均位于 101～200 名。

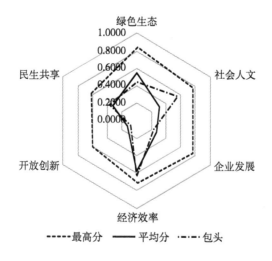

图 5 - 49　包头高质量发展评价六维度雷达图

包头市经济高质量发展水平在内蒙古自治区排名第三，仅次于全国排名第 47 的呼和浩特市和排名第 60 的鄂尔多斯市。由表 5 - 3 和图 5 - 49 可知，包头市经济高质量发展水平排名第 78，主要得益于其社会人文、经济效率发展较好，但是民生共享、企业发展、绿色生态、开放创新方面发展相对较弱，与其整体排名不相匹配。包头市在社会人文高质量发展中以 0.5473 分排名第 27，为全国平均值 0.3050 分的 1.79 倍，落后排名第一的深圳 0.2036 分。在社会人文高质量评价的五个评价指标中，包头市政府城市认定为 5.13 分，并列第九；城镇化率为 83.00%，排名第 12。包头市在经济效率高质量发展中以 0.6333 分排名第 23，高于全国平均值 0.5720 分，低于排名第一的深圳 0.0873 分。在经济效率高质量发展评价的九个指标中，包头市在岗职工劳动生产率 1045305.41 元/人，排名全国第二；通货膨胀率为 0.70%，排名全国第 5。包头市在民生共享高质量发展中以 0.3585 分排名第 75，略高于全国平均值 0.3311 分，落后排名第一的舟山0.2517 分。在民生共享高质量评价的八个评价指标中，包头市城镇农村居民人均可支配 40955 元，排名第 26。包头市在开放创新高质量发展中以 0.0903 分排名第 122，低于全国平均值 0.1162 分，落后排名第一的珠海 0.5053 分。在开放创新高质量评价的六个评价指标中，包头市各指标均在 100 名左右。包头市在企业发展高质量发展中以 0.2232 分排名第 160，低于全国平均值 0.2645 分，远远落后排名第一的苏州 0.5204 分。包头市在绿色生态高质量发展中以 0.4409 分排名第 261，远低于全国平均值 0.5366 分，落后排名第一的南平 0.3936 分。在绿色生态高质量评价的九个评价指标中，包头市除建成区绿化覆盖率 44.13% 排名第 40 外，其他几项排名均较为靠后，其中万元 GDP 电耗、人均水资源量、森林覆盖率、一般工业固体废物综合利用率分列第 223、第 247、第 262、第 263。

韶关市经济高质量发展水平在广东省排名第九，落后于全国排名第一的深圳市、第四的广州市、第十的珠海市、第 13 的东莞市、第 14 的中山市、第 24 的佛山市、第 45 的惠州市、第 66 的江门市。由表 5 – 3 和图 5 – 50 可知，韶关市经济高质量发展水平排名第 82，主要得益于其绿色生态、企业发展相对较好，但是经济效率、社会人文、开放创新、民生共享方面发展相对较弱，与其整体排名不相匹配。韶关市在绿色生态高质量发展中以 0.6874 分排名第 13，为全国平均值 0.5366 分的 1.28 倍，落后排名第一的南平 0.1471 分。在绿色生态高质量评价的九个评价指标中，韶关市森林覆盖率 75.10%，排名全国第 10；人均水资源量 8524.41 立方米，排名全国第 13；建成区绿化覆盖 46.03%，排名第 17。韶关市在企业发展高质量发展中以 0.2907 分排名第 62，略高于全国平均值 0.2645分，但远远落后排名第一的苏州 0.4529 分。在企业发展高质量评价的六个评价指标中，韶关市企业产品质量监督检查合格率达 100%，并列全国第一；两个高质量产业集群，并列第 17。韶关市在经济效率高质量发展中以 0.5922 分排名第

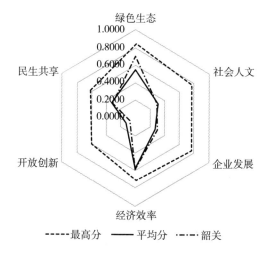

图 5 - 50 韶关高质量发展评价六维度雷达图

92，略高于全国平均值 0.5720 分，低于排名第一的深圳 0.1284 分。在经济效率高质量发展评价的九个指标中，韶关市 GDP 增长波动率为 0.96%，排名全国第八。韶关市在社会人文高质量发展中以 0.2972 分排名第 130，低于全国平均值 0.3050 分，落后排名第一的深圳 0.4537 分。在社会人文高质量评价的五个评价指标中，韶关市人口自然增长率为 20.25‰，排名全国第四。韶关市在开放创新高质量发展中以 0.0713 分排名第 154，低于全国平均值 0.1162 分，落后排名第一的珠海 0.5243 分。在开放创新高质量评价的六个评价指标中，韶关市科学技术支出占公共财政支出比重、万人拥有专利授权数、进出口总额占 GDP 比重排在前 100。韶关市在民生共享高质量发展中以 0.3061 分排名第 158，低于全国平均值 0.3311 分，落后排名第一的舟山 0.3041 分。在民生共享高质量评价的八个评价指标中，韶关市城镇居民人均可支配收入、人均道路面积、万人拥有医生数排名在 200 名之后。

九江市经济高质量发展水平在江西省排名第二，仅次于全国排名第 37 的南昌市。由表 5 - 3 和图 5 - 51 可知，九江经济高质量发展水平排名第 84，主要得益于其开放创新、绿色生态、社会人文发展相对较好，但是民生共享、企业发展、

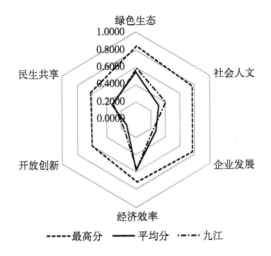

图 5-51　九江高质量发展评价六维度雷达图

经济效率方面发展相对较弱，与其整体排名不相匹配。九江市在开放创新高质量发展中以 0.1776 分排名第 52，为全国平均值 0.1162 分的 1.53 倍，落后排名第一的珠海 0.4180 分。在开放创新高质量评价的六个评价指标中，九江市实际利用外资占 GDP 比重 5.71%，排名第七，除科学技术支出占公共财政支出比重 1.26% 位列第 121 外，其余几项均位列前 100。九江市在绿色生态高质量发展中以 0.5778 分排名第 77，略高于全国平均值 0.5366 分，落后排名第一的南平 0.2567 分。在绿色生态高质量评价的九个评价指标中，九江市建成区绿化覆盖 50.04%，排名全国第四；人均水资源量 4317.19 立方米，排名第 42；人均公园绿地面积 17.81 平方米，排名第 47。九江市在社会人文高质量发展中以 0.3969 分排名第 82，为全国平均值 0.3050 分的 1.30 倍，落后排名第一的深圳 0.3540 分。九江市在民生共享高质量发展中以 0.3133 分排名第 144，低于全国平均值 0.3311 分，落后排名第一的舟山 0.2969 分。在民生共享高质量评价的八个评价指标中，九江市仅人均道路面积、教育支出占 GDP 比重、城镇居民人均可支配收入排名前 100。九江市在企业发展高质量发展中以 0.2230 分排名第 161，低于全国平均值 0.2645 分，远远落后排名第一的苏州 0.5206 分。在企业发展高质量评价的六个评价指标中，九江市企业产品质量监督检查合格率为100%，并列全国第一。九江市在经济效率高质量发展中以0.5450分排名第213，低于全国平均值0.5720分，低于排名第一的深圳0.1756分。在经济效率高质量发展评价的九个评价指标中，九江市GDP增长率为9.37%，排名全国第25。

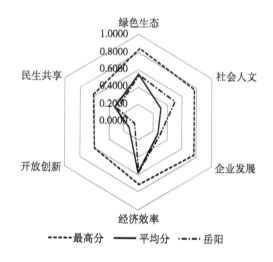

图5-52 岳阳高质量发展评价六维度雷达图

岳阳市经济高质量发展水平在湖南省排名第四，次于全国排名第五的长沙市、第32位的株洲市、第55位的湘潭市。由表5-3和图5-52可知，岳阳市经济高质量发展水平排名第87位，主要得益于其社会人文、企业发展两方面发展相对较好，但是经济效率、绿色生态、开放创新、民生共享方面发展相对较弱，与其整体排名不相匹配。岳阳市在社会人文高质量发展中以0.4832分排名第45，为全国平均值0.3050分的1.58倍，落后排名第一的深圳0.2677分。岳阳市在企业发展高质量发展中以0.2967分排名第57，略高于全国平均值0.2645分，但远远落后排名第一的苏州0.4469分。在企业发展高质量评价的六个评价指标中，岳阳市企业产品质量监督检查合格率为100%，并列全国第一；拥有一个高质量产业集群，并列第36；拥有39家驰名商标地理标志数，排名第48。岳阳市在经济效率高质量发展中以 0.5829 分排名第 122，略高于全国平均值 0.5720 分，低于排名第一的深圳 0.1377 分。在经济效率高质量发展评价的九个评价指标中，岳阳市在岗职工劳动生产率为 738302.86 元/人，排名全国第 22 位。岳阳市在绿色生态高质量发展中以 0.5242 分排名第 142，低于全国平均值 0.5366 分，落后排名第一的南平 0.3103 分。在绿色生态高质量评价的九个评价指标中，岳阳市生活垃圾无害化处理率为 100%，与其他 136 个城市并列第一。岳阳市在开放创新高质量发展中以 0.0523 分排名第 191，低于全国平均值 0.1162 分，远远落后排名第一的珠海 0.5433 分。在开放创新高质量评价的六个评价指标中，岳阳市各项指标均在 100～200 名。岳阳市在民生共享高质量发展中以 0.2922 分排名第 191，低于全国平均值 0.3311 分，落后排名第一的舟山 0.3191 分。在民生共享高质量评价的八个评价指标中，岳阳市除万人拥有医生数排名 81、城乡居民收入比排名 97 外，其余指标均在 100 名之后，其中在岗职工平均工资位列全国第 237。

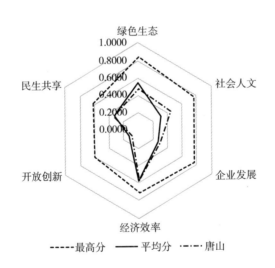

图 5-53 唐山高质量发展评价六维度雷达图

唐山市经济高质量发展水平在河北省排名第四，次于全国排名第 54 的石家庄市、第 65 的秦皇岛市、第 86 的保定市。由表 5-3 和图 5-53 可知，唐山经济高质量发展水平排名第 93，主要得益于其企业发展、社会人文发展相对较好，但是开放创新、民生共享、经济效率、绿色生态方面发展相对较弱，与其整体排名不相匹配。唐山市在企业发展高质量发展中以 0.2902 分排名第 63，略高于全国平均值 0.2645 分，但远远落后排名第一的苏州 0.4534 分。在企业发展高质量评价的六个评价指标中，唐山市拥有一个高质量产业集群，排名并列第 36；七家 500 强企业及中国 500 最具价值品牌，排名第 44。唐山市在社会人文高质量发展中以 0.4327 分排名第 66，为全国平均值 0.3050 分的 1.42 倍，落后排名第一的深圳 0.3182 分。唐山市在开放创新高质量发展中以 0.0997 分排名第 108，低于全国平均值 0.1162 分，远远落后排名第一的珠海 0.4959 分。在开放创新高质量评价的六个评价指标中，唐山市普通高等学校有 10 所，排名第 42。唐山市在民生共享高质量发展中以 0.3375 分排名第 110，略高于全国平均值 0.3311 分，落后排名第一的舟山 0.2727 分。在民生共享高质量评价的八个评价指标中，唐山市城镇居民人均可支配收入 33725 元，排名第 55；农村居民人均可支配 1502 元，排名第 65；其余指标均在 100 名之后。唐山市在经济效率高质量发展中以 0.5512 分排名第 198，低于全国平均值 0.5720 分，低于排名第一的深圳 0.1694 分。在经济效率高质量发展评价的九个指标中，唐山市在岗职工劳动生产率 814726.60 元/人，排名全国第 16。唐山市在绿色生态高质量发展中以 0.4684 分排名第 229，低于全国平均值 0.5366 分，落后排名第一的南平 0.3661 分。在绿色生态高质量评价的九个评价指标中，唐山市生活垃圾无害化处理率为 100%，并列第一；污水处理厂集中处理率为 98.00%，并列第 14。

常德市经济高质量发展水平在湖南省排名第五，次于全国排名第五的长沙市、第 32 的株洲市、第 55 的湘潭市、第 87 的岳阳市。由表 5 - 3 和图 5 - 54 可知，常德经济高质量发展水平排名第 94，主要得益于社会人文、企业发展、经济效率相对较好，但是绿色生态、开放创新、民生共享方面发展相对较弱，与其整体排名不相匹配。常德市在社会人文高质量发展中以 0.3964 分排名第 83，为全国平均值 0.3050 分的 1.30 倍，落后排名第一的深圳 0.3815 分。常德市在企业发展高质量发展中以 0.2853 分排名第 65，略高于全国平均值 0.2645 分，但远远落后排名第一的苏州 0.4583 分。在企业发展高质量评价的六个评价指标中，常德市企业产品质量监督检查合格率为 100%，并列全国第一，拥有一个高质量产业集群，并列第 36；29 家驰名商标地理标志数，排名第 66。常德市在经济效率高质量发展中以 0.5925 分排名第 91，略高于全国平均值 0.5720 分，低于排名第一的深圳 0.1281 分。在经济效率高质量发展评价的九个指标中，常德市 GDP 增长波动率为 0.00%，排名全国第一；在岗职工劳动生产率 720443.95 元/人，排名全国第 26 位。常德市在绿色生态高质量发展中以 0.5621 分排名第 96，略高于全国平均值 0.5366 分，落后排名第一的南平 0.2724 分。在绿色生态高质量评价的九个评价指标中，常德市万元 GDP 电耗 229.25 千瓦时/万元，排名全国第三；建成区绿化覆盖率 44.37%，排名第 37。常德市在开放创新高质量发展中以 0.0638 分排名第 168，低于全国平均值 0.1162 分，远远落后排名第一的珠海 0.5318 分。在开放创新高质量评价的六个评价指标中，常德市除实际利用外资占 GDP 比重和普通高等学校数分列第 83 和第 91 外，其余指标均在 100 名之后。常德市在民生共享高质量发展中以 0.2896 分排名第 197，低于全国平均值 0.3311 分，落后排名第一的舟山 0.3206 分。在民生共享高质量评价的八个评价指标中，常德市除城乡居民收入比排名第 89 外，其余指标均在 100 名之后，其中教育支出占 GDP 比重位列全国 229。

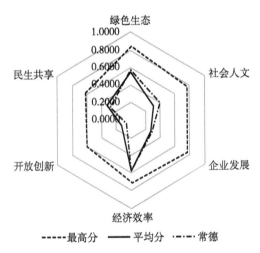

图 5-54　常德高质量发展评价六维度雷达图

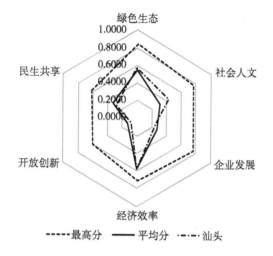

图 5 – 55　汕头高质量发展评价六维度雷达图

汕头市经济高质量发展水平在广东省排名第十，次于全国排名第一的深圳市、第四的广州市、第十的珠海市、第13的东莞市、第14的中山市、第24的佛山市、第45的惠州市、第66的江门市、第82的韶关市。由表5－3和图5－55可知，汕头经济高质量发展水平排名第94，主要得益于其社会人文、绿色生态发展相对较好，但是经济效率、开放创新、企业发展民生共享方面发展相对较弱，与其整体排名不相匹配。汕头市在社会人文高质量发展中以0.4221分排名第70，为全国平均值0.3050分的1.38倍，落后排名第一的深圳0.3288分。在社会人文高质量评价的五个评价指标中，汕头市城镇化率为70.30%，排名第44。汕头市在绿色生态高质量发展中以0.5653分排名第93，略高于全国平均值0.5366分，落后排名第一的南平0.2692分。在绿色生态高质量评价的九个评价指标中，汕头市以生活垃圾无害化处理率100%并列第一、以万元GDP电耗299.63千瓦时/万元排名第九、以PM2.5年均浓度29.20微克/立方米排名第35。汕头市在经济效率高质量发展中以0.5903分排名第99，略高于全国平均值0.5720分，低于排名第一的深圳0.1303分。在经济效率高质量发展评价的九个评价指标中，汕头市各指标相对较好，但在岗职工劳动生产率仅排名第209，通货膨胀率仅排名第 240。汕头市在开放创新高质量发展中以 0.0872 分排名第 128，低于全国平均值 0.1162 分，远远落后排名第一的珠海 0.5084 分。在开放创新高质量评价的六个评价指标中，汕头市进出口总额占 GDP 比重为 27.22%，排名第 40；万人拥有专利授权数 14 件，排名第 46；科学技术支出占公共财政支出比重为 1.97%，排名第 69。汕头市在企业发展高质量发展中以 0.2296 分排名第 147，低于全国平均值 0.2645 分，远远落后排名第一的苏州 0.5140 分。汕头市在民生共享高质量发展中以 0.2717 分排名第 225，低于全国平均值 0.3311 分，落后排名第一的舟山 0.3311 分。在民生共享高质量评价的八个评价指标中，汕头市仅以城乡居民收入比 1.84 排名第 36 比较靠前，其余指标均比较落后，其中城镇居民人均可支配收入排名第 221、万人拥有医生数排名第 232、人均道路面积排名第 264、万人拥有床位数排名第 281。

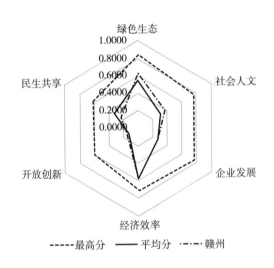

图 5-56　赣州高质量发展评价六维度雷达图

由表 5-3 和图 5-56 可知，江西的省域副中心城市赣州的经济高质量发展总得分为 0.3647 分，排名第 101。各维度的排名分别为：绿色生态第 46、社会人文第 97、企业发展第 80、经济效率第 180、开放创新第 64、民生共享第 271。赣州在绿色生态高质量发展中以 0.6134 分排名第 46，比全国平均值高 0.0768

分，比排名第一的南平低 0.2211 分。在绿色生态高质量评价的九个评价指标中，森林覆盖率 76.24%，位列全国第 8；人均水资源量 6065.74 吨/人，排名第 28。赣州在社会人文高质量发展中以 0.3671 分排名第 97，高出全国平均值 0.0621 分，比排名第一的深圳低 0.3838 分。在社会人文高质量评价的五个评价指标中，政府城市认可度 4.49 分，排名第 19。赣州在企业发展高质量发展中以 0.2729 分排名第 80，高出全国平均值 0.0083 分，比排名第一的苏州低 0.4708 分。在企业发展高质量评价的六个评价指标中，企业产品质量监督检查合格率 100%，排名第一；高质量产业集群一个，排名第 36。赣州在经济效率高质量发展中以 0.5555 分排名第 180，比全国平均值低 0.0147 分，比排名第一的深圳低 0.1651 分。在经济效率高质量评价的八个评价指标中，GDP 增长率 9.5%，排名第 19；GDP 增长波动率 1.04%，排名第九。赣州在开放创新高质量发展中以 0.1535 分排名第 64，高出全国平均值 0.0373 分，比排名第一的珠海低 0.4421 分。在开放创新高质量评价的六个评价指标中，实际利用外资占 GDP 比重 4.56%，排名第 22；拥有 9 所普通高等学校，排名第 52。赣州在民生共享高质量发展中以 0.2348 分排名第 271，比全国平均值低 0.0963 分，比排名第一的舟山低 0.3754 分。在民生共享高质量评价的八个评价指标中，教育支出占 GDP 比重 6.2%，排名第 26。

由表 5-3 和图 5-57 可知，湖北的省域副中心城市宜昌的经济高质量发展总得分 0.3629 分，排名第 103。各维度的排名分别为：绿色生态第 122、社会人文第 149、企业发展第 30、经济效率第 236、开放创新第 125、民生共享第 99。宜昌在绿色生态高质量发展中以 0.5403 分排名第 122，比全国平均值高 0.0037 分，比排名第一的南平低 0.2942 分。在绿色生态高质量评价的九个评价指标中，森林覆盖率为 65.04%，排名第 35；人均水资源量 3387.41 吨/人，排名第 52；万元 GDP 电耗千瓦时/万元，排名第 40。宜昌在社会人文高质量发展中以 0.2716 分排名第 149，比全国平均值低 0.0334 分，比排名第一的深圳低 0.4793 分。在社会人文高质量评价的五个评价指标中，万人拥有公共图书馆藏书量 14987.89 册，排名第 20。宜昌在企业发展高质量发展中以 0.3753 分排名第 30，高出全国

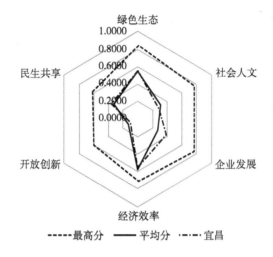

图 5 - 57　宜昌高质量发展评价六维度雷达图

平均值 0.1107 分，比排名第一的苏州低 0.3684 分。在企业发展高质量评价的六个评价指标中，500 强企业及中国 500 最具价值品牌 10 个，排名第 27；企业产品质量监督检查合格率 100%，排名第 1；地理标志及驰名商标 63 个，排名第 29；中国质量奖企业 1 个，排名第 21；高质量产业集群 1 个，排名第 36。宜昌在经济效率高质量发展中以 0.5323 分排名第 236，比全国平均值低 0.0380 分，比排名第一的深圳低 0.1884 分。在经济效率高质量评价的八个评价指标中，GDP 增长率 8.8%，排名第 53；城镇登记失业率 1.8%，排名第 11；GDP 增长波动率 1.12%，排名第 10。宜昌在开放创新高质量发展中以 0.0893 分排名第 125，比全国平均值低 0.0269 分，比排名第一的珠海低 0.5063 分。在开放创新高质量评价的六个评价指标中，科学技术支出占公共财政支出比重 2.62%，排名第 43。宜昌在民生共享高质量发展中以 0.3427 分排名第 99，比全国平均值高 0.0117 分，比排名第一的舟山低 0.2675 分。在民生共享高质量评价的八个评价指标中，万人拥有床位数 60.41 张，排名第 50。

由表 5 - 3 和图 5 - 58 可知，广东的省域副中心城市湛江的经济高质量发展总得分 0.3613 分，排名第 106。各维度的排名分别为：绿色生态第 117、社会人文第50、企业发展第128、经济效率第166、开放创新第161、民生共享第205。
湛江在绿色生态高质量发展中以0.5431分排名第117，比全国平均值高0.0065
分，比排名第一的南平低0.2915分。在绿色生态高质量评价的九个评价指标中，
PM2.5年均浓度为29.4微克/立方米，排名第38；一般工业固体废物综合利用率
为98.39%，排名第38。湛江在社会人文高质量发展中以0.4728分排名第50，
比全国平均值高0.1677分，比排名第一的深圳低0.2782分。在社会人文高质量
评价的五个评价指标中，社会城市认可度为2.99分，并列第19。湛江在企业发
展高质量发展中以0.2406分排名第128，比全国平均低值0.0239分，比排名第
一的苏州低0.5030分。在企业发展高质量评价的六个评价指标中，高质量产业
集群1个，排名第36。湛江在经济效率高质量发展中以0.5621分排名第166，
比全国平均值低0.0082分，比排名第一的深圳低0.1586分。在经济效率高质量
评价的八个评价指标中，投资产出率为168.74%，排名第49。湛江在开放创新
高质量发展中以0.0663分排名第161，比全国平均值低0.0499分，比排名第一
的珠海低0.5293分。湛江在民生共享高质量发展中以0.2852分排名第205，比
全国平均值低0.0459分，比排名第一的舟山低0.3251分。

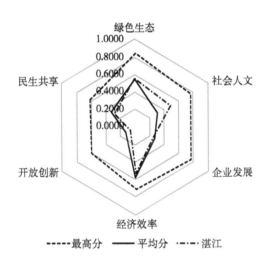

图 5-58　湛江高质量发展评价六维度雷达图

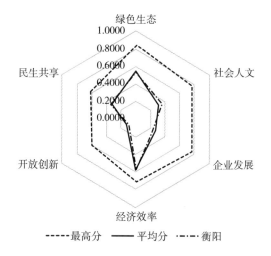

图 5 – 59　衡阳高质量发展评价六维度雷达图

由表 5 – 3 和图 5 – 59 可知，湖南的省域副中心城市衡阳的经济高质量发展总得分 0.3528 分，排名第 124。各维度的排名分别为：绿色生态第 151、社会人文第 104、企业发展第 129、经济效率第 218、开放创新第 101、民生共享第 106。衡阳在绿色生态高质量发展中以 0.5170 分排名第 151，比全国平均值低 0.0195 分，比排名第一的南平低 0.3175 分。在绿色生态高质量评价的九个评价指标中，生活垃圾无害化处理率 100%，排名第一。衡阳在社会人文高质量发展中以 0.3522 分排名第 104，比全国平均值高 0.0472 分，比排名第一的深圳低 0.3988 分。衡阳在企业发展高质量发展中以 0.2393 分排名 129，比全国平均值低 0.0252 分，比排名第一的苏州低 0.5043 分。在企业发展高质量评价的六个评价指标中，中国质量奖企业 1 个，排名第 21。衡阳在经济效率高质量发展中以 0.5415 分排名第 218，比全国平均值低 0.0288 分，比排名第一的深圳低 0.1792 分。衡阳在开放创新高质量发展中以 0.1030 分排名第 101，比全国平均值低 0.0132 分，比排名第一的珠海低 0.4926 分。在开放创新高质量评价的六个评价指标中，实际利用外资占 GDP 比重 2.67%，排名第 52；普通高等学校 9 所，排名第 52。衡阳在民生共享高质量发展中以 0.3403 分排名第 106，比全国平均值高 0.0092 分，比排名第一的舟山低 0.2700 分。在民生共享高质量评价的八个评价指标中，农村居民人均可支配收入 15603 元，排名第 52；城乡居民收入比 1.85，排名第 39。

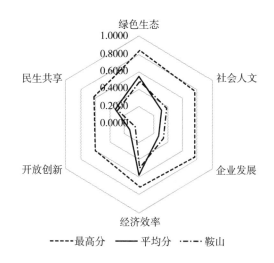

图 5-60　鞍山高质量发展评价六维度雷达图

由表 5-3 和图 5-60 可知，辽宁的省域副中心城市鞍山的经济高质量发展总得分 0.3367 分，排名第 154。各维度的排名分别为：绿色生态第 198、社会人文第 93、企业发展第 50、经济效率第 273、开放创新第 195、民生共享第 172。鞍山在绿色生态高质量发展中以 0.4864 分排名第 198，比全国平均值低 0.0502 分，比排名第一的南平低 0.3482 分。在绿色生态高质量评价的九个评价指标中，生活垃圾无害化处理率为 100%，排名第一。鞍山在社会人文高质量发展中以 0.3720 分排名第 93，比全国平均值高 0.0670 分，比排名第一的深圳低 0.3789 分。鞍山在企业发展高质量发展中以 0.3205 分排名 50，比全国平均值高 0.0560 分，比排名第一的苏州低 0.4231 分。在企业发展高质量评价的六个评价指标中，企业产品质量监督检查合格率 100%，排名第一。高质量产业集群 2 个，排名第 17。鞍山在经济效率高质量发展中以 0.4898 分排名第 273，比全国平均值低

0.0805 分，比排名第一的深圳低 0.2309 分。在经济效率高质量评价的八个评价指标中，投资产出率 308.64%，排名第 17；第三产业产值占 GDP 比重 57.32%，排名第 19。鞍山在开放创新高质量发展中以 0.0513 分排名第 195，比全国平均值低 0.0649 分，比排名第一的珠海低 0.5443 分。鞍山在民生共享高质量发展中以 0.3007 分排名第 172，比全国平均值低 0.0304 分，比排名第一的舟山低 0.3096 分。在民生共享高质量评价的八个评价指标中，万人拥有床位 60.17 张，排名第 52。

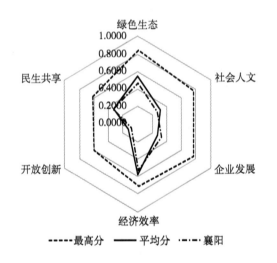

图 5-61　襄阳高质量发展评价六维度雷达图

由表 5-3 和图 5-61 可知，湖北的省域副中心城市襄阳的经济高质量发展总得分 0.3363 分，排名第 155。各维度的排名分别为：绿色生态第 238、社会人文第 157、企业发展第 51、经济效率第 245、开放创新第 132、民生共享第 111。襄阳在绿色生态高质量发展中以 0.4583 分排名第 238，比全国平均值低 0.0782 分，比排名第一的南平低 0.3762 分。在绿色生态高质量评价的九个评价指标中，万元 GDP 电耗 361.95 千瓦时/万元，排名第 16。襄阳在社会人文高质量发展中以 0.2583 分排名第 157，比全国平均值低 0.0467 分，比排名第一的深圳低

0.4926 分。襄阳在企业发展高质量发展中以 0.3156 分排名 51，比全国平均值高 0.0510 分，比排名第一的苏州低 0.4281 分。在企业发展高质量评价的六个评价指标中，地理标志及驰名商标 54 个，排名第 34；高质量产业集群 1 个，排名第 35。襄阳在经济效率高质量发展中以 0.5268 分排名第 245，比全国平均值低 0.0435 分，比排名第一的深圳低 0.1939 分。在经济效率高质量评价的八个评价指标中，在岗职工劳动生产率 659733.93 元/人，排名第 42。襄阳在开放创新高质量发展中以 0.0855 分排名第 132，比全国平均值低 0.0307 分，比排名第一的珠海低 0.5101 分。在开放创新高质量评价的六个评价指标中，科学技术支出占公共财政支出比重 3.23%，排名第 31。襄阳在民生共享高质量发展中以 0.3365 分排名第 111，比全国平均值高 0.0054 分，比排名第一的舟山低 0.2737 分。

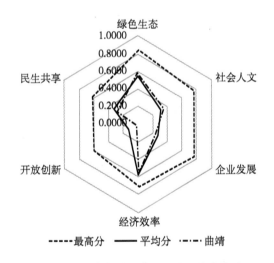

图 5 - 62   曲靖高质量发展评价六维度雷达图

由表 5 - 3 和图 5 - 62 可知，云南的省域副中心城市曲靖的经济高质量发展总得分 0.3324 分，排名第 165。各维度的排名分别为：绿色生态第 78、社会人文第 107、企业发展第 141、经济效率第 217、开放创新第 259、民生共享第 221。曲靖在绿色生态高质量发展中以 0.5771 分排名第 78，比全国平均值高 0.0405 分，比排名第一的南平低 0.2575 分。在绿色生态高质量评价的九个评价指标中，

PM2.5 年均浓度 31.4 微克/立方米，排名第 46；万元 GDP 电耗 415.84 吨/万元，排名第 30。曲靖在社会人文高质量发展中以 0.3457 分排名第 107，比全国平均值低 0.0407 分，比排名第一的深圳低 0.4053 分。曲靖在企业发展高质量发展中以 0.2315 分排名第 141，比全国平均值低 0.0330 分，比排名第一的苏州低 0.5121 分。在企业发展高质量评价的六个评价指标中，企业产品质量监督检查合格率为 100%，排名第一。曲靖在经济效率高质量发展中以 0.5427 分排名第 217，比全国平均值低 0.0275 分，比排名第一的深圳低 0.1779 分。曲靖在开放创新高质量发展中以 0.0242 分排名第 259，比全国平均值低 0.0920 分，比排名第一的珠海低 0.5714 分。曲靖在民生共享高质量发展中以 0.2783 分排名第 221，比全国平均值低 0.0528 分，比排名第一的舟山低 0.3319 分。在民生共享高质量评价的八个评价指标中，教育支出占 GDP 比重 5.3%，排名第 42。

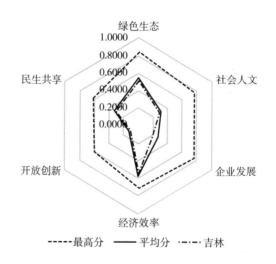

图 5－63　吉林高质量发展评价六维度雷达图

由表 5－3 和图 5－63 可知，吉林的省域副中心城市吉林的经济高质量发展总得分 0.3296 分，排名第 169。各维度的排名分别为：绿色生态第 163、社会人文第 136、企业发展第 261、经济效率第 213、开放创新第 87、民生共享第 138。吉林在绿色生态高质量发展中以 0.5093 分排名第 163，比全国平均值低 0.0273

分，比排名第一的南平低 0.3252 分。吉林在社会人文高质量发展中以 0.2882 分排名第 136，比全国平均值低 0.0168 分，比排名第一的深圳低 0.4627 分。吉林在企业发展高质量发展中以 0.1939 分排名第 261，比全国平均值低 0.0706 分，比排名第一的苏州低 0.5497 分。吉林在经济效率高质量发展中以 0.5347 分排名第 231，比全国平均值低 0.0355 分，比排名第一的深圳低 0.1859 分。吉林在开放创新高质量发展中以 0.1196 分排名第 87，比全国平均值高 0.0034 分，比排名第一的珠海低 0.4760 分。在开放创新高质量评价的六个评价指标中，万人普通高校在校生 246.22 人，排名第 49；实际利用外资占 GDP 比重 3.12%，排名第 41。吉林在民生共享高质量发展中以 0.3146 分排名第 138，比全国平均值低 0.0165 分，比排名第一的舟山低 0.2956 分。在民生共享高质量评价的八个评价指标中，万人拥有床位 62.04 张，排名第 43；万人拥有医生 28.96 人，排名第 46。

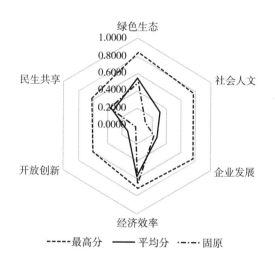

图 5 - 64　固原高质量发展评价六维度雷达图

由表 5 - 3 和图 5 - 64 可知，宁夏回族自治区的省域副中心城市固原的经济高质量发展总得分为 0.3214 分，排名第 184。各维度的排名分别为：绿色生态第 196、社会人文第 268、企业发展第 197、经济效率第 11、开放创新第 258、民生共享第46。固原在绿色生态高质量发展中以0.4879分排名第196，比全国平均值低0.0487分，比排名第一的南平低0.3467分。在绿色生态高质量评价的九个评价指标中，PM2.5年均浓度33.8微克/立方米，排名第56。固原在社会人文高质量发展中以0.0984分排名第268，比全国平均值低0.2067分，比排名第一的深圳低0.6526分。固原在企业发展高质量发展中以0.2154分排名197，比全国平均值低0.0491分，比排名第一的苏州低0.5282分。在企业发展高质量评价的六个评价指标中，企业产品质量监督检查合格率100%，排名第一。固原在经济效率高质量发展中以0.6571分排名第11，比全国平均值高0.0869分，比排名第一的深圳低0.0635分。在经济效率高质量评价的八个评价指标中，公共财政收入增长率41.44%，排名第一；第三产业产值占GDP比重54.04%，排名第25。固原在开放创新高质量发展中以0.0244分排名第258，比全国平均值低0.0918分，比排名第一的珠海低0.5712分。固原在民生共享高质量发展中以0.3945分排名第46，比全国平均值高0.0634分，比排名第一的舟山低0.2158分。在民生共享高质量评价的八个评价指标中，在岗职工平均工资71168元，排名第31；人均道路面积31.6平方米，排名第14；教育支出占GDP比重14.86%，排名第一。

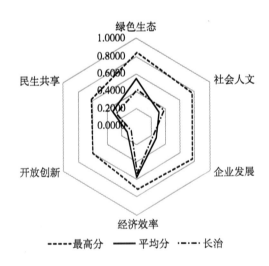

图5-65　长治高质量发展评价六维度雷达图

由表5－3和图5－65可知，山西的省域副中心城市长治的经济高质量发展总得分为0.3187分，排名第192。各维度的排名分别为：绿色生态第284、社会人文第98、企业发展第179、经济效率第202、开放创新第135、民生共享第219。长治在绿色生态高质量发展中以0.4073分排名第284，比全国平均值低0.1293分，比排名第一的南平低0.4273分。在绿色生态高质量评价的九个评价指标中，建成区绿化覆盖率46.97％，排名第13。长治在社会人文高质量发展中以0.3657分排名第98，比全国平均值高0.0607分，比排名第一的深圳低0.3853分。长治在企业发展高质量发展中以0.2185分排名179，比全国平均值低0.0460分，比排名第一的苏州低0.5251分。长治在经济效率高质量发展中以0.5494分排名第202，比全国平均值低0.0208分，比排名第一的深圳低0.1712分。在经济效率高质量评价的八个评价指标中，城镇登记失业率1.96％，排名第30；通货膨胀率0.9％，排名第14。长治在开放创新高质量发展中以0.0845分排名第135，比全国平均值低0.0317分，比排名第一的珠海低0.5111分。长治在民生共享高质量发展中以0.2795分排名第219，比全国平均值低0.0516分，比排名第一的舟山低0.3307分。

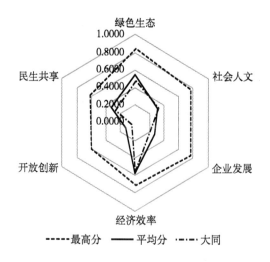

图5－66 大同高质量发展评价六维度雷达图

由表5-3和图5-66可知，山西的省域副中心城市大同的经济高质量发展总得分为0.3100分，排名第223。各维度的排名分别为：绿色生态第223、社会人文第119、企业发展第251、经济效率第212、开放创新第216、民生共享第229。大同在绿色生态高质量发展中以0.4698分排名第223，比全国平均值低0.0668分，比排名第一的南平低0.3647分。大同在社会人文高质量发展中以0.3185分排名第119，比全国平均值低0.0135分，比排名第一的深圳低0.4324分。大同在企业发展高质量发展中以0.2025分排名251，比全国平均值低0.0620分，比排名第一的苏州低0.5411分。大同在经济效率高质量发展中以0.5452分排名第212，比全国平均值低0.0250分，比排名第一的深圳低0.1754分。在经济效率高质量评价的八个评价指标中，通货膨胀率1.1%，排名第28；第三产业产值占GDP比重57.65%，排名第17。大同在开放创新高质量发展中以0.0439分排名第216，比全国平均值低0.0723分，比排名第一的珠海低0.5518分。大同在民生共享高质量发展中以0.2701分排名第229，比全国平均值低0.0610分，比排名第一的舟山低0.3402分。在民生共享高质量评价的八个评价指标中，教育支出占GDP比重5.29%，排名第41；万人拥有医生27.44人，排名第56。

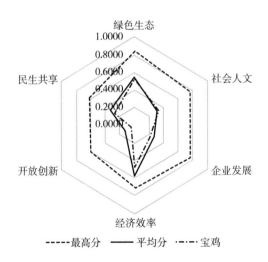

图5-67 宝鸡高质量发展评价六维度雷达图

由表5－3和图5－67可知，陕西的省域副中心城市宝鸡的经济高质量发展总得分为0.3090分，排名第227。各维度的排名分别为：绿色生态第166、社会人文第118、企业发展第153、经济效率第276、开放创新第221、民生共享第239。宝鸡在绿色生态高质量发展中以0.5080分排名第166，比全国平均值低0.0286分，比排名第一的南平低0.3266分。在绿色生态高质量评价的九个评价指标中，万元GDP电耗427.94吨/万元，排名第32。宝鸡在社会人文高质量发展中以0.3253分排名第118，比全国平均值高0.0202分，比排名第一的深圳低0.4257分。宝鸡在企业发展高质量发展中以0.2270分排名153，比全国平均值低0.0376分，比排名第一的苏州低0.5167分。宝鸡在经济效率高质量发展中以0.4748分排名276，比全国平均值低0.0954分，比排名第一的深圳低0.2458分。在经济效率高质量评价的八个评价指标中，GDP增长率9.3%，排名第25。宝鸡在开放创新高质量发展中以0.0429分排名第221，比全国平均值低0.0733分，比排名第一的珠海低0.5527分。宝鸡在民生共享高质量发展中以0.2626分排名第239，比全国平均值低0.0685分，比排名第一的舟山低0.3476分。在民生共享高质量评价的八个评价指标中，万人拥有床位59.78张，排名第53。

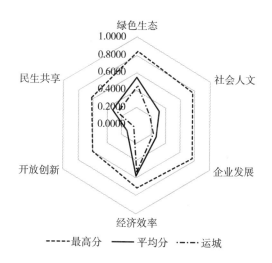

图5－68　运城高质量发展评价六维度雷达图

由表5-3和图5-68可知，山西的省域副中心城市运城的经济高质量发展总得分0.2946分，排名第254。各维度的排名分别为：绿色生态第262、社会人文第216、企业发展第165、经济效率第184、开放创新第225、民生共享第236。运城在绿色生态高质量发展中以0.4400分排名第262，比全国平均值低0.0966分，比排名第一的南平低0.3946分。在绿色生态高质量评价的九个评价指标中，生活垃圾无害化处理率100%，排名第一；污水处理厂集中处理率98%，排名第14。运城在社会人文高质量发展中以0.1763分排名第216，比全国平均值低0.1287分，比排名第一的深圳低0.5746分。运城在企业发展高质量发展中以0.2210分排名第165，比全国平均值低0.0435分，比排名第一的苏州低0.5226分。运城在经济效率高质量发展中以0.5548分排名第184，比全国平均值低0.0154分，比排名第一的深圳低0.1658分。在经济效率高质量评价的八个评价指标中，通货膨胀率1.3%，排名第一。运城在开放创新高质量发展中以0.0412分排名第225，比全国平均值低0.0750分，比排名第一的珠海低0.5544分。运城在民生共享高质量发展中以0.2655分排名第236，比全国平均值低0.0656分，比排名第一的舟山低0.3447分。在民生共享高质量评价的八个评价指标中，教育支出占GDP比重4.79%，排名第56。

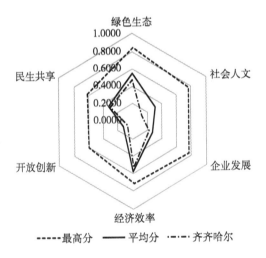

图5-69 齐齐哈尔高质量发展评价六维度雷达图

由表5-3和图5-69可知，黑龙江的省域副中心城市齐齐哈尔的经济高质量发展总得分0.2945分，排名第255。各维度的排名分别为：绿色生态第232、社会人文第246、企业发展第155、经济效率第244、开放创新第151、民生共享第180。齐齐哈尔在绿色生态高质量发展中以0.4645分排名第232，比全国平均值低0.0721分，比排名第一的南平低0.3701分。在绿色生态高质量评价的九个评价指标中，一般工业固体废物综合利用率100%，排名第一。齐齐哈尔在社会人文高质量发展中以0.1271分排名第246，比全国平均值低0.1779分，比排名第一的深圳低0.6239分。齐齐哈尔在企业发展高质量发展中以0.2258分排名155，比全国平均值低0.0387分，比排名第一的苏州低0.5178分。在企业发展高质量评价的六个评价指标中，企业产品质量监督检查合格率100%，排名第一。齐齐哈尔在经济效率高质量发展中以0.5274分排名第244，比全国平均值低0.0428分，比排名第一的深圳低0.1932分。齐齐哈尔在开放创新高质量发展中以0.0750分排名第151，比全国平均值低0.0412分，比排名第一的珠海低0.5207分。在开放创新高质量评价的六个评价指标中，实际利用外资占GDP比重2.55%，排名第55。齐齐哈尔在民生共享高质量发展中以0.2972分排名第180，比全国平均值低0.0339分，比排名第一的舟山低0.3131分。在民生共享高质量评价的八个评价指标中，城乡居民收入比为1.9，排名第51；教育支出占GDP比重4.94%，排名第51。

第六章 中国经济高质量发展大事记

编撰说明

2018 年是中国经济高质量发展元年，是中国实施高质量发展战略的开局之年。全面系统地梳理高质量发展的重大、典型、有代表性的会议、文件、讲话、事件及研究成果，对于关注、关心、热心我国高质量发展的各界人士把握宏观动态、了解微观情况有重要的价值，对于各个地方、不同部门及各类主体在践行高质量发展实践中开阔视野，进而结合自身情况走出有特色的高质量发展路径也有重要的助益。

本大事记按发生的时间先后编列，对于主题相似的文件，撷取最早的文件，原则上记叙其内容纲要，特别有亮点的内容也予以收录，其余则可能只记入一个标题。

本大事记的资料来源为网络，基本以与事件相关的官网内容为准，也经过了仔细的校对。

一、2017 年 10 月 18 日，党的十九大报告指出，"我国经济已由高速增长阶段转向高质量发展阶段，正处在转变发展方式、优化经济结构、转换增长动力的攻关期"，必须坚持质量第一、效益优先，推动经济发展质量变革、效率变革、动力变革。

二、2017 年 12 月 21 日，全国哲学社会科学规划办公室发布《2018 年国家社科基金项目课题指南》，其中与高质量发展相关的选题有：

（1）从高速增长转向高质量发展的内涵和机制研究。

（2）供给体系质量提升途径研究。

（3）高质量发展阶段的内涵、任务与战略研究。

（4）推动高质量发展突破性问题研究。

（5）推动经济发展质量变革、效率变革、动力变革研究。

（6）经济发展质量变革重点和路径研究。

（7）提高我国供给体系质量对策研究。

（8）保障农产品质量安全问题研究。

（9）促进我国就业质量提升研究。

（10）统计数据质量问题研究（以全国、地方、部门统计为考察对象，重点研究各类数据质量分析评价方法，从核算方法、工作流程等方面提出建议）。

（11）经济发展质量统计测评研究。

（12）提升政府质量与优化政府管理机制研究。

三、2017 年 12 月 24 日中国共产党河北省第九届委员会第六次全体会议审议通过，河北省委、省政府印发《关于全面推动高质量发展的决定》。

四、中央经济工作会议 12 月 18～20 日在北京举行。会议认为，中国特色社会主义进入了新时代，我国经济发展也进入了新时代，基本特征就是我国经济已由高速增长阶段转向高质量发展阶段。推动高质量发展，是保持经济持续健康发展的必然要求，是适应我国社会主要矛盾变化和全面建成小康社会、全面建设社会主义现代化国家的必然要求，是遵循经济规律发展的必然要求。推动高质量发展是当前和今后一个时期确定发展思路、制定经济政策、实施宏观调控的根本要求，必须加快形成推动高质量发展的指标体系、政策体系、标准体系、统计体系、绩效评价、政绩考核，创建和完善制度环境，推动我国经济在实现高质量发展上不断取得新进展。会议指出，要围绕推动高质量发展，做好 8 项重点工作。一是深化供给侧结构性改革；二是激发各类市场主体活力；三是实施乡村振兴战略；四是实施区域协调发展战略；五是推动形成全面开放新格局；六是提高保障和改善民生水平；七是加快建立多主体供应、多渠道保障、租购并举的住房制度；八是加快推进生态文明建设。

五、2018 年 1 月，中央财经领导小组办公室主任、国务院副总理刘鹤在达沃斯世界经济论坛年会上，以《推动高质量发展　共同促进全球经济繁荣稳定》为题发表致辞，指出高质量发展的主要内涵，就是从总量扩张向结构优化转变，就是从"有没有"向"好不好"转变。

六、2018 年 2 月 23 日，湖北省松滋市人民政府出台《关于促进工业经济高质量发展的意见》。主要内容如下：

（1）目标任务。2018 年，全市实现规模以上工业总产值 390 亿元，增长 15%；工业增加值增速 10%；工业固定资产投资 137 亿元，增幅 25%；新增进规企业 12 家；成功申报省级高新技术企业 10 家；新增省级"两化融合"示范企业 5 家。力争引进投资亿元以上项目 50 个，新开工建设固定资产亿元以上重大项目 40 个，招商引资到位资金和重大项目建设投资（含往年项目）100 亿元。

（2）工作重点。①加快转换经济增长动力：把握投资关键、强化人才支撑、注重创新引领。②加快转型升级高质发展：推进产业转型升级、实施企业培优计划、推动工业绿色发展、实施深度融合发展。③加快转变投资融资实效：实行信贷倾斜政策、着力拓宽投融渠道、推进企业挂牌上市、加强金融风险防范。④加快转优服务发展环境。推动园区升级改造、促进产品营运闭合、优化政务服务环境、推进信用体系建设。

七、2018 年 3 月 14 日，中共安徽省委、安徽省人民政府发表《关于促进经济高质量发展的若干意见》。主要内容如下：

（1）深化创新驱动发展战略，大力培育新动能。①发挥财政资金引导激励作用。2018 年，省财政安排 120 亿元左右，采取产业基金、"借转补"、事后奖补等方式，支持"三重一创""四个一"创新主平台、四大创新支撑体系、制造强省、创新型省份、技工大省、"双创"等，加快发展动能转换，加快建设实体经济、科技创新、现代金融、人力资源协同发展的产业体系。大力实施"拨改投"

"资金变基金"，鼓励省市联动，推广"基地＋基金""产业＋基金"发展模式，扶持重大关键技术产业化。②推进"三重一创"建设。支持 24 个现代化新兴产业重大基地、16 个重大工程、18 个重大专项建设，推动符合条件的重大工程和试验基地升级为重大基地，认定第三批重大工程和重大专项。支持新能源汽车、智能语音、集成电路、工业机器人、现代医疗和医药等产业，发展高端制造、智能制造、精品制造、绿色制造、服务型制造等先进制造业，促进量子及前沿技术等科技成果转化和产业化。支持实施新一轮人工智能产业体系构建工程，加快发展智能芯片、智能终端等制造业，大力培育电子商务、大数据、云计算、数字创意、移动传播等数字经济产业集群，开展"智慧＋"应用试点示范，抢占智慧经济发展制高点。③加快创新型省份建设。支持合肥综合性国家科学中心、合肥滨湖科技城、合芜蚌国家自主创新示范区、系统推进全面创新改革试验省"四个一"创新主平台建设，重点支持量子信息与量子科技创新研究院、聚变堆主机关键系统综合研究设施等创新平台建设。支持构建技术和产业、平台和企业、金融和资本、制度和政策创新支撑体系。鼓励企业、市县先行投入，形成覆盖自主创新能力建设、科技重大专项、科技成果转化等创新全链条的激励机制。完善以增加知识价值为导向的分配政策，探索赋予科研人员科技成果所有权和长期使用权，进一步扩大股权期权受益面。首批建设 10 个安徽省实验室、10 个安徽省技术创新中心，并分别一次性奖励 500 万元、300 万元，培育国家创新基地"预备队""先锋队"。鼓励各地与大院大所合作，扶持高端科技人才团队。支持高校"双一流"建设。实施科技型中小企业研发费用税前加计 75% 扣除政策，对中小微企业新购入 500 万元以下的研发仪器、设备当年一次性在税前扣除。④大力发展现代服务业。统筹省级电子商务发展专项资金，采取先建后奖补方式，支持市、县加快农村电子商务建设。对新进入我省投资的世界 100 强和国内 50 强电子商务企业，实际到位注册资本金 5000 万元以上的，可由当地政府按 1% 给予一次性落户奖励，最高奖励 200 万元。2018 年，再认定 20 家左右省级服务业集聚区、10 家左右集聚示范园区、5 家省级示范物流园区。继续免征新能源汽车车购税，全面取消二手车限迁政策，引导共享单车等消费新业态有序发展。

（2）深化供给侧结构性改革，促进实体经济发展。①继续化解过剩产能。2018年，从总量性去产能转向结构性优产能，从以退为主转向进退并重。②促进房地产市场平稳健康发展。③进一步降低实体经济成本。④增强金融服务实体经济能力。

（3）促进有效投资，发挥对优化供给结构的关键性作用。①加强重大项目谋划推进。②加强基础设施网络建设。③扎实推进以人为核心的新型城镇化。④深化投融资体制改革。⑤保障重点项目用地需求。

（4）加快发展开放型经济，推动形成全面开放新格局。①坚定不移扩大招商引资。②拓展提升对外经贸合作。

（5）纵深推进重点领域改革，激发各类市场主体活力。①深化"放管服"改革。②推动国有资本做强做优做大。③支持民营企业发展。

（6）实施乡村振兴战略，促进城乡区域协调发展。①大力发展现代农业。②持续改善农村环境。③全面振兴县域经济。

（7）坚决打好防范化解重大风险攻坚战，守住风险底线。①防范政府债务风险。②防范化解金融风险。

（8）坚决打好精准脱贫攻坚战，提高保障和改善民生水平。①加大精准扶贫、精准脱贫力度。②持续加大民生投入。③全力促进更高质量就业。

（9）坚决打好污染防治攻坚战，促进绿色发展。①持续改善生态环境质量。②完善生态环境管理制度。

（10）以钉钉子精神做实做细做好工作，不断优化发展环境。①持续开展"四送一服"。②不断转变工作作风。

八、2018年3月15日，光明日报客户端集纳发布习近平关于"高质量发展"的20个关键词，帮助读者体味其中蕴含的思想内涵和发展路径。

（1）思维方式。现在，我国经济结构出现重大变化，居民消费加快升级，创新进入活跃期，如果思维方式还停留在过去的老套路上，不仅难有出路，还会坐失良机。——3月5日，习近平参加十三届全国人大一次会议内蒙古代表团审议时强调

（2）实体经济。推动经济高质量发展，要把重点放在推动产业结构转型升级上，把实体经济做实做强做优。——3月5日，习近平参加十三届全国人大一次会议内蒙古代表团审议时强调

（3）现代产业新体系。要立足优势、挖掘潜力、扬长补短，努力改变传统产业多新兴产业少、低端产业多高端产业少、资源型产业多高附加值产业少、劳动密集型产业多资本科技密集型产业少的状况，构建多元发展、多极支撑的现代产业新体系，形成优势突出、结构合理、创新驱动、区域协调、城乡一体的发展新格局。——3月5日，习近平参加十三届全国人大一次会议内蒙古代表团审议时强调

（4）现代能源经济。要把现代能源经济这篇文章做好，紧跟世界能源技术革命新趋势，延长产业链条，提高能源资源综合利用效率。——3月5日，习近平参加十三届全国人大一次会议内蒙古代表团审议时强调

（5）新增长极。要大力培育新产业、新动能、新增长极，发展现代装备制造业，发展新材料、生物医药、电子信息、节能环保等新兴产业，发展现代服务业，发展军民融合产业，补足基础设施欠账，发挥国家向北开放重要桥头堡作用，优化资源要素配置和生产力空间布局，走集中集聚集约发展的路子，形成有竞争力的增长极。——3月5日，习近平参加十三届全国人大一次会议内蒙古代表团的审议时强调

（6）万里绿色长城。要加强生态环境保护建设，统筹山水林田湖草治理，精心组织实施京津风沙源治理、"三北"防护林建设、天然林保护、退耕还林、退牧还草、水土保持等重点工程，实施好草畜平衡、禁牧休牧等制度，加快呼伦湖、乌梁素海、岱海等水生态综合治理，加强荒漠化治理和湿地保护，加强大气、水、土壤污染防治，在祖国北疆构筑起万里绿色长城。——3月5日，习近平参加十三届全国人大一次会议内蒙古代表团的审议时强调

（7）三大攻坚战。希望内蒙古的同志们再接再厉，打好三大攻坚战，扎实解决好发展不平衡不充分问题，推动经济发展质量变革、效率变革、动力变革，全面做好稳增长、促改革、调结构、惠民生、防风险各项工作，推动经济社会发

展再上新台阶。——3月5日，习近平参加十三届全国人大一次会议内蒙古代表团的审议时强调

（8）第一动力。发展是第一要务，人才是第一资源，创新是第一动力。中国如果不走创新驱动发展道路，新旧动能不能顺利转换，就不能真正强大起来。强起来要靠创新，创新要靠人才。——3月7日，习近平参加十三届全国人大一次会议广东代表团审议时强调

（9）攻关期。我国经济正处在转变发展方式、优化经济结构、转换增长动力的攻关期。这是一个必须跨越的关口。构建推动经济高质量发展的体制机制是一个系统工程，要通盘考虑、着眼长远，突出重点、抓住关键。——3月7日，习近平参加十三届全国人大一次会议广东代表团审议时强调

（10）资源配置效率效能。要全面推进体制机制创新，提高资源配置效率效能，推动资源向优质企业和产品集中，推动创新要素自由流动和聚集，使创新成为高质量发展的强大动能，以优质的制度供给、服务供给、要素供给和完备的市场体系，增强发展环境的吸引力和竞争力，提高绿色发展水平。——3月7日，习近平参加十三届全国人大一次会议广东代表团审议时强调

（11）现代化经济体系。建设现代化经济体系，事关我们能否引领世界科技革命和产业变革潮流、赢得国际竞争的主动，事关我们能否顺利实现"两个一百年"奋斗目标。——3月7日，习近平参加十三届全国人大一次会议广东代表团审议时强调

（12）战略性新兴产业。要更加重视发展实体经济，把新一代信息技术、高端装备制造、绿色低碳、生物医药、数字经济、新材料、海洋经济等战略性新兴产业发展作为重中之重，构筑产业体系新支柱。——3月7日，习近平参加十三届全国人大一次会议广东代表团审议时强调

（13）创新型企业。科技创新是建设现代化产业体系的战略支撑。要着眼国家战略需求，主动承接国家重大科技项目，引进国内外顶尖科技人才，加强对中小企业创新支持，培育更多具有自主知识产权和核心竞争力的创新型企业。——3月7日，习近平参加十三届全国人大一次会议广东代表团审议时强调

（14）贸易新业态新模式。要以更宽广的视野、更高的目标要求、更有力的举措推动全面开放，加快发展更高层次的开放型经济，加快培育贸易新业态新模式，积极参与"一带一路"建设，加强创新能力开放合作。——3月7日，习近平参加十三届全国人大一次会议广东代表团审议时强调

（15）世界级城市群。要抓住建设粤港澳大湾区重大机遇，携手港澳加快推进相关工作，打造国际一流湾区和世界级城市群。——3月7日，习近平参加十三届全国人大一次会议广东代表团审议时强调

（16）乡村振兴战略。农业强不强、农村美不美、农民富不富，决定着全面小康社会的成色和社会主义现代化的质量。要深刻认识实施乡村振兴战略的重要性和必要性，扎扎实实把乡村振兴战略实施好。——3月8日，习近平参加十三届全国人大一次会议山东代表团审议时强调

（17）农村一、二、三产业融合发展。实施乡村振兴战略是一篇大文章，要统筹谋划，科学推进。要推动乡村产业振兴，紧紧围绕发展现代农业，围绕农村一、二、三产业融合发展，构建乡村产业体系，实现产业兴旺，把产业发展落到促进农民增收上来，全力以赴消除农村贫困，推动乡村生活富裕。——3月8日，习近平参加十三届全国人大一次会议山东代表团审议时强调

（18）提质导向。要发展现代农业，确保国家粮食安全，调整优化农业结构，加快构建现代农业产业体系、生产体系、经营体系，推进农业由增产导向转向提质导向，提高农业创新力、竞争力、全要素生产率，提高农业质量、效益、整体素质。——3月8日，习近平参加十三届全国人大一次会议山东代表团审议时强调

（19）新型农业经营主体。要推动乡村人才振兴，把人力资本开发放在首要位置，强化乡村振兴人才支撑，加快培育新型农业经营主体，让愿意留在乡村、建设家乡的人留得安心，让愿意上山下乡、回报乡村的人更有信心，激励各类人才在农村的广阔天地大施所能、大展才华、大显身手，打造一支强大的乡村振兴人才队伍，在乡村形成人才、土地、资金、产业汇聚的良性循环。——3月8日，习近平参加十三届全国人大一次会议山东代表团审议时强调

（20）战略要地。海洋是高质量发展战略要地。要加快建设世界一流的海洋港口、完善的现代海洋产业体系、绿色可持续的海洋生态环境，为海洋强国建设作出贡献。——3月8日，习近平参加十三届全国人大一次会议山东代表团审议时强调

九、2018年4月13日，广东省潮州市政府出台《潮州市推动陶瓷产业高质量发展实施方案》。主要内容如下：

（1）总体要求。深入贯彻党的十九大精神和习近平总书记在参加今年全国"两会"广东代表团审议时的重要讲话精神，特别是习近平总书记勉励潮州陶瓷产业走好高质量发展路子的重要指示精神，以深化供给侧结构性改革为主线，以陶瓷原材料供给、智能制造、设计创新、品牌建设、工业旅游等为切入点，加快转型升级步伐，推动陶瓷产业高质量发展，进一步擦亮"中国瓷都"品牌。

（2）主要目标。到2020年底，全市陶瓷产业结构、产品结构进一步优化，自动化、智能化、创意设计水平进一步提升，区域品牌影响力和产业竞争力进一步增强。主要目标如下：科技创新能力显著提升；产业结构更加合理；生产自动化、智能化水平明显提高；品牌影响力进一步扩大；节能减排水平不断提高。

（3）主要措施。①整治瓷土市场，完善原料供给：整顿规范瓷土市场、开拓瓷土市场。②打造创新平台，聚集创新资源：建设陶瓷产业创新中心、大力支持陶瓷产业"创新驱动先行区"建设。③强化产学研合作，加快技术创新：加快原料研发步伐、加强智能制造研究和推广、加快自动化生产线应用、开展智能工厂培育试点、加快培育高新技术企业、加快发展智能卫浴、支持陶瓷企业"上云用云"。④提高工业设计，发展文化创意：提升工业设计水平、推进陶瓷文化创意发展。⑤实施品牌战略，加强宣传交流：引导品牌创新、品牌管理和品牌经营；加强对外宣传，拓宽展示交流渠道。⑥发展工业旅游，塑造瓷都印象，加快推进陶瓷工业旅游。⑦编制价格指数，把握市场动态，开展陶瓷价格指数编制工作。⑧加快燃网建设，降低用气成本，加快燃气基础设施建设步伐。⑨强化污染整治，推行清洁生产：强化陶瓷行业污染整治、加快淘汰落后产能、全面推行绿色清洁生产工作。

（4）保障措施。加强组织领导，加强行业协会建设，加强财政支持。

十、2018年6月1日，江苏省沛县人民政府印发《关于加快推进建筑产业高质量发展的实施意见》的通知。主要内容如下：

（1）指导思想。坚持以习近平总书记新时代中国特色社会主义思想为指导，深化建筑业"放管服"改革，推动装配式建筑、绿色建筑、智慧建筑、全装修成品住房等快速发展，培育优势骨干企业，着力放大建筑业作为我县主导产业的优势效应，为建设"强富美高"新沛县提供有力支撑。

（2）发展目标。当前和今后一个时期，我县建筑产业高质量发展要树立和践行新发展理念，重点抓好"一区一园一基地"建设（一区，即绿色建筑和生态城区；一园，即建筑企业总部经济园；一基地，即绿色建筑产业基地），促进建筑业转型升级和快速发展，形成以一级以上高等级企业为主体，施工总承包、专业承包、劳务分包比例合理的企业结构体系，施工能力和市场占有率明显增强。至2020年，全县建筑业产值突破600亿元，建筑业税收贡献率和农民增收贡献率显著提高，实现省级"建筑强县"目标，推动建筑产业高质量发展。

（3）工作举措。①创新发展，推动建筑业高质量发展：培优扶强龙头骨干企业，提升综合竞争力；创树沛县建筑品牌，增强市场开拓能力；实施"人才兴业"工程，增强企业发展后劲。②搭建平台，大力推动"一区一园一基地"建设：创建绿色建筑和生态城区；建设建筑企业总部经济园；建设绿色建筑产业基地。③加大扶持力度，为建筑业高质量发展保驾护航：加大财政资金扶持力度。设立财力贡献奖，支持企业做大做强；设立优质工程奖，支持企业争创精品工程；设立争先晋级奖，支持企业提档升级。加大金融扶持力度。鼓励扶持有实力的企业通过挂牌、上市（IPO）、发债进行直接融资；加大对企业回归本地发展的扶持力度。④强化组织领导，为建筑业高质量发展提供组织保障。

十一、自然指数网站2018年6月7日发布的"2018自然指数年度榜单"显示，中国在高质量科研产出方面保持快速上升势头。在自然指数十大贡献国中，中国是唯一实现指数值正增长的国家。

十二、2018年6月9日，石家庄市人民政府出台《关于加快建设现代化工业体系推动工业经济高质量发展的实施方案》。主要内容如下：

（1）指导思想。以习近平新时代中国特色社会主义思想为统领，贯彻落实省市部署和要求，践行新发展理念，坚持质量第一、效益优先，以深化供给侧结构性改革为主线，实施"中国制造2025"和创新驱动发展战略。围绕构建"1+3"现代产业发展格局，做优做强新型金融产业，培育发展壮大现代商贸产业、科技信息产业和文化创意产业。优化传统产业，加快发展现代生产性服务业，同时优化环境，推进工业向高端、智能、绿色发展，为加快实现"四区同创"提供强有力的支撑。基本原则为坚持高质量发展、坚持创新发展、坚持融合发展、坚持开放发展、坚持绿色发展。

（2）主要目标。到2020年，力争工业转型升级取得明显进展，实现总量稳中有进、质量效益提升、产业结构优化、创新能力增强、绿色发展水平提升的目标。

（3）重点产业领域。①集中培植战略性新兴产业：新一代信息技术产业、生物医药健康产业、节能环保产业。②优化升级传统优势产业：把创新作为传统产业优化升级的第一动力；实施城市工业企业退城搬迁。③发展现代生产性服务业：工业设计、软件和信息技术服务业、电子商务业、工业旅游业。

（4）实施九大行动。①加强项目建设和定向招商行动；②提升企业创新能力行动；③推进两化深度融合行动；④推进军民融合行动；⑤提升金融创新开发区建设水平行动；⑥提升质量品牌行动；⑦培育龙头企业和中小企业行动；⑧重点工业行业结构调整提升行动；⑨强化政策支持和保障行动。

十三、2018年6月21日，全国哲学社会科学规划办公室公布了2018年国家社科基金年度项目立项结果，其中与高质量发展相关的立项课题有：

（1）朱方明．深度贫困的结构性分布与高质量退出研究　四川大学

（2）王轶．乡村振兴战略下返乡劳动力创业质量研究　北京工商大学

（3）张抗私．就业质量评价与提升机制及政策研究　东北财经大学

（4）丁焕峰．以高质量城市群为主体构建协调发展的城镇格局研究　华南理工大学

（5）齐俊妍．高质量发展阶段服务业开放对中国产业结构升级的影响研究 天津财经大学

（6）李静．纠正人力资本错配促进经济高质量增长研究 安徽大学

（7）时磊．供给体系质量提升的地方政府经济行为途径研究 扬州大学

（8）韩国高．高质量发展阶段我国供给体系产能优化的路径研究 东北财经大学

（9）段显明．高质量发展视角下我国生态福利绩效评价及提升途径研究 杭州电子科技大学

（10）陈晓雪．新时代长江经济带高质量发展与绿色发展的耦合协调机制研究 江苏理工学院

（11）马骏．乡村振兴战略下城乡高质量融合发展的机理与推进机制研究 湖南省社会科学院

（12）曹慧平．不完全契约视角下我国出口产品质量提升机制与对策研究 安徽财经大学

（13）喻美辞．贸易产品质量升级的技能溢价效应及因应政策研究 华南农业大学

（14）高越．全球价值链分工体系下异质性企业出口产品质量提升机制研究 山东理工大学

（15）徐晔．"互联网＋"背景下科技资源再配置推动经济高质量发展的机制与路径研究 江西财经大学

（16）牛犁．推动经济发展质量变革、效率变革、动力变革研究 国家信息中心

（17）张杰．运用政府引导基金提高我国供给体系质量的机制创新与对策研究 天津财经大学

（18）张月义．制造强国建设背景下的标准引领质量提升实现路径研究 中国计量大学

（19）李亚慧．多资本协同提升西部地区农民工自雇佣就业质量研究 内蒙

古财经大学

（20）王洪涛．新时代中国制造业出口质量升级机制与路径研究　广西财经学院

（21）李冬梅．共享经济下农业供给体系质量提升的对策研究　四川农业大学

（22）张益丰．农产品质量安全视阈下农业经营主体融合发展机制及政策研究　烟台大学

（23）綦方中．创建大数据下我国农产品可追溯质量安全模式与运行机制研究　浙江工业大学

（24）景娥．西北地区特色农产品供给质量提升路径及政策研究　北方民族大学

（25）尹世久．新时代我国农产品质量安全认证政策的社会福利评估研究　曲阜师范大学

（26）杨龙志．经济高质量发展的流通先导新动力机制及现有理论建构研究　温州大学

（27）吴开军．粤港澳大湾区旅游业高质量协同供给体系研究　广东财经大学

（28）陈海波．中国旅游经济高质量发展的供给侧结构性改革动力与路径研究　江苏大学

（29）李明．财税政策推动供给体系质量提升研究　对外经贸大学

（30）伍红．高质量发展下我国创新激励的税收政策效应研究　江西财经大学

（31）兰旭凌．社区社会组织公共服务供给的质量测评研究　四川大学

（32）唐魁玉．社会质量理论视野下的网络美好生活指标体系的建构研究　哈尔滨工业大学

（33）余守文．高质量发展导向下我国体育特色小镇投融资模式创新研究　华东政法大学

（34）王先亮．体育产业高质量转型发展的增长动力转换研究　济南大学

（35）杨峰．大数据环境下商务数据质量评价与控制研究　贵州财经大学

（36）王健．新时代物流业高质量发展的动力变革研究　福州大学

（37）黄苹．基础研究强度的创新质量效应及最优区间研究　广东金融学院

（38）焦玥．新零售时代我国实体零售业的商业模式、质量测度与优化路径研究　上海商学院

（39）李彬．高质量发展背景下旅游企业开放式创新的实现机制与政策保障研究　北京第二外国语学院

十四、2018 年 6 月 21 日，全国哲学社会科学规划办公室公布了 2018 年国家社科基金青年项目立项结果，其中与高质量发展相关的立项课题有：

（1）郭斐然．高质量发展阶段下创造性劳动理论对经济增长的作用研究　求是杂志社

（2）郭晗．新时代中国经济从高速增长转向高质量发展的结构转化机制研究　西北大学

（3）熊曦．新发展理念下长江中游城市群高质量城镇化的协同推进机制研究　中南林业科技大学

（4）薛安伟．高质量发展背景下对外直接投资推动出口增速提效的路径与政策研究　上海社会科学院

（5）严惠麒．新时代农产品质量安全生产信用体系建设研究　中南大学

（6）胡赛．促进出口贸易高质量发展的微观机制研究　中共浙江省委党校

十五、2018 年 6 月 30 日，中国共产党四川省第十一届委员会第三次全体会议通过中共四川省委关于《全面推动高质量发展的决定》。主要内容如下：

（1）把握四川高质量发展总体要求。

（2）支持成都建设全面体现新发展理念的国家中心城市。

（3）壮大区域发展重要支点。

（4）突出重点推动全域开放合作。

（5）高水平建设中国（四川）自由贸易试验区。

（6）发展更高层次的开放型经济。

（7）突破高铁瓶颈打造现代综合交通运输体系。

（8）推进乡村振兴重点突破。

（9）优化调整工业结构和布局。

（10）大力发展现代服务业。

（11）抢占数字经济发展制高点。

（12）推动品质革命和品牌创建。

（13）创建国家军民融合创新示范区。

（14）集聚和用好战略科技创新资源。

（15）加大企业创新主体培育力度。

（16）提升科技成果转化实效。

（17）建设西部创新人才高地。

（18）大力支持民营经济发展。

（19）做强做优做大国资国企。

（20）聚焦关键性改革攻坚突破。

（21）防范化解金融和地方债务风险。

（22）解决生态环境突出问题。

（23）推进生产生活方式绿色化。

（24）高质量推进精准扶贫精准脱贫。

（25）办好急难愁盼民生实事。

（26）提高推动高质量发展的能力水平。

十六、2018 年 7 月 9 日，全国哲学社会科学规划办公室发布了 2018 年度国家社会科学基金重大项目招标选题研究方向，其中与高质量发展相关的选题有：

（1）中国特色标准经济学学科体系建构与推动我国经济高质量发展研究。

（2）新时代背景下我国经济发展质量评价研究。

（3）新时代流通服务业高质量发展的路径选择与政策体系构建。

（4）推动高质量发展的质量治理体系与政策研究。

（5）环境保护与经济高质量发展融合的机制、路径和政策体系研究。

十七、2018 年 7 月 9 日，中共成都市委发布《关于全面贯彻新发展理念加快推动高质量发展的决定》。主要内容如下：

（1）深入学习领会习近平总书记来川视察重要指示精神，准确把握高质量发展的总体要求。始终铭记、永远感恩习近平总书记对成都发展和干部群众的深切关怀，全面增强对标看齐的政治自觉和行动自觉；深刻理解、准确把握习近平总书记对成都建设全面体现新发展理念城市的深切嘱托，坚定践行新发展理念的信心决心；全面贯彻、坚决落实习近平总书记对成都加快推动高质量发展的重大要求，努力走出一条新时代高质量发展的成都路径。

（2）全面贯彻落实新发展理念，明确加快推动高质量发展的目标路径。始终坚持创新驱动、转型升级；到 2020 年，全市 R&D 投入强度达到 3%，科技进步贡献率达到 67%，新经济增加值占 GDP 比重达到 25%；始终坚持全域统筹、城乡融合。到 2020 年，常住人口城镇化率达到 77%，城乡建设用地总规模控制在 2847 平方千米，生态空间和农业空间占比达到 78%；始终坚持生态优先、绿色发展，到 2020 年，单位 GDP 能耗小于 0.36 吨标准煤/万元，高效节能产品市场占有率达到 85% 以上，环境空气质量优良率达到 70% 以上；始终坚持开放引领、互利合作。抢抓国家新一轮对外开放的时代机遇，充分发挥"一带一路"重要节点和南方丝绸之路起点优势，积极融入长江经济带开放开发，落实省委"四向拓展、全域开放"决策部署，构建"空中丝绸之路"和"国际陆海联运"双走廊，推动形成立体全面开放新格局，高水平打造西部国际门户枢纽，加快建设内陆开放经济高地。到 2020 年，外贸依存度达到 40% 以上，实际利用外资到位额超过 130 亿美元；始终坚持以人为本、共建共享，到 2020 年，基本建成 15 分钟公共服务圈，城乡居民可支配收入比缩小到 1.9 以下。

（3）推进经济高质量发展，全面提升城市国际竞争力和区域带动力。

1）加快构建现代产业体系。电子信息产业，重点聚焦集成电路、新型显示、信息安全、软件服务等领域，到 2020 年建成万亿级产业集群。装备制造产业，重点聚焦轨道交通、新能源和智能网联汽车、航空装备等领域，到 2020 年企业营业收入突破 8000 亿元。医药健康产业，重点聚焦生物医药研发制造、医疗器械、医疗健康服务、医药供应链、中医药等领域，到 2020 年企业营业收入突破 5000 亿元。新型材料产业，重点聚焦高性能复合材料、先进功能材料、前沿材料等领域，到 2020 年企业营业收入突破 1500 亿元。绿色食品产业，重点聚焦优质白酒、软饮料、川菜调味品、休闲食品四大优势领域，到 2020 年企业营业收入突破 2000 亿元。会展经济，重点聚焦综合会展、专业会展、特色会展，推动会展与投资促进、重点产业、产业园区深度融合，不断延伸会展经济产业链，到 2020 年会展业收入超过 1500 亿元。金融服务业，重点聚焦资本市场、银行保险、新型金融等领域，到 2020 年增加值达到 2000 亿元。现代物流业，重点聚焦城市配送、冷链物流、汽车物流、快递物流等领域，到 2020 年增加值突破 1400 亿元。文旅产业，重点聚焦创意设计、现代时尚、传媒影视、音乐艺术、休闲旅游等领域，到 2020 年增加值超过 1800 亿元。生活服务业，重点聚焦商业零售、教育服务、农商文旅体融合等领域，到 2020 年增加值达到 3000 亿元以上。

2）大力发展新经济，培育新动能。围绕培育"六大形态"、构建"七大应用场景"，加快形成以人工智能、大数据、5G、清洁能源、现代供应链等新经济为主要形态的开放型产业体系。"人工智能＋"，重点推动高档数控机床、小型超级计算机、机器人、增材制造等领域自主研发攻坚突破，加快智能制造、健康医疗等领域场景应用示范，到 2020 年关联产业规模突破 2000 亿元。"大数据＋"，重点拓展交通指挥调度、个性化诊疗、智慧化工厂管理、大通关和物流信息服务等行业应用，推动大规模数据仓库、数据清洗、数据可视化等共性基础技术研发，到 2020 年大数据核心产业产值突破 800 亿元。"5G＋"，重点加强 5G 基础设施建设，发展云医疗、云制造、数字娱乐（电子竞技）、无人机应用，到 2020 年 5G 组网实现规模化商用。"清洁能源＋"，重点发展绿色高载能产业，突出页岩气、光伏、先进储能等领域，在晶硅光伏、分布式能源系统等清洁能源装备制造及应用领域实现突破，到 2020 年关联领域产业产值突破 500 亿元。"供应链＋"，重点建设现代供应链综合服务平台、全球配送网络和资源配置中心，推进制造业、商贸等领域现代供应链创新应用，着力打造国际供应链枢纽。

3）加快产业功能区建设。到 2020 年实现主要产业本地配套率 60% 以上。

4）全面加强科技创新。到 2020 年引进和培育 100 个顶尖创新创业团队，高新技术产业产值达到 1.2 万亿元，技术市场交易额超过 600 亿元，全面推进成都造"首台套""首批次""首版次"示范应用，到 2020 年规上企业研发投入占主营业务收入比重达到 2% 以上。

5）积极发展现代金融。

6）深化人力资源协同。强化精准引进，建立完善精准科学、规范有序、竞争择优的人才评价机制，绘制全球高层次人才分布图、本地人才结构需求分布图和人才流动动态示意图，加快引进更多主导产业、龙头企业所需的专业人才和团队。

7）充分激发市场主体活力。做强做优做大国资国企，到 2020 年国企资产总额达到 15000 亿元，净资产收益率达到 4.5% 左右，资产证券化率达到 30% 以上。大力发展民营经济。

8）推动区域协调发展。

9）全面扩大对外开放。

10）深入实施乡村振兴战略。

（4）积极创造高品质生活，全面提升人民群众获得感、幸福感、安全感。努力实现劳有所得、劳有丰酬；努力实现幼有所育、学有优教；努力实现体有所健、病有良医；努力实现住有所居、住有宜居；努力实现人有所保、人有普保；努力实现老有所养、老有颐养；努力实现以文扬韵、以德润城。

（5）深入推进高效能治理，努力提高超大城市治理体系和治理能力现代化水平。深化社区发展治理营建美丽家园；实施大气综合治理保卫锦城蓝天；加强水体系统治理重现水润天府；创新交通精细治理实现畅通出行；强化绿色空间治理实现绿满蓉城；强化社会安全治理守护市民安宁。

（6）切实加强党的领导，为城市高质量发展提供坚强保证。始终把党的政治建设摆在首位；全面提升领导高质量发展的能力；激发干部敢担当、善落实、乐奉献；完善推动高质量发展的制度环境；弘扬务实作风推动落地落实。

十八、2018 年 7 月 24 日，上海市人民政府发布《关于推进本市健康服务业高质量发展加快建设一流医学中心城市的若干意见》。主要内容如下：

（1）指导思想。深入贯彻党的十九大精神，以习近平新时代中国特色社会主义思想为指导，大力落实健康中国和健康上海战略部署，坚持以人民为中心，精准对接人民群众对美好健康生活的需要，在切实保障和改善人民群众基本医疗卫生服务的基础上，按照全力打响"上海服务""上海制造""上海购物""上海文化"四大品牌，尤其是"上海服务"品牌的要求，以深化供给侧结构性改革为主线，优化营商环境，发挥市场在资源配置中的决定性作用，推动健康服务业集聚化、融合化、特色化、高质量发展，大幅提升资源配置能级，增强健康服务业的国际竞争力、影响力、渗透力和辐射力，建成亚洲医学中心城市，为本市加快推进建设"五个中心"、卓越的全球城市和具有世界影响力的社会主义现代化国际大都市做出新贡献。

（2）发展目标。适应卓越全球城市的功能定位，不断优化健康服务业政策支持体系和营商环境，推动技术创新、业态创新、模式创新和产业创新，建设一批业态集聚、功能提升、特色鲜明的现代健康服务业园区和基地，推进一批服务平台和重大项目建设，实现健康领域关键技术、重大产品的创新突破，促进"瞪羚""独角兽"和"隐形冠军"企业蓬勃发展，培育若干世界级健康服务产业集群，形成内涵丰富、布局合理、结构优化的健康服务业体系。到 2020 年，健康服务业规模和质量不断提升，增加值占全市生产总值比重力争达到 6% 左右，成为亚洲医学中心城市。到 2030 年，健康服务业增加值占全市生产总值比重达到7.5%，成为城市重要支柱产业，建成具有全球影响力的健康科技创新中心。到2035 年，建成与卓越全球城市定位相匹配的健康服务业发展体系，健康服务业规模和质量居全球城市前列。

（3）产业体系。着眼于推进现代化城市经济体系建设，把提高健康服务业供给体系质量作为主攻方向，推进产业发展质量变革、效率变革、动力变革，提高全要素生产率，实现健康服务业创新驱动、集聚融合、高质量发展。建立以企业为主体、市场为导向、产学研医深度融合的健康科技创新体系，以现代健康服务业园区和基地为重要载体，整合金融保险、科技、大数据、人工智能等产业要素，发展新兴健康服务业，提升本市优势产业能级，打造健康服务全产业链，构建以健康医疗、健康服务、健康保险为重点，健康信息为支撑，新兴健康服务业为新动能的健康服务业体系。

（4）加快健康服务业重点领域发展。①健康医疗：打造"5＋X"健康医疗服务业布局；培育和发展社会办医品牌；促进家庭医生服务市场发展；有序发展前沿医疗服务；推动中医药服务高质量发展；推动医疗人才资源合理共享。②健康服务：发展健康管理服务；推动智慧健康服务发展；打造有竞争力的国际健康旅游目的地；推动中医养生服务业发展；完善健康养老产业链；大力发展健康服务贸易。③健康保险：建设健康保险服务业发展平台；推进健康保险产品供给侧改革；完善商业健康保险支持政策。

（5）构建协同发展的健康市场体系。①增强健康服务业实体经济的活力：引进和培育大型健康服务企业；加快健康服务业集聚区建设；推动产学研医协同发展。②推进健康服务业重大平台和项目建设：推进基因产业平台建设；建设重大产业技术基础实验室；建立药品与器械公共服务平台；组建医学人工智能研发与转化功能型平台；建设开放共享的临床试验平台；建设医学科技创新示范基地。③完善健康科技创新支持体系：发展各类健康研发创新机构；完善健康科技创新筹资机制；建立重大健康科技联合攻关机制；加快发展临床试验机构；促进健康科技成果转移转化；加强健康服务领域知识产权保护。④创新健康金融服务体系：完善健康服务业金融扶持政策；推动健康服务业对接资本市场。⑤促进合理健康服务消费：提升健康服务供给品质；强化个人健康消费意识；优化健康服务消费环境。⑥加快健康服务业"放管服"改革：全面深化商事制度改革；推进市场准入审批制度改革；促进医药新技术新产品应用；强化事中事后监管；建立和完善医疗市场退出机制。

（6）加强健康服务业引导和支持。①加大财政资金和税收政策支持力度：发挥财政资金的引导作用；合理减轻企业税费负担。②加强建设用地保障：优化土地资源供给；合理利用存量用地。③加强健康信息化支撑：促进健康大数据共享与开放：建设健康领域云服务体系。④厚植人才优势：优化健康服务业人才培养机制；完善健康服务业人才引进制度；完善健康服务业人才流动机制；强化健康服务业监管执法队伍建设。

十九、2018年8月20日，浙江省慈溪市人民政府办公室发布《关于优化产业政策促进制造业高质量发展的若干政策意见》。主要内容如下：

（1）推进企业智能改造升级。①鼓励企业加大有效投入：重点培育发展智能装备、新材料、生命健康三大战略性新兴产业，着力提升发展家用电器、机械基础件、汽车零部件三大特色优势产业（以下简称"3＋3"产业），聚焦推动智能家电、关键基础件、汽车关键零部件及总成、成套智能装备、石墨烯及稀土磁性材料、医疗器械六大重点细分行业（以下简称六大重点细分行业）发展，加快培育人工智能、大数据、云计算、物联网产业（以下简称ABCT产业）等智能经济核心支撑产业，推进规模以上千家企业实施智能化改造。对设备投入在500万元以上的制造业重点工业投资（技改）项目，在项目完工投产后，按设备投入额给予分类奖励；②开展智能经济示范工程；③推进规上企业智能制造诊断；④推进工业强基工程；⑤开展智能改造区域试点，对成效明显的块状试点区域，给予试点范围内中小企业设备投入一定比例奖励；⑥重点培育发展石墨烯产业。

（2）推进制造业与互联网深度融合。①推进"两化"深度融合；②鼓励企业物联网产品制造应用；③扶持"互联网＋"和智能制造重点服务平台；④加强与互联网龙头企业合作；⑤推进智慧城市建设，对参加中国智慧城市技术与应用产品博览会展览的企业，按照摊位费的100%、装修费的50%给予每家不超过10万元的补助。

（3）推进企业梯队培育和做大做强。①树立工业经济转型升级先进典型；②鼓励企业成长壮大；③企业高管贡献奖励；④提升工业企业经管人才素质；⑤提升工业企业管理素质；⑥提升工业企业设计能力；⑦原认定尚未实施到期的联合兼并重组企业，按照其对地方的综合贡献给予一定的奖励；⑧开展小微企业园区考评认定。

（4）推进产融深度合作。①支持企业产业链融资；②融资担保风险补助。

（5）推进企业绿色制造。鼓励企业实施节能降耗。

（6）推进产业创新平台建设。①开展重点制造业行业创新中心试点建设；②打造智能经济综合服务平台；③加快推进家电产业智能化升级。

（7）推进企业技术创新。①树立创新典型，鼓励创新发展；②实施企业研发投入后补助政策；③鼓励企业技术创新；④发展科技服务平台，加快中科院系统两大平台建设，安排专项资金支持中国科学院慈溪应用技术研究与产业化中心和中国科学院宁波工业技术研究院慈溪生物医学工程研究所引进人才和团队，购置科研仪器、装备等；⑤大力发展新型科技孵化器；⑥加快科技与金融融合。

（8）本政策意见为年度经济政策，实施期限为 2018 年 1 月 1 日至 12 月 31 日。

二十、2018 年 8 月 22 日，福建省人民政府发布《关于促进开发区高质量发展的指导意见》。主要内容如下：

（1）出台背景。我省是全国最早创办开发区的省份之一。与先进省市相比，我省开发区存在体制机制活力不足、规模体量偏小、土地集约利用水平不高等问题。为进一步激发开发区体制机制活力，继续发挥开发区作为改革开放排头兵作用，形成新的集聚效应和增长动力，加快高质量发展和实现赶超提供战略支撑，制定出台本《指导意见》。

（2）主要举措。①创新管理体制和运行机制；②强化招商和优化服务；③加快产业集聚和转型升级；④促进区域协作和资源整合；⑤集约利用土地；⑥保障措施。

二十一、2018 年 8 月 28 日，中共温州市委温州市人民政府印发《进一步加快现代服务业高质量发展的若干政策意见》。主要内容如下：

（1）创新发展现代金融业。①大力引进金融总部；②鼓励产业基金落地；③积极培育创投产业；④支持发展科技金融服务业；⑤引导金融服务机构优化服务。

（2）着力培育时尚创意设计产业。①大力支持工业设计发展；②建设一流的时尚设计产业平台；③鼓励发展数字创意产业；④促进广告业创新发展；⑤引导非遗跨界融合创新。

（3）升级发展休闲旅游业。①提升旅游产品品质；②支持旅行社招徕游客；③强化旅游产业要素保障。

（4）促进科技服务业提质增效。①大力发展高技术服务业；②积极培育信息化集成服务提供商；③支持制造企业服务化发展。

（5）提升发展商贸服务业。①鼓励发展新零售；②扶持壮大会展业；③加快发展智能化物流；④持续做强电商产业；⑤引导传统商贸业在继承中创新；⑥引导社会资本参与停车服务业；⑦引导服务业集聚发展提档升级。

（6）培育发展文化产业。①加快重点文化企业培育；②鼓励发展影视、演艺和网络文学产业；③支持民办博物馆美术馆建设。

（7）加快发展体育产业。①鼓励举办体育项目；②提升体育产业品牌。

（8）大力发展健康养老服务业。①支持居家养老服务多样化发展；②推动民办养老机构扩容提质。

二十二、2018 年 8 月 28 日，中共温州市委温州市人民政府发布《关于加快推进工业经济高质量发展的若干政策意见》。主要内容如下：

（1）激发全社会创新活力。①鼓励各类机构加大研发投入；②支持争创高等级公共创新载体；③加大公共创新载体梯队培育；④建设新型研发机构；⑤加大科技成果转化力度。

（2）大力培育产业新动能。①重点扶持一批高成长型产业项目；②大力培育引进战略性新兴产业，突出引进和布局数字经济、新一代信息技术、生物医药、文化创意、清洁能源、智能装备、新能源汽车、新材料、海洋新兴产业、激光和光电等战略性新兴产业；③突出发展数字经济；④深入实施机器换人；⑤推广制造业智能化改造，重点支持温州重点传统制造业利用移动互联网、物联网、人工智能、大数据、云计算等支撑改造提升和催生产业迭代式创新。

（3）支持企业做大做强。①支持企业加速上市；②建立政府与企业上市风险共担机制；③鼓励上市企业在温投资；④引导企业实施股份制改造；⑤支持企业提档升级；⑥支持企业实施并购重组；⑦促进小微企业创新发展。

（4）突出培育创新型企业。①加大科技型企业培育力度；②鼓励科技型企业对接多层次资本市场；③帮助降低企业创新风险；④支持科技型企业骨干人才培养。

（5）引导创新要素向重点产业平台集聚。①支持创新载体向重点平台集聚；②支持创新型项目向重点平台集聚；③支持创新型人才向重点平台集聚；④支持科技型企业向特色小镇和小微企业园集聚。

（6）提升企业质量竞争力。①着力提升品牌质量；②鼓励企业实施标准化战略；③鼓励申请运用知识产权；④加大知识产权保护力度。

（7）大力推进建筑工业化。鼓励发展装配式建筑。

二十三、2018 年 8 月 30 日，中共江苏省委江苏省人民政府印发《关于深化科技体制机制改革推动高质量发展若干政策》的通知。主要内容如下：

（1）改革科研管理机制。①改革项目经费预算编制方式；②扩大预算调剂权、经费使用自主权和技术路线决策权；③拓宽项目直接费用列支范围；④提高项目间接费用核定比例；⑤加大对承担重大科研任务领衔人员的薪酬激励；⑥创新政府采购机制；⑦健全科研财务助理制度；⑧改进项目资金拨付和留用处理方式；⑨优化项目财务审计规程；⑩完善项目过程管理和评价验收；⑪建立以研发质量为导向的科研投入综合评价制度；⑫全面实施科研诚信承诺制。

（2）扩大科研院所、高等学校科研自主权。①自主规范管理横向委托项目经费；②扩大科研项目基本建设自主权；③改进科技人员因公临时出国管理；④保障和落实用人主体自主权。

（3）推进科技与产业融合发展。①鼓励企业自主创新；②加强重大基础研究和原始创新；③推进重大科研设施建设；④强化成果转化激励；⑤推进大型科学仪器等科技公共资源开放共享；⑥发挥院士创新引领作用；⑦支持引进培养顶尖人才；⑧激励知识产权创造运用；⑨加大财政科技投入力度。

（4）营造激励创新宽容失败的浓厚氛围。①建立重大原创成果奖励机制；②建立重大创新补偿机制；③建立创新创业援助机制；④建立创新尽职免责机制；⑤建立科研项目监督、检查、审计信息共享机制。

二十四、2018 年 9 月 17 日，国家发展和改革委员会发布《国家发改委办公厅关于建立特色小镇和特色小城镇高质量发展机制的通知（发改办规划〔2018〕1041 号）》。主要内容如下：

（1）指导思想。全面贯彻党的十九大精神，以习近平新时代中国特色社会主义思想为指导，坚持以人民为中心，坚持稳中求进工作总基调，坚持新发展理念，坚持使市场在资源配置中起决定性作用和更好发挥政府作用，以引导特色产业发展为核心，以严格遵循发展规律、严控房地产化倾向、严防政府债务风险为底线，以建立规范纠偏机制、典型引路机制、服务支撑机制为重点，加快建立特色小镇和特色小城镇高质量发展机制，释放城乡融合发展和内需增长新空间，促进经济高质量发展。

（2）基本原则。坚持遵循规律、坚持产业立镇、坚持规范发展、坚持典型引路、坚持优化服务。

（3）主要举措。

1）建立规范纠偏机制：以正确把握、合理布局、防范变形走样为导向，统筹调整优化有关部门和省级现有创建机制，强化年度监测评估和动态调整，确保数量服从于质量。建立规范省级创建机制、优化部门创建机制。

2）建立典型引路机制：以正面引领高质量发展为导向，持续挖掘典型案例、总结有益经验、树立示范性标杆，引导处于发展过程中的小镇和小城镇对标典型、学习先进。建立典型经验推广机制；明确典型特色小城镇条件；探索差异化、多样化经验。

3）建立服务支撑机制：以政府引导、企业主体、市场化运作为导向，稳步推动符合规律、富有潜力的特色小镇和特色小城镇高质量发展，为产生更多先进典型提供制度土壤。鼓励地方机制政策创新；搭建政银对接服务平台。

二十五、2018 年 9 月，江苏省出台《江苏高质量发展监测评价指标体系与实施办法》和《设区市高质量发展年度考核指标与实施办法》，通过细致翔实的指标数据，为江苏高质量发展勾勒出清晰轮廓。

《江苏高质量发展监测评价指标体系与实施办法》以"六个高质量"发展为

基本框架，用于监测评价全省及各设区市、县（市、区）和城区高质量发展水平和总体情况，共设置三个基本架构相同、指标有所区别、数量有所不等的指标体系。其中，全省和设区市由六大类 40 项指标构成，各县、县级市和成建制转成的区由六大类 35 项指标组成，城区由六大类 25 项指标组成。

《设区市高质量发展年度考核指标与实施办法》，用于考核衡量各设区市年度推动高质量发展进展情况。考虑到高质量发展的普遍性要求和各地功能定位的个性差异，考核指标由 18 个共性指标和每个市 6 个个性指标两部分组成。考核另设了加减分项。

二十六、2018 年 9 月 18 日，国务院关于推动创新创业高质量发展打造"双创"升级版的意见。主要内容如下：

（1）出台背景：创新是引领发展的第一动力，是建设现代化经济体系的战略支撑。近年来，大众创业万众创新持续向更大范围、更高层次和更深程度推进，创新创业与经济社会发展深度融合，对推动新旧动能转换和经济结构升级、扩大就业和改善民生、实现机会公平和社会纵向流动发挥了重要作用，为促进经济增长提供了有力支撑。当前，我国经济已由高速增长阶段转向高质量发展阶段，对推动大众创业万众创新提出了新的更高要求。为深入实施创新驱动发展战略，进一步激发市场活力和社会创造力，现就推动创新创业高质量发展、打造"双创"升级版提出以下意见。

（2）总体要求。推进大众创业万众创新是深入实施创新驱动发展战略的重要支撑、深入推进供给侧结构性改革的重要途径。

（3）指导思想。以习近平新时代中国特色社会主义思想为指导，全面贯彻党的十九大和十九届二中、三中全会精神，坚持新发展理念，坚持以供给侧结构性改革为主线，按照高质量发展要求，深入实施创新驱动发展战略，通过打造"双创"升级版，进一步优化创新创业环境，大幅降低创新创业成本，提升创业带动就业能力，增强科技创新引领作用，提升支撑平台服务能力，推动形成线上线下结合、产学研用协同、大中小企业融合的创新创业格局，为加快培育发展新动能、实现更充分就业和经济高质量发展提供坚实保障。

（4）推动创新创业服务升级。①创业带动就业能力明显提升；②科技成果转化应用能力显著增强；③高质量创新创业集聚区不断涌现；④大中小企业创新创业价值链有机融合；⑤国际国内创新创业资源深度融汇。

（5）着力促进创新创业环境升级。①简政放权释放创新创业活力；②放管结合营造公平市场环境；③优化服务便利创新创业。

（6）加快推动创新创业发展动力升级。①加大财税政策支持力度；②完善创新创业产品和服务政府采购等政策措施；③加快推进首台（套）重大技术装备示范应用；④建立完善知识产权管理服务体系。

（7）持续推进创业带动就业能力升级。①鼓励和支持科研人员积极投身科技创业；②强化大学生创新创业教育培训；③健全农民工返乡创业服务体系；④完善退役军人自主创业支持政策和服务体系；⑤提升归国和外籍人才创新创业便利化水平；⑥推动更多群体投身创新创业。

（8）深入推动科技创新支撑能力升级。①增强创新型企业引领带动作用；②推动高校科研院所创新创业深度融合；③健全科技成果转化的体制机制。

（9）大力促进创新创业平台服务升级。①提升孵化机构和众创空间服务水平；②搭建大中小企业融通发展平台；③深入推进工业互联网创新发展；④完善"互联网＋"创新创业服务体系；⑤打造创新创业重点展示品牌。

（10）进一步完善创新创业金融服务。①引导金融机构有效服务创新创业融资需求；②充分发挥创业投资支持创新创业作用；③拓宽创新创业直接融资渠道；④完善创新创业差异化金融支持政策。

（11）加快构筑创新创业发展高地。①打造具有全球影响力的科技创新策源地；②培育创新创业集聚区；③发挥"双创"示范基地引导示范作用；④推进创新创业国际合作。

（12）切实打通政策落实"最后一公里"。①强化创新创业政策统筹；②细化关键政策落实措施；③做好创新创业经验推广。

二十七、2018 年 9 月 27 日，山东省政府发布《支持实体经济高质量发展的若干政策》。政策共提出 45 条具体措施支持实体经济发展，包括降低城镇土地使用税税额标准、降低企业用电用气成本、降低企业社保费率等。简化操作流程，缩短"过桥"时间，降低企业"过桥"成本。主要内容如下：

（1）降本增效。①降低城镇土地使用税税额标准；②对新旧动能转换综合试验区内战略性新兴产业和新旧动能转换重点行业（项目），在国家批复额度内，优先对2018年1月1日起新增留抵税额予以退税，剩余额度内对2017年底前存量留抵税额退税，待国务院正式批复后实施；③降低印花税税负；④各市、县（市、区）城市基础设施配套费减按70%标准征收；⑤建立工会的企业按国家规定标准（全部职工工资总额的2%）的40%向上一级工会上缴经费；对按规定免征增值税的小微企业，其工会经费上缴后，由上级工会全额返还给企业工会；⑥优化口岸营商环境；⑦将货运车辆（包括货车、挂车、专业作业车、轮式专用机械车）车船税适用税额下调至现行税额的一半征收；⑧加快推进电力市场化改革；⑨降低企业用能成本；⑩降低企业社保费率；⑪提高失业保险稳岗补贴标准；⑫整合现有欧亚班列资源，建立全省统一的运营平台公司，制定欧亚班列培育期综合奖补政策，2018年年底前完成（实施细则由省发展改革委会同省财政厅、省商务厅、省国资委制定）。

（2）创新创业。①加大科研奖励力度；②完善重大科研基础设施和大型科研仪器开放共享政策，加大"创新券"政策实施力度；③改革完善科研项目经费管理和科技成果转化收入分配机制。

（3）产业升级。①全面落实《中共山东省委办公厅、山东省人民政府办公厅印发〈关于支持新旧动能转换重大工程的若干财政政策〉及5个实施意见的通知》各项财政政策，统筹省级相关专项资金，着力支持新旧动能转换重大工程建设；②鼓励企业实施技术改造；③扶持小微企业创新发展；④支持企业转型发展，完善政策和推进机制，分类分层、积极稳妥推进国有企业混合所有制改革；⑤对暂不具备市场竞争力，但符合国民经济发展要求、代表先进技术发展方向、首次投向市场的区域制造精品，2019年起，探索政府采购首购制度；将符合条件的新能源汽车及电池优先列入全省公务用车协议供货范围；⑥完善企业能耗、环保、质量、技术、安全准入标准，按照我省利用综合标准依法依规推动落后产能退出工作方案要求，2019 年上半年完成对钢铁、煤炭、水泥、电解铝、平板玻璃等重点行业企业的综合标准评价，不符合标准的限期整改或关停淘汰；⑦加快化工园区和重点监控点认定工作进度。

（4）招商引资。①加大重大外资项目引进力度；②实行招商引资重大项目奖励；③强化招商引资土地供应。

（5）招才引智。①鼓励企业绘制专利、人才地图，开展知识产权专利导航；②对纳入事业单位机构编制管理的研发机构，引进高层次人才并确定需使用编制的，各级可根据需要统一调剂周转使用；③实施外国人来华工作许可制度，对企业急需的外国人才提供更便利的来华工作许可管理服务；④放宽相关人员出国限制；⑤积极推进省属企业完善经理层成员契约化管理和职业经理人制度试点工作；⑥改进国有企业公务用车管理。

（6）金融支持。①拓宽贷款抵（质）押物范围；②推进"银税互动"贷款，税务、银监等部门建立征信互认、信息共享机制，对已有纳税记录、无不良信用记录、纳税信用级别不低于 B 级的小微企业可发放"银税互动"贷款；③完善续贷转贷政策；④帮助解决实体企业融资担保难的问题；⑤防范化解债务风险，扩大公司信用类债券发行规模，支持企业通过发行债券置换高成本融资或用长期债券置换短期债券；⑥各市建立"人才贷"风险补偿资金。

（7）用地供应。①根据需要，年中可对省重点建设项目进行补充、调整，新增建设用地计划和城乡建设用地增减挂钩指标优先支持；②开展批而未供土地调整再利用；③制造业用地的使用者可在规定期限内按合同约定分期缴纳土地出让价款；④允许重点中小企业在自有产权的待建土地上按一定比例配建产业配套公寓（单位租赁住房），解决员工安居问题。

（8）制度保障。①强化顶层设计和规划引领，各市、县（市、区）产业布局要按照园区化、集聚化、高端化发展方向；②深化"一次办好"改革，落实好我省实施方案各项政策；③建立完善联系帮包制度，实行省级领导联系企业、联系项目、联系商会制度；④建立实体经济高质量发展联席会议制度。

二十八、2018 年 10 月 8 日，湖北省政府发布《省人民政府办公厅关于深化国土资源改革服务高质量发展的若干意见》。主要内容如下：

（1）发挥规划引领作用，统筹保障发展空间。①统筹国土空间保护和开发利用；②优化国土空间布局；③确保重点项目规划空间。

（2）优化资源配置机制，保障重点项目建设。①建立省市共同保障机制；②多渠道落实耕地占补平衡；③允许特定重点项目占用永久基本农田。

（3）实施"增存挂钩"机制，盘活存量土地。①建立建设用地增量与存量挂钩机制；②加快消化批而未供土地；③多用途处置闲置土地。

（4）深化农村土地制度改革，推动乡村振兴战略实施。①加快编制村级国土规划；②改进城乡建设用地增减挂钩管理；③支持农村基础设施建设；④加大贫困地区政策项目资金倾斜力度；⑤推进农村宅基地"三权分置"。

（5）优化土地供给，促进新旧动能转换。①积极支持新动能发展；②加快淘汰落后产能；③大力促进旧动能向新动能转换。

（6）加强资源节约集约利用，推进绿色发展。①全面开展自然资源调查评价监测工作；②稳步推进国土空间生态修复工作；③保障建筑石料有效供应；④改进土地执法管理；⑤探索"五增"挂钩协同机制。

（7）深化"放管服"改革，优化营商环境。①委托下放审批权限；②继续压减审批时限；③精简优化审批流程；④推进国土资源"一网一门一次"改革。

（8）加强组织领导，推进工作落实。①落实工作责任；②加强监督考核。

二十九、2018年11月8日，江苏省泰州市人民政府印发《关于进一步鼓励企事业单位聚才用才推进科技创新引领高质量发展的若干政策》。主要内容如下：

为深入贯彻习近平新时代中国特色社会主义思想和党的十九大精神，扎实推进创新驱动发展战略，发挥企事业单位聚才用才主体作用，加大创新政策供给，全面激发创新动能，引领全市经济高质量发展，结合本市实际，制定本政策。

（一）深入推进科技创新

（1）鼓励企业自主创新。①积极培育科技型中小企业；②加大高新技术企业培育力度；③大力培育科技型"瞪羚"企业；④打造科技型准"独角兽"企业；⑤鼓励创新型企业做大做强；⑥落实企业研发费用税收优惠；⑦实行企业研发费用普惠奖。

（2）推动科技成果转移转化。①鼓励企业开展重大技术攻关；②促进重大科技成果转移转化；③支持农业和社会领域科技创新；④推进产业技术创新联盟建设；⑤促进产学研深度合作。

（3）推动园区（开发区）创新发展。①鼓励高新区建设；②支持各类科技园区建设；③支持留学回国人员创新创业园建设。

（4）加强研发机构和载体建设。①加快新型研发机构建设；②加强企事业单位研发机构建设；③支持孵化器和众创空间建设；④支持国外智力示范推广基地建设。

（5）促进科技服务业健康发展。①推进科技公共服务平台建设；②支持培育科技中介服务机构；③鼓励大型科学仪器共享。

（6）强化知识产权创造、运用和保护。①鼓励知识产权创造；②加大专利奖励力度；③促进知识产权运用；④完善知识产权保护措施。

（7）健全科技人才金融支撑体系。①加大科技信贷支持；②加强科技风险投资支持；③开展科技保险支持；④加强人才金融支持。

（二）鼓励企业聚才用才

（1）鼓励企业集聚高层次创新创业人才。①顶尖人才顶级支持；②提档升级市"双创计划"；③深化生物医药"113人才计划"；④鼓励支持企业申报各类省级以上人才项目。

（2）推进企业人才安居工程。①加强高层次人才安居保障；②给予高校本科毕业生购房租房补贴；③鼓励人才公寓建设。

（3）发挥企业人才培养主体作用。①加大企业家培育力度；②支持企业加强博士后培养；③鼓励企业加强专业技术人才培养；④推进"千名蓝领精英培育工程"；⑤推行技能与工程技术人才职业发展贯通。

（4）激发企业聚才用才主体活力。①减轻企业用才成本；②鼓励企业通过中介引才；③加大离岸人才扶持力度；④探索人才"举荐制"。

（三）鼓励事业单位聚才用才

（1）支持事业单位加大人才引进力度。①扩大事业单位用人自主权；②加强事业单位高层次人才安居保障；③给予事业单位引才奖补；④建立职称评审绿色通道；⑤创新岗位管理方式。

（2）支持事业单位加大人才培养力度。①支持教育人才发展；②支持卫生人才发展；③协同推进其他社会事业人才发展；④支持人才进修深造；⑤给予事业单位育才奖补。

（3）鼓励事业单位高层次人才创新创业。①加大科技人才创新成果的激励；②鼓励科研人员离岗创业；③自主规范管理横向委托项目经费。

（四）全面建设创新创业友好环境

（1）深化科技创新"放管服"改革。①简化科研项目流程管理；②扩大项目承担单位经费使用权；③扩大项目负责人技术路线决策权；④提高项目资金拨付效率和留用处理方式；⑤加大对承担重大科研任务领衔人员的薪酬激励；⑥赋予科研人员职务科技成果所有权或长期使用权；⑦建立创新创业补偿援助机制；⑧建立创新尽职免责机制；⑨全面实施科研诚信管理。

（2）提升聚才用才市场化程度。①大力培育人才服务业市场主体；②支持人力资源服务产业集聚发展；③鼓励人才服务机构帮助企业引才；④鼓励开展高层次人才学术活动；⑤发挥技术经纪人和科技人才专员作用。

（3）提升人才服务品质。①建设"一站式"人才服务平台；②提升高层次人才医疗保健待遇；③推行高层次人才"学额奖励"制度；④扩大高层次人才国际交流便利。

（4）加大聚才用才典型选树力度。①加强政治引领和政治吸纳；②常态化联系专家人才；③完善荣誉制度。

后　　记

2018 年渐近年末，这本《中国区域经济高质量发展研究报告（2018）》即将付梓，此时的心情非常激动。

站在 2018 年，回望过去四十年，正如习近平总书记在《在庆祝改革开放 40 周年大会上的讲话》中所阐述的，中国的经济社会发生了巨大的变化。

2018 年，在"高质量发展"国家战略的引领下，我国经济在应对着国内外各种挑战中稳续前行。

展望未来，正如习近平总书记所提出的，只有牢牢扭住经济建设这个中心，毫不动摇坚持发展是硬道理、发展应该是科学发展和高质量发展的战略思想，推动经济社会持续健康发展，才能全面增强我国经济实力、科技实力、国防实力、综合国力，才能为坚持和发展中国特色社会主义、实现中华民族伟大复兴奠定雄厚物质基础。

围绕"高质量发展"国家战略的践行，作为国家智库，我们结合自身的积累和优势，谋划了若干个课题，这本研究报告是其中的成果之一。

在研究报告成稿过程中，得到了众多领导和同志们的关心和支持。

第十二届全国人大常委会副委员长陈昌智、国家统计局原局长张塞对课题的研究做过多次指示，还亲自为研究报告作序，给了我们莫大的鼓励。

中共中央党校原副校长李君如、国务院国资委原监事会主席刘顺达、中共中央党校报刊社总编辑丁茂战、中国社会科学院城市发展与环境研究所党委书记兼所长潘家华、国家发改委中国经济导报社党委书记兼社长胡跃龙为研究报告的编撰提供了学术指导。

经济管理出版社申桂萍主任等编辑人员为研究报告的出版加班加点、精心安排等付出了努力。

特别是来自不同单位参与研究报告编撰的同志们，大家克服了时间紧、数据量大、要求高等困难，如期完成了预订的目标。

在此，对上述领导和同志们表示衷心的感谢！

从初心而论，作为长期关注中国发展的学者，我们确实想在践行国家高质量发展战略中有所先为、有所作为。为此，也进行了精心的课题设计、巨量的数据排比、反复的交流激荡、考究地表达推敲，力争交一份能得到广泛认可的研究报告。

作为一项开创性的工作，本研究报告肯定会有不足及需要改进的方面，请各位读者不吝指教。

您对本研究报告以及 2019 年我们将推出的《中国区域经济发展高质量研究报告（2019）》或《中国制造业产业集群高质量发展研究报告（2019）》的意见或建议或其他事项请拨冗发邮件至 caojie@126.com。您的来信将是未来我们继续做好高质量发展相关研究的最大动力，我们将尽量给予您满意的回复。

研究报告的编撰参考、引用了大量的文献和数据，在此一并表示感谢。

王　彤

2018 年 12 月 20 日于北京钓鱼台国宾馆